생초보를 위한 해외 구매대행 가이드

생초보를 위한

해외 구매대행 가이드

개정판

부업을 넘어
글로벌셀러로

이준설 지음

e비즈북스

프롤로그

왜 구매대행인가?

◆◆◆

갈수록 청년들의 취업이 힘들어지고 있습니다. 누구나 좋아하는 일, 잘할 수 있는 일을 찾고 싶어 하지만 현실은 만만치 않습니다. 대다수의 젊은이들이 대학을 졸업하고 남들과 마찬가지로 취업 전선에 뛰어들고, 취업해도 치열한 경쟁 속에서 각박하게 살아가는 모습을 보면 안타까울 따름입니다.

창업 또한 쉽지 않습니다. 어떤 사업이든 초기 투자비용을 부담해야 하고 아이템 선정, 시장조사 등 준비해야 할 일도 산더미입니다. 대다수의 사람들이 창업이라면 오프라인 창업을 먼저 떠올립니다. 정년을 앞두거나 퇴직한 50대들은 창업하기 위해 치킨집, 피자집 같은 점포형 프랜차이즈를 우선 알아보고, 젊은이들 역시 돈을 모아 작은 점포를 창업하려 합니다. 필자 역시 모 기업 본사 프랜차이즈 관리직으로 종사하면서, 이런 창업은 경쟁이 치열하고 투자 대비 자금 회수 기간도 매우 오래 걸린다는 사실을 직접 확인하게 되었습니다. 물론 획기적인 아이템이 있어서 오프라인 창업을 시도한다면 이야기는 달라지겠지만, 이런 경우에도 투자비에 대한 부담은 지울 수가 없습니다. 심지어 창업 후 3년 안에 절반 가까이 폐업한다는 뉴스 기사를 보면 두려움이 앞서게 됩니다. 어떤 사람은 취업이 전쟁터라면 창업은 지옥이라고 의미심장하게 말하더군요. 어느 일이든 쉬운 것이 없습니다. 반면 온라인 시장은 다릅니다. 임대차, 권리금, 보증금, 인테리어가 필수인 오프라인에 비해 투자비 부담이 적은 데다, 전 세계적으로 온라인 시장의 매출은 지속적으로 늘어나는 추세입니다. 그런데 초기 투자비용을 거의 들이지 않고 아이템 소싱 및 운영이 가능한 온라인 창업거리가 있다면 어떨까요? 필자는 이 해답을 해외 구매대행 시스템에서 찾으려 합니다.

이 책에는 구매대행의 개념부터 선사입 없이 소자본으로 시작하는 사업 프로세스, 온라인 판매 시작 및 쇼핑몰 운영 가이드 그리고 추후 마케팅 및 사후 관리 방법 등 그 간의 경험과 노하우를 바탕으로 구매대행 창업의 내용을 모두 담아보았습니다.

국내에도 해외직구 열풍이 불면서 온라인 글로벌화가 정착되는 추세입니다. 이에 따라 구매대행 그리고 병행수입과 역직구 분야가 앞으로 더욱 성장할 것으로 보입니다.

부디 이 책이 추상적인 뜬구름 잡기가 아니라, 초기 부담 없이 시작할 수 있는 현실성 있고 실속 있는 1인 창업 길라잡이가 되길 바라는 마음입니다.

끝으로 이 책을 집필하는 데 정신적으로 큰 힘이 되어준 한국글로벌마케팅협회(KGMA) 정진호, 김성진, 서정식, 이재형 대표, 남궁전 대표, 안영신 소장님 그리고 아내 엄여진과 사랑하는 가족들에게 감사의 마음을 전합니다.

프롤로그 왜 구매대행인가 4

01 구매대행 길라잡이

1 구매대행은 어떻게 시작되었을까? 12
　오프라인 구매대행 12 | 온라인 단순 구매대행 13

2 구매대행업의 전망과 시장성 14
　국내 수입 유통 구조의 한계 14 | 해외직구 열풍 15

3 구매대행에서 글로벌셀러로! 17
　글로벌셀러란? 17 | 글로벌셀러, 나도 할 수 있다 18

02 구매대행의 시작은 해외직구

1 해외직구는 기본 22
　누구나 할 수 있는 해외직구 프로세스 22 | 기본 준비물 24
　한국에서 인기 있는 해외 쇼핑몰 28 | 세일 기간을 활용하라 34

2 페이팔 계정 만들기 36
　가입 36 | 카드 등록 및 이메일 연동 40 | 한국의 은행계좌 연동 41

3 나만의 배송대행지를 찾아라 46
　배송대행지의 개념 46 | 업체 선정 및 협상 가이드 47
　배송대행지 주소 입력하기 54 | 배송대행 신청서 작성 방법 55

4 관부가세 계산하기 61
　관부가세 부과 기준 알아보기 61 | 관부가세 계산법 63 | 합산과세 유의점 69

5 적립사이트로 추가 마진 챙기기 71
　비프루걸 71 | 라쿠텐 77 | 그 밖의 사이트 83

6 쿠폰사이트 활용하기 **84**

7 직구 시도해보기 **86**

　　아마존 직구 방법 (배송대행지 이용) 86 ｜ 샵밥 직구 방법(직배송) 92

03 아이템 소싱하기

1 경쟁력 있는 아이템 찾기 **102**

　　나만의 아이템 발굴하기 103 ｜ 국내 커뮤니티 활용하기 113
　　포털사이트 검색어 활용하기 121 ｜ 유튜브 활용하기 124

2 아이템 검증 단계 **128**

　　키워드 및 트렌드 파악하기 128 ｜ 구입 원가 계산법 136
　　국내 가격 비교 및 판매가 산정하기 137

3 해외 쇼핑몰 검색 노하우 **142**

　　가격비교사이트 활용하기 142 ｜ 유해사이트 판별하기 145

04 오픈마켓에 진입하라

1 필웨이 공략하기 **152**

　　가입 152 ｜ 고정 인사말 만들기 155 ｜ 상품 등록하기 158 ｜ 주문 처리 및 발송 167
　　정산 169 ｜ 반품 및 환불 규정 171

2 머스트잇 공략하기 **173**

　　가입 및 인사말 만들기 173 ｜ 상품 등록하기 179 ｜ 주문 처리 및 발송 184
　　정산 186 ｜ 기타 관리 188

3 대형 오픈마켓 공략하기 **190**

　　3대 대형 오픈마켓 현황 190 ｜ 글로벌셀러로 등록하기 192 ｜ 상품 등록 방법 196
　　주문 처리 및 발송 208 ｜ 정산 관리 209 ｜ 기타 관리 211

05 나만의 쇼핑몰을 만들어라

1 쇼핑몰 유형 선택하기 216

전문몰 216 | 대량 등록형 쇼핑몰 216 | 복합형 217

2 쇼핑몰 이름 및 도메인 정하기 218

이름 정하는 노하우 218 | 도메인 정하는 노하우 220

3 기본 운영 관리 222

인사말 만들기 222 | 상품 등록하기 226 | PG사 연동 233
주문 처리 및 발송 237 | 기타 관리 239

4 효율적인 쇼핑몰 사후관리 249

고객의 문의 유형 및 대처 방법 249 | CS 관리의 중요성 253 | 상품 리뷰를 유도하라 255
고객을 이끄는 이벤트, 프로모션 255 | 쇼핑몰에 생명을 불어넣는 노하우 256

06 매출을 높이는 마케팅 기법

1 사이트 무료 등록하기 260

2 블로그 마케팅 262

블로그 최적화시키기 264 | 최적화 이후 운영 방안 265

3 카페 마케팅 269

카페 운영 포인트 270

4 효율적인 키워드 광고 274

5 네이버쇼핑 입점 277

6 기타 마케팅 280

인스타그램 280 | 페이스북 282 | 카카오스토리 283

7 마케팅 채널도 판매루트가 된다 286

블로그, 카페를 통한 공동구매 286 | 소셜커머스 290

07 사업자 준비 사항

1 사업자등록 신청 294

오프라인 신청 및 발급 방법 294 | 온라인 신청 및 발급 방법 295

2 통신판매업 신고 296

오프라인으로 신고하기 296 | 온라인으로 신고하기 298

3 구매대행 세금 신고 가이드 299

부가가치세 이해하기 299 | 구매대행업의 부가가치세 300

08 더 큰 사업으로 비전을 꿈꿔라

1 구매대행 창업 성공 사례 304

잘나가는 구매대행 쇼핑몰 304 | 구매대행 쇼핑몰 대표들이 조언하는 운영 팁 306

2 사업 확장하기 310

병행수입 310 | 국내 독점 라이선스 313 | 역직구 316

생초보를 위한
해외 구매대행
가이드

01

구매대행 길라잡이

구매대행의 기본 개념은 간단합니다. 이번 첫 번째 장에는 우리나라의 구매대행이 처음 시작된 배경과 현재의 창업형 구매대행으로 발전해온 과정들을 살펴보고 앞으로의 전망 및 글로벌셀러의 비전에 대해서 알아보도록 하겠습니다.

01 구매대행은 어떻게 시작되었을까?

우리나라에서 구매대행이란 단어가 생겨난 지는 그리 오래되지 않았습니다. 초기 구매대행은 말 그대로 구매를 대행해주는 1차원적인 의미로 시작했습니다. 이러한 구매대행은 현 시점에서는 이미 레드오션이지만, 소비자의 니즈는 마찬가지이므로 기본적인 개념은 알아둘 필요가 있습니다.

1 오프라인 구매대행

해외여행 혹은 출장을 자주 다니는 사람들이 여행을 떠나기 전에 지인들에게 부탁받아 직접 해외에서 물품을 구매하여 전달해주는 방식의 구매대행입니다. 주로 국내에서는 구매하기 힘든 명품 가방과 의류, 액세서리로 시작했습니다. 이러한 구매대행은 상황에 따라 수수료 개념으로 마진을 남기기도 하지만, 사업성이 있는 구조는 아니었습니다. 일일이 오프라인에서 구매해서 지인에게 직접 전달하는 방식은 한계가 있기 때문입니다.

2 온라인 단순 구매대행

1990년대 후반부터 인터넷이 발달하면서 상황은 달라졌습니다. 기존에 오프라인 구매대행을 주도하던 사람들이 온라인 커뮤니티, 카페를 통해 불특정 다수에게서 구매할 물품 목록을 받아 현지에서 구매를 대행하여 수수료를 챙기는 구조로 발전했습니다. 특히 주부들이 이를 부업으로 활성화시키면서 구매대행이라는 단어가 서서히 정착되었습니다. 구매대행을 통해 명품 가방을 저렴하게 구매할 수 있다는 인식이 생기면서, 젊은 주부 사이에서는 현명한 소비의 개념으로 자리 잡는 계기가 되었습니다. 그러나 이 역시 누구나 할 수 있는 사업 분야는 아니었습니다. 온라인상에서 다수를 끌어모으는 일이 쉽지만은 않았기 때문이지요. 명품 구매대행이라는 단어 외에는 사람들의 주목을 끌 만한 키워드가 없었고, 해외 오프라인 구매에는 한계가 있었던 것입니다.

그런데 2000년대 중반에 접어들면서 상황이 바뀌었습니다. 불특정 다수가 원하는 아이템을 해외 현지에서 구하는 것이 아니라, 해외 온라인 쇼핑몰에서 직접 구매하여 전달받는 식으로 온라인 기반의 새로운 구매대행 체계가 생긴 것입니다. 시간과 공간을 초월하여 해외직구가 가능해지면서 '구매대행업'이라는 단어가 널리 알려지기 시작했고, 현재도 이런 구조로 운영되는 구매대행몰이 활성화되고 있습니다.

02 구매대행업의 전망과 시장성

그렇다면 우리나라에서 구매대행업의 전망은 어떠할까요? 필자는 두 가지 이유에서 미래가 밝다고 생각합니다.

1 국내 수입 유통 구조의 한계

어느 물품이든 물품을 생산한 현지에서 구매하는 것이 가장 저렴합니다. 미국 브랜드인 나이키 신발은 미국 현지에서, 한국 브랜드인 지오다노 의류는 한국에서 구매하는 것이 가장 쌀 것입니다. 우리나라에는 이미 다양한 카테고리에 걸쳐 수많은 해외 브랜드 상품이 수입, 유통되고 있으며, 국내 소비자의 수요도 이를 뒷받침해주고 있습니다. 그러나 수입 및 유통 과정을 거치면서 중간 업체에 추가로 마진이 돌아가거나 가격 담합이 이루어지는 등 현지에 비해 상당히 비싼 금액으로 상품이 판매되고 있습니다. 오랫동안 지속되어온 관행이므로, 국가 차원에서 대대적으로 개혁하지 않는 이상 쉽게 바뀔 수 없는 구조이지요.

백화점에서 비싼 돈을 주고 명품을 구매하는 국내 상류 소비층은 여전히 건

재합니다. 그러나 특정 부유층이 아니라 합리적 소비를 원하는 대다수 국민에게 초점을 맞춰야 합니다. 구매대행을 통해 같은 상품을 국내의 다른 곳보다 저렴하고 합리적인 가격으로 판매한다면 소비자들은 무엇을 선택할까요? 고객의 입장에서 생각해보면 답은 간단합니다. 이러한 가격 경쟁력은 국내 수입 유통 환경에서 구매대행업이 지닌 가장 큰 장점이라고 볼 수 있습니다.

2 해외직구 열풍

미국의 블랙프라이데이를 아시나요? 요즘에는 해외 쇼핑몰을 통해 직접 온라인으로 구매하는 일명 해외직구가 우리나라에서 큰 이슈가 되었고, 또 하나의 쇼핑 문화로 자리 잡게 되었습니다. 블랙프라이데이 기간에 미국 쇼핑

▲ 전 세계를 강타한 미국 블랙프라이데이

몰을 통해 미국 브랜드 물품을 우리나라에서 판매되는 가격에 비해 반값 이하로 싸게 구입할 수 있음은 물론이고, 심지어 특정 국내 브랜드는 해외에서 더 싸게 판매한다는 사실도 언론의 보도에 의해 널리 알려지게 되었습니다. 다소 번거롭더라도 해외에서 직접 구매하는 소비자는 계속 늘어나는 추세이며, 소비자들은 점점 더 스마트해지고 있습니다.

국내 수입업체에서 이를 의식한 듯 가격을 내리려고 하지만, 유통 구조상 해외직구, 구매대행에 비해 가격 경쟁력이 없음을 실제로 확인할 수 있습니다.

주목할 점은 똑똑한 소비자들의 자발적 직구 수요가 늘어남에 따라 구매대행 수요 역시 늘어나고 있다는 점입니다. 해외 쇼핑몰에서 직접 구매하는 것이 현명하다는 인식이 확산되고는 있지만, 개인이 해외직구를 하기는 아직 부담스럽다는 소비자들도 많습니다. 영어에 대한 막연한 두려움, 해외배송에 대한 불안감, 관세 폭탄에 대한 걱정, 반품 및 환불의 번거로움 등 여러 가지 이유로 인해 해외직구보다는 누군가가 책임지고 대신해주는 구매대행을 선호하는 소비자들도 늘어나고 있습니다. 따라서 직구의 수요는 구매대행의 수요와 함께 상승하고 있습니다.

03 구매대행에서 글로벌셀러로!

그렇다면 전업으로 할 수 있는 구매대행은 어떠한 프로세스일까요? 앞서 살펴본 1차원적인 구매대행에서는 그 답을 찾을 수 없습니다. 구매대행 개념에서 더 나아가 소비자가 특정 아이템을 구매하도록 만드는 데서 해답을 찾을 수 있습니다.

1 글로벌셀러란?

글로벌셀러는 온라인 중개무역 상인을 뜻합니다. 오프라인 수출입의 온라인 버전이라고 보면 됩니다. 해외 아이템을 국내에, 국내 아이템을 해외에, 해외 아이템을 다른 해외에 판매하는 것 모두 글로벌셀러의 범주에 속합니다. 단순한 구매대행에서 해외의 아이템을 국내에 판매하는 셀러로 발전한 것입니다.

세 범주 중 첫 번째 구매대행을 토대로 한 글로벌셀러는 어떠할까요? 단순 구매대행과는 다르게 일반 쇼핑몰, 오픈마켓과 같이 온라인 검색 및 기타 경로를 통해 아이템 단위로 소비자의 구매를 유도하는 과정을 기본으로 합니다. 아이템 소싱은 노트북 하나만 있으면 됩니다. 해외직구 시스템을 활용하면 되기 때문입니다. 우리나라 소비자들이 구매할 만한 상품을 해외 쇼핑몰에서 찾은 후, 선사입 없이 이미지와 상품 정보만을 가지고 오픈마켓 혹은 쇼핑몰에 올림으로써 고객들이 결제하게 합니다. 그리고 고객이 결제한 물품을 해외 쇼핑몰에서 내가 대신 결제한 후 고객에게 상품을 보내주고 정산받는 구조입니다. 물론 판매가는 마진이 포함된 가격으로 책정하지요. 이러한 프로세스 덕에 부담 없이 1인 창업을 시작할 수 있는 발전된 구매대행 창업인 것입니다.

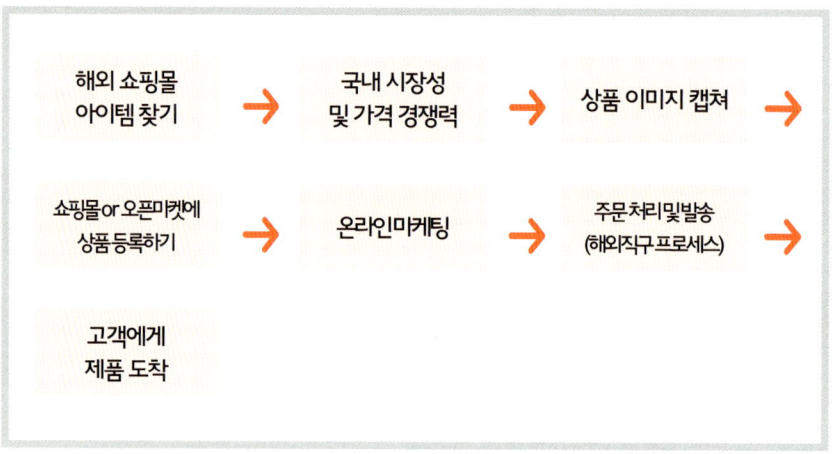

▲ 구매대행 사업 프로세스

2 글로벌셀러, 나도 할 수 있다

무수한 아이템 중에서 나만의 사업 아이템을 고르는 일은 생각보다 쉽지 않습니다. 기본적으로 생산 및 제작에 비용이 들거나 재고 사업을 위한 초도 자본이 필요하기 때문입니다. 이렇게 고른 아이템은 동종 분야의 치열한 시장 경쟁을 뚫고 지속적으로 판매되어야 합니다. 마케팅을 비롯하여 각종 판매 촉진을 위한 유지 비용도 만만치 않습니다. 상황이 어려워도 선택한 아이템에 자본이 투입된 이상, 진행 중인 사업을 쉽사리 접을 수도 없습니다. 모든 사업은 투자 대비 회수 기간을 최소화하여 수익을 창출해야 하는데, 시작 단계부터 투자 리스크가 생길 수밖에 없습니다.

그런데 앞서 살펴본 글로벌셀러의 사업 프로세스는 어떠한가요? 아이템 선정과 초기 자본 투자 면에서 매우 자유롭습니다. 해외 쇼핑몰 상에 떠다니는 수많은 아이템 중에서 마음에 드는 것을 고른 후, 이미지를 가져와서 나만의 아이템으로 삼으면 됩니다. 재고 부담 없이 아이템을 선정할 수 있다는 사실은 사업을 시작할 때 아주 훌륭한 장점임에 틀림없습니다. 지금부터 글로벌셀러가 되기 위한 준비 사항과 진행 프로세스를 알아봅시다.

생초보를 위한
해외 구매대행
가이드

02

구매대행의 시작은 해외직구

구매대행 창업은 해외직구 시스템에서 시작됩니다. 어느덧 해외직구는 트렌드를 넘어 합리적 소비를 위한 쇼핑 문화로 자리매김했습니다. 해외직구라는 단어와 그 의미는 누구나 알고 있지만, 아직 시도조차 해보지 않은 소비자들이 많습니다. 누구나 할 수 있는 해외직구이지만, 구매대행업에 뛰어들기 위해서는 누구보다 직구를 잘해야 합니다. 태평양처럼 넓은 해외 온라인상에서 나만의 아이템을 찾고, 남들보다 합리적으로 가격으로 아이템을 소싱할 수 있어야 합니다. 이 장에서는 그 기본이 되는 해외직구의 준비 사항과 방법 그리고 사업의 무기가 되는 노하우까지 꼼꼼히 살펴보도록 하겠습니다.

01 해외직구는 기본

해외 쇼핑몰은 국가별로 셀 수 없을 만큼 많습니다. 전 세계적으로 온라인 시장이 활성화되면서 미국, 유럽, 일본, 중국, 동남아시아 등 국가별 쇼핑몰이 우후죽순으로 생겨났고, 현재는 국가의 경계를 넘나드는 글로벌쇼퍼의 비중도 아주 높아졌습니다. 그렇다면 수많은 곳들 중에서 먼저 어디부터 접근해야 좋을까요? 소비자들도 마찬가지이지만, 구매대행업 역시 미국 쇼핑몰부터 공략하라고 말하고 싶습니다. 대부분 쇼핑몰에서 한국 카드로 결제가 가능하고, 드넓은 미국 시장에서 무수히 많은 아이템을 합리적인 금액으로 구매할 수 있기 때문입니다.

1 누구나 할 수 있는 해외직구 프로세스

해외직구 시 우리는 크게 두 가지의 배송 프로세스를 통해 국내로 물품을 받아볼 수 있습니다. 직구를 경험해본 소비자들이라면 누구나 알고 있는 프로세스이며 각각의 이용과정 역시 쉽게 마스터할 수 있습니다.

배송대행지를 이용하는 경우

해외 쇼핑몰을 이용할 때 한국까지 단번에 제품을 보내주는 직배송 시스템이 구축되어 있지 않거나, 직배송 비용이 터무니없이 비싼 경우가 있습니다. 이럴 경우 현지인처럼 배송 주소를 현지 국가로 설정하여 주문해야 하는데요. 현지에서 물품을 대신 받은 후 우리나라로 보내주는 배송대행업체를 활용하면 제품을 받아볼 수 있습니다. 해외 내에 상주하는 한국 업체가 국제배송, 통관, 국내배송까지 대신해주는 것이죠. 80% 이상의 쇼핑몰에서 배송대행지를 이용하여 구매합니다. 그러므로 배송대행 서비스를 이용하는 프로세스가 가장 기본이라고 할 수 있습니다.

▲ 배송대행 서비스 이용 프로세스

직배송으로 받는 경우

국제 직배송이 가능하며 직배송 비용이 합리적인 쇼핑몰이라면 직접 받을 수 있습니다. 물론 이런 쇼핑몰은 전체 해외 쇼핑몰 중 20% 내외로 수가 적지만, 주문자로서는 굳이 한 단계 더 거쳐 배송대행지를 이용하지 않아도 되기 때문에 전체 주문 과정은 더 간단하다고 볼 수 있습니다. 해외 쇼핑몰 배송 주소란에 한국 주소를 영문으로 입력한 후 결제하면 됩니다.

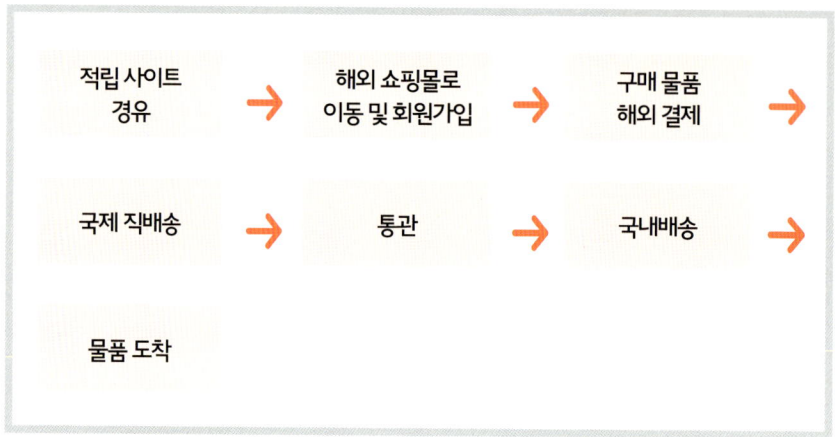

▲ 해외직구 직배송 프로세스

2 기본 준비물

해외 직구를 하기 위해서는 해외 결제가 가능한 카드와 개인통관고유번호가 필요합니다.

해외 결제가 가능한 카드

우리나라와 달리 해외 온라인 결제 시 무통장 입금과 계좌이체는 불가능합니다. 결국 신용카드나 체크카드로 결제해야 하는데, 해외에서도 이용할 수 있는 카드는 앞면에 다음의 로고가 들어가 있습니다.

이런 로고가 들어간 신용카드나 체크카드도 무조건 해외 결제가 되는 것은 아닙니다. 결제가 안 될 경우에는 해당 카드사에 문의해서 온라인 해외직구에 이용할 수 있는지 알아봐야 합니다.

▲ 비자(Visa)카드

▲ 마스터(Master)카드

▲ 아메리칸익스프레스(American Express)카드

▲ 디스커버리(Discovery)카드

▲ 제이씨비(JCB)카드

체크카드보다는 신용카드를 이용하는 편이 좋습니다. 체크카드의 경우, 환불받을 때 일단 빠져나간 금액이 2주가 지난 후에야 환급되는 등 문제가 발생할 수 있기 때문입니다.

결제 금액의 1% 내외로 카드사별 해외 이용 수수료가 별도로 부과됩니다. 근래에는 국내 카드 회사에서 직구족을 겨냥하여 다양한 혜택을 주는 카드를 출시하고 있으므로, 소비자는 물론 직구를 이용하는 구매대행업자라면 적극적으로 활용하면 좋습니다.

개인통관고유번호

기존에는 개인 물품 수입 시 신고하면서 주민번호를 수집했지만, 개인정보 유출 방지를 위해 2015년 3월부터 관세청에서 '개인통관고유번호'의 사용을 의무화하도록 공지했습니다. 주민번호처럼 한 번 발급받으면 평생 쓸 수 있는 것이며, 공인인증서 혹은 휴대폰 본인인증 절차만 거치면 누구나 발급받을 수 있고, 발급받는 데 3분밖에 걸리지 않습니다. 직구 과정에서 필수로 가지고 있어야 하므로 아래의 공인인증서를 통한 발급 방법 예시를 참고하시길 바랍니다.

▲ 관세청 개인통관고유번호 발급 전용 사이트

개인통관고유번호 발급 전용 사이트 p.customs.go.kr에 접속하고 아래 신청 조회란에 이름과 주민번호를 입력한 다음 확인을 누릅니다.

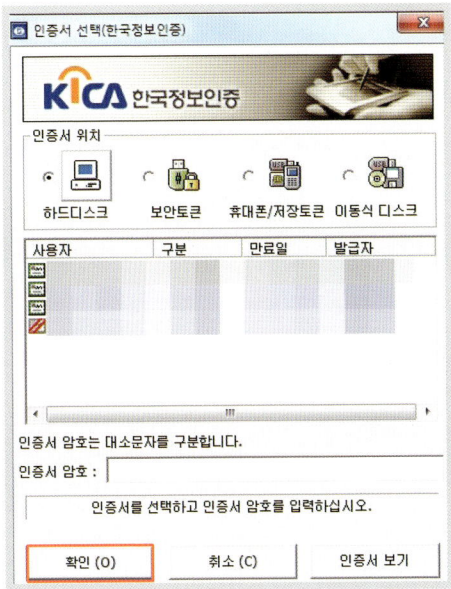

▲ 공인인증서 암호 입력 팝업창

공인인증서 암호 입력창이 뜨면 암호를 입력한 후 확인을 누르세요.

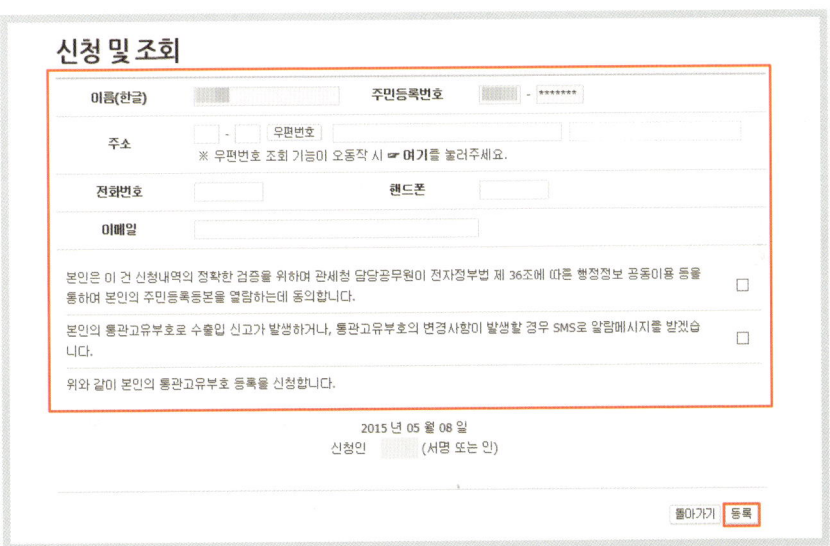

▲ 개인정보 입력 페이지

02 구매대행의 시작은 해외직구   27

신청 및 조회 화면에서 이름과 주민번호는 자동으로 입력됩니다. 주소, 전화번호, 핸드폰, 이메일 주소를 입력하고 우측 하단의 '등록'을 클릭합니다.

▲ 개인통관고유번호 발급 확인

곧바로 알파벳 P로 시작하는 개인통관고유번호가 발급됩니다. 앞으로 계속 쓰게 될 번호이므로 캡처해두거나 메모해두면 좋습니다.

3 한국에서 인기 있는 해외 쇼핑몰

세상에는 무수히 많은 해외 쇼핑몰이 있고 매일 새로운 쇼핑몰이 생깁니다. 그중에서도 우리나라 소비자들이 오랫동안 이용하고 있는 주요 쇼핑몰을 미국 위주로 살펴보고, 그 외 국가별 대표 쇼핑몰을 알아보겠습니다.

미국

■ 오픈마켓

아마존 www.amazon.com 국내뿐 아니라 전 세계적으로 큰 인기를 끌고 있는 종합쇼핑몰 아마존닷컴입니다. 개인 및 기업 셀러가 활동하고 있으며 나이키, 아디다스와 같은 유명 미국 브랜드는 물론 신발, 가방, 옷, 명품, 자전거, TV, 냉장고를 비롯한 많은 카테고리에서 다양한 아이템을 고르고 주문할 수 있습니다.

이베이 www.ebay.com 여러 국가의 글로벌셀러가 입점해 있는 글로벌 종합마켓입니다. 아마존과 같이 없는 상품이 없을 만큼 품목이 다양하며, 우리나라 옥션과 같이 경매 입찰을 통한 구매도 활발히 이루어지고 있습니다.

■ 명품

샵밥 www.shopbop.com 토리버치, 알렉산더왕, 아쉬, 마이클코어스를 비롯하여 국내에서 인기 있는 여러 중·고가 명품 브랜드를 취급하는 패션전문쇼핑몰입니다. 각종 패션잡화와 정장, 이브닝드레스, 블라우스, 스웨터 등의 의류를 취급합니다.

블루플라이 www.bluefly.com 프라다, 구찌, BCBG 등 350개 이상의 명품 브랜드를 보유하고 있으며, 갖가지 의류, 핸드백, 신발, 액세서리, 향수 등이 있습니다.

■ 멀티숍

6pm www.6pm.com 중저가 패션, 스포츠 브랜드 의류와 신발, 시계, 잡화를 부담 없이 구매할 수 있는 패션종합쇼핑몰입니다. 코치, 라코스테, 노스페이스, 크록스 등 대중적인 브랜드가 주를 이루고 있습니다.

자포스 www.zappos.com 6pm과 같은 창고를 쓰고 있는 패션종합쇼핑몰입니다. 미국 내 배송이 이틀 내로 빠르게 이뤄진다는 장점이 있습니다.

■ 의류 브랜드몰

갭 www.gap.com 친숙한 의류 브랜드 갭의 미국 공식쇼핑몰입니다. 남녀노소가 입을 수 있는 다양한 옷을 국내 가격보다 저렴하게 찾을 수 있습니다.

폴로 www.ralphlauren.com 랄프로렌의 미국 공식몰입니다. 폴로 브랜드 의류 및 신발, 가방, 잡화, 향수, 홈데코 용품 등을 합리적인 금액대로 구매할 수 있습니다.

카터스 www.carters.com 영유아 의류 전문 브랜드 카터스의 미국 공식몰입니다. 아기자기하고 예쁜 아기 옷과 용품을 연령대별로 손쉽게 구매할 수 있습니다.

■ 신발 전문몰

풋락커 www.footlocker.com 남성, 여성, 아동용 신발과 스포츠용품을 파는 곳입니다. 국내에서 인기 있는 나이키, 아디다스, 퓨마, 뉴발란스를 비롯하여 다양한 스포츠 브랜드를 접할 수 있습니다.

피니쉬라인 www.finishline.com 나이키, 퓨마, 아디다스, 리복, 조던 등 각종 유명 브랜드의 신발을 취급하는 쇼핑몰입니다. 국내에 들어오지 않은 모델을 미리 접할 수 있습니다.

조씨네뉴발란스 www.joesnewbalanceoutlet.com 뉴발란스 신발을 전문적으로 취급하는 아울렛 형태의 몰입니다. 마니아층이 두터운 곳으로, 다양한 모델을 할인된 가격으로 구입할 수 있습니다.

■ **백화점 사이트**

노드스트롬 shop.nordstrom.com 미국 백화점으로, 남성과 여성을 위한 갖가지 물품을 구매할 수 있습니다. 의류, 신발, 주얼리, 화장품이 강세이며 온라인 세일을 자주 진행합니다.

삭스피프스애비뉴 www.saksfifthavenue.com 아르마니, 크리스찬디올, 마크제이콥스, 프라다, 구찌를 비롯한 럭셔리 브랜드의 패션잡화류를 구매할 수 있는 백화점으로 여성들에게 큰 인기를 끌고 있습니다.

메이시스 www.macys.com 코치, 랑콤, 리바이스, 노스페이스 등 다양한 브랜드를 섭렵하고 있는 백화점입니다. 의류, 신발, 액세서리, 주얼리, 침대 및 가구류 등 실제 백화점에서 보는 다양한 용품을 취급하고 있습니다.

■ **유아용품, 영양제**

다이퍼스 www.diapers.com 미국 최대 유아용품 전문몰입니다. 유명 브랜드 기저귀, 포뮬러, 이유식, 영양제를 취급하고 있으며, 한국 엄마들 사이에서도 큰 인기를 끌고 있습니다.

드럭스토어 www.drugstore.com 7만 5000여 가지의 비타민, 영양제, 스킨케어, 유아용품, 반려동물용품, 스포츠용품을 판매하는 몰입니다. 저명한 브랜드가 주를 이루며, 항상 저렴하게 구매할 수 있습니다.

■ **아웃도어/스포츠**

백컨트리 www.backcountry.com 캠핑, 아웃도어 열풍과 함께 국내에서 인지도가 높아진 아웃도어 전문몰입니다. 캠핑용품은 물론 각종 인기 브랜드 스포츠용품을 다양하게 갖추고 있으며, 재고 회전이 빨라서 인기 상품은 곧잘 품절되기도 합니다.

레이닷컴 www.rei.com 미국 내에 다수의 오프라인 매장을 보유하고 있는 레이의 온라인몰입니다. 아웃도어용품의 종류와 수가 어마어마하게 많고, 다양한 패션스포츠용품을 저렴하게 구매할 수 있습니다.

■ 시계

애쉬포드 www.ashford.com 중고가 유명 시계 브랜드 상품이 즐비한 쇼핑몰입니다. 남성, 여성, 브랜드별 카테고리가 잘 구성되어 있고, 가짜가 없고 숍 자체에 2년 보증 제도가 있어서 고가라도 믿고 구매할 수 있는 곳입니다.

■ 렌즈

비전다이렉트 www.visiondirect.com 렌즈 종합쇼핑몰입니다. 국내에서 인기 있는 아큐브, 바슈롬 콘택트렌즈를 알뜰한 가격에 쉽게 구매할 수 있으며, 한국 직배송이 지원되어 편리합니다.

■ 소셜커머스

길트 www.gilt.com 우리나라의 소셜커머스와 같이 패션, 유아용품, 가정용품 등 다양한 카테고리의 제품을 세일 가격으로 구입할 수 있는 쇼핑몰입니다. 제품별 핫딜이 진행되다 보니 인기 아이템은 곧잘 품절되기도 합니다.

그 외의 국가

■ 중국

타오바오 www.taobao.com 중국 알리바바 그룹이 운영하는 종합쇼핑몰로, 아이템이 정말 다양합니다. 중화권 내 소비자가 많고, 매년 큰 폭으로 성장하며 글로벌 쇼핑몰로 자리매김했습니다.

알리익스프레스 www.aliexpress.com 2020년 들어 한국에서 급격히 인기가 상승한 알리익스프레스입니다. 저렴한 배송비로 한국 직배송이 가능하며 한글 지원이 되는 종합쇼핑몰로 중국의 여러 oem 제품들을 매우 저렴하게 구매할 수 있습니다. 11월 11일 열리는 중국 광군제 기간에는 매해 역대급 매출 기록을 경신할 정도로 전세계인들의 큰 주목을 받고 있습니다.

■ 일본

라쿠텐 www.rakuten.co.jp 일본 최대의 종합쇼핑몰로 일본 아이템을 구매할 수 있는 곳입니다. 일본 직구라고 하면 라쿠텐을 먼저 떠올릴 정도로 국내의 인지도 및 구매 수요가 늘고 있습니다.

■ 독일

아마존 www.amazon.de 주방용품, 버켄스탁 신발 등 독일 제품을 구매할 때 국내에서 가장 많이 이용하는 아마존의 독일 사이트입니다. 독일어로 되어 있지만 구매 방법이 아마존닷컴과 비슷해서 쉽게 직구할 수 있습니다.

■ 영국

아소스 www.asos.com 다수의 영국 브랜드가 입점되어 있는 편집숍 형태의 쇼핑몰입니다. 한국 직배송이 지원되어 배송대행지 없이 편리하게 영국 아이템을 구매할 수 있습니다.

4 세일 기간을 활용하라

평소에도 해외직구를 통하면 국내보다 저렴하게 구매할 수 있지만, 미국과 같이 세일이 잦은 국가라면 특정 세일 기간을 이용하여 몇 배로 저렴하게 살 수 있습니다. 매년 11월 넷째 주 금요일에 진행되는 '블랙프라이데이'가 가장 대표적이지요. 연중 최고 할인율로 행사를 진행하기 때문에, 구매대행업자라면 평소보다 몇 배나 저렴한 가격으로 사입해두기 좋은 시기이기도 합니다. 꼭 알아둬야 할 미국의 주요 세일 기간을 월별로 살펴보겠습니다.

■ 미국 세일 기간 표

월	명칭	기간	특징
1월	신년 세일 New Year's Day	1월 1일부터 열흘간	전년도 가을, 겨울 재고분 대폭 할인
	마틴 루터 킹 데이 Martin Luther King day	1월 셋째 주 월요일	마틴 루터 킹 목사를 기념하는 세일
2월	밸런타인데이 Valentine's Day	2월 7~14일	초콜릿, 선물류 20~30% 세일
	프레지던트 데이 President's Day	2월 셋째 주	가을, 겨울 상품 40~50% 세일
3월	성 패트릭 데이 St. Patrick's Day	3월 17일	
4월	부활절 Easter Sunday	3월 하순~4월 초순	60~70% 세일
	굿 프라이데이 Good Friday	부활절 주 금요일	
5월	마더스데이 Mother's Day	5월 둘째 주 일요일	여성품목 세일
	메모리얼데이 Memorial Day	5월 마지막 주 일요일	여름 시작 전 봄 상품 세일
6월	파더스데이 Father's Day	6월 셋째 주 일요일	남성품목 세일
7월	독립기념일 Independence Day	7월 4일	70~80% 다양한 품목 세일

월	명칭	기간	특징
8월	백투스쿨 Back to school	8월 중순	신학기 및 학생용품 세일
9월	노동절 Labor Day	9월 첫째 주 월요일	봄, 여름 이월 품목 50%까지 세일
10월	콜럼버스 데이 Columbus Day	10월 둘째 주 월요일	가을품목 세일
10월	핼러윈 Halloween	10월 31일	핼러윈용품 세일

월	명칭	기간	특징
11월	추수감사절 Thanksgiving Day	11월 넷째 주 목요일	가을품목 세일
11월	블랙프라이데이 Black Friday	11월 넷째 주 금요일	전 품목 연중 최대 할인 세일
11월	사이버 먼데이 Cyber Monday	블랙프라이데이 다음 주 월요일	전 품목 최대 80%까지 온라인 위주 세일
12월	크리스마스 Christmas	12월 25일	겨울품목 70~80% 세일
12월	애프터크리스마스 After Christmas	12월 26일	다양한 품목 추가 세일

TIP

미국은 달마다 다양한 세일 행사를 진행하는데, 특정 날짜보다 일주일 전부터 미리 세일에 돌입한다는 점도 눈여겨볼 필요가 있습니다.

02 페이팔 계정 만들기

페이팔Paypal은 국제적으로 통용되는 해외 온라인 결제 수단입니다. 대부분 신용카드 및 체크카드를 이용하지만, 한국 카드를 받아주지 않는 쇼핑몰에서는 페이팔을 이용하여 결제하기도 합니다. 또한 미국 적립 사이트에서 발생하는 추가 마진을 페이팔로 받을 수 있다는 점도 있습니다.

페이팔 계정으로 받은 적립금은 한국의 은행으로 손쉽게 송금할 수 있고, 이런 추가 마진은 생각보다 든든한 추가 수익이 됩니다. 페이팔 가입 과정과 이용하는 방법을 살펴보도록 하겠습니다.

1 가입

인터넷 주소창에 'www.paypal.com'이라고 입력하거나 포털사이트 검색창에서 '페이팔'을 검색한 후 '페이팔 코리아' 메인 사이트로 들어갑니다.

▲ 페이팔 메인 페이지

우측 상단에 있는 [회원가입]을 클릭하거나 [지금 가입하기]를 클릭하세요. 페이팔 서비스를 선택하는 화면이 나옵니다.

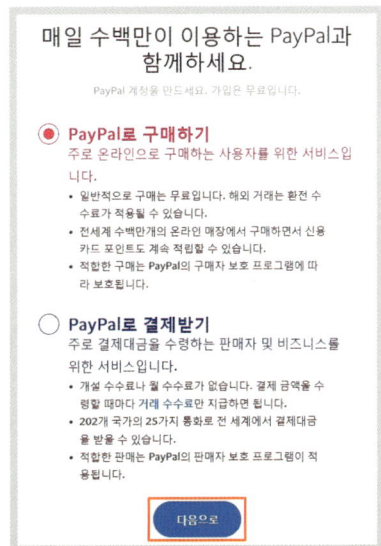

◀ 페이팔 서비스 선택하기

'PayPal로 구매하기'를 선택한 후 [다음으로]를 클릭하면 페이팔 휴대폰 인증 페이지로 이동합니다.

02 구매대행의 시작은 해외직구   37

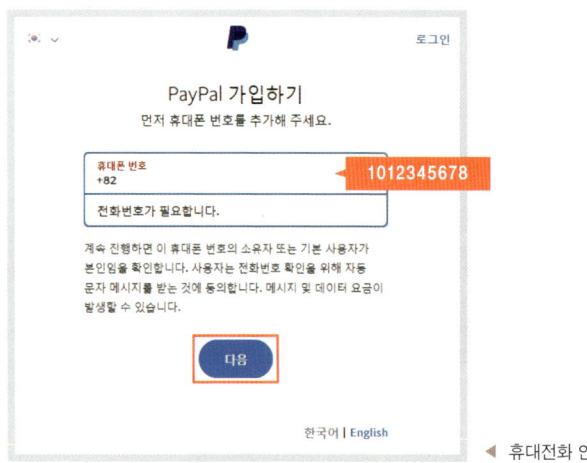

◀ 휴대전화 인증 페이지

회원가입 전 휴대전화 인증 페이지입니다. 국가 부호 '+82'는 그대로 두고 휴대전화 앞자리 0을 뺀 10자리 숫자를 입력합니다. 그리고 [다음]을 누르면 휴대폰으로 6자리 보안코드 문자가 옵니다. 해당 6자리 코드를 입력 페이지에 그대로 입력하면 회원가입 페이지로 이동합니다.

◀ 페이팔 회원가입 페이지

회원가입을 위해 이메일, 성과 이름, 비밀번호를 입력한 후 하단 [다음]을 클릭합니다. 성과 이름은 한글로 입력해도 됩니다.

◀ 청구 주소 입력 페이지

청구서에 기재된 주소를 입력하는 페이지입니다. 생년월일 8자리를 입력한 후 시, 군, 구, 도로명 주소 및 세부 주소, 우편번호를 한글로 입력합니다. 그리고 하단 개인 정보 취급방침 동의 체크 란에 체크 후 [동의 및 계정만들기]를 클릭하면 페이팔 계정 생성이 완료됩니다.

2 카드 등록 및 이메일 연동

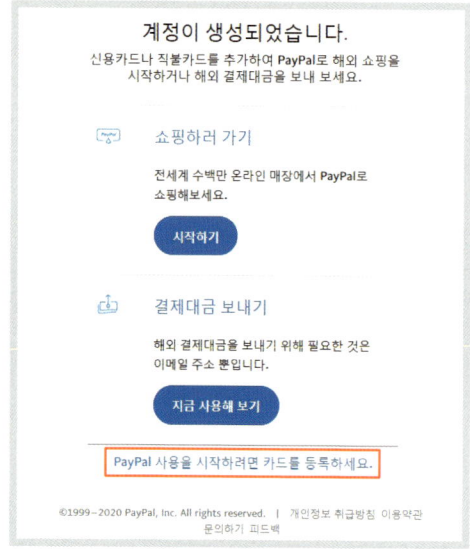

◀ 계정 생성 완료 페이지

계정 생성을 마친 후 하단 'paypal 사용을 시작하려면 카드를 등록하세요'
를 클릭합니다.

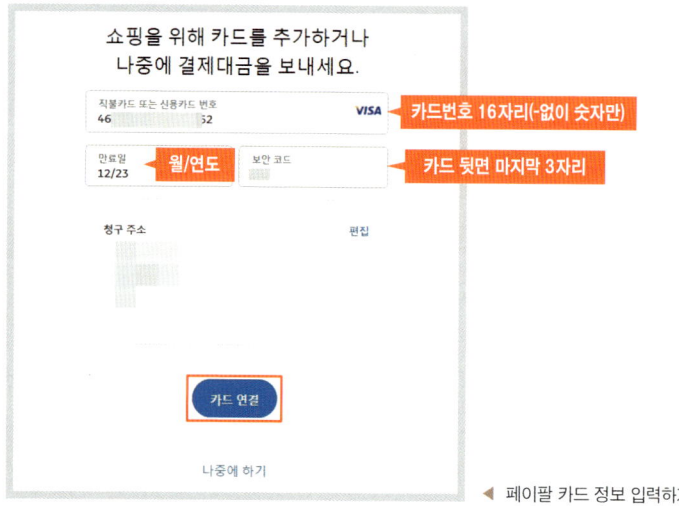

◀ 페이팔 카드 정보 입력하기

추후 해외 쇼핑몰에서 페이팔로 결제 시 이용할 카드 정보를 입력하는 창입니다. 보이는 대로 카드 정보를 입력한 후 [카드 연결]을 클릭하면 카드 등록이 완료됨과 동시에 1달러, 1.95달러가 결제됐다는 문자가 두 번 오는데 이는 실제로 청구되는 금액이 아닙니다. 해외 결제가 잘 이루어지는지는 정상 카드인지 아닌지를 확인하는 과정이므로 24시간 이내로 취소됩니다.

▲ 페이팔과 이메일 연동하기

회원가입 및 카드등록을 마치면 이메일 계정과 페이팔을 연동하기 위한 이메일이 와 있을 것입니다. 이메일 계정에 접속 후 [내 이메일 주소 확인]을 눌러 이메일 인증 과정을 마칩니다.

3 한국의 은행계좌 연동

계정 가입 후 결제 카드 등록까지 마쳤다면, 캐시백을 돌려받기 위해 한국의 은행계좌를 등록해야 합니다.

▲ 페이팔 메인 페이지

메인 화면 우측 하단의 [카드 또는 은행 연결]을 클릭하면 은행계좌와 연결하는 페이지가 나옵니다.

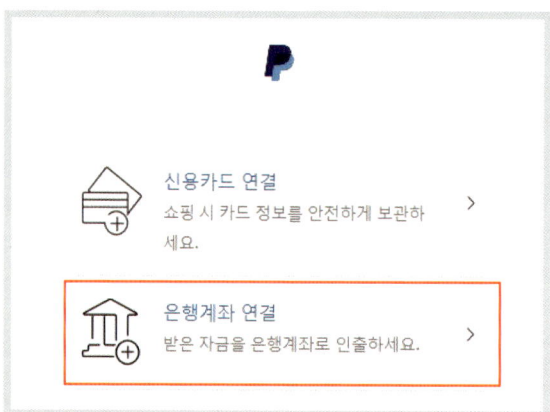

▲ 은행 계좌 연결하기

화면 중앙에 보이는 '은행계좌 연결'을 클릭하면 계좌정보 입력 페이지가 나옵니다.

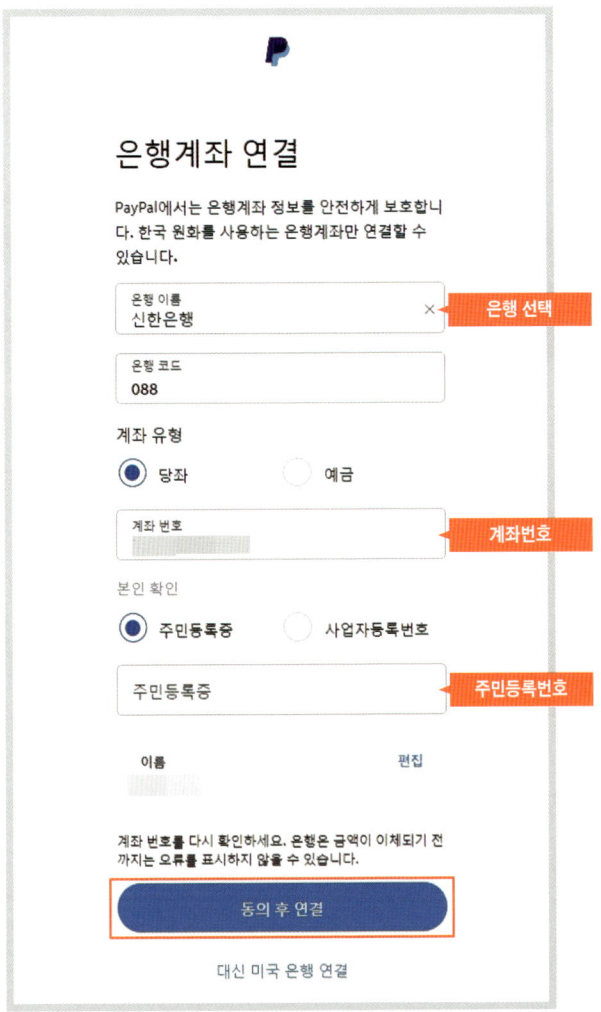

▲ 한국 은행 계좌 정보 입력

위 예시대로 한국 나의 은행 계좌정보를 입력합니다. 은행을 선택하면 은행 코드는 자동으로 기입됩니다. 계좌번호와 주민등록번호 혹은 사업자등록번호를 입력한 다음 [동의 후 연결]을 클릭합니다. 이 후 확인과정을 마치면 은행 계좌 등록이 완료됩니다.

 **실전강의**

캐시백 달러를 은행계좌로 송금하는 방법

구매대행 사업을 진행하다 보면 종종 해외로부터 나의 페이팔 계정에 달러가 입금되는 상황을 맞이하게 됩니다. 이때 페이팔 계정에 들어온 달러를 앞서 등록한 나의 한국 은행계좌로 환급받을 수 있으며 그 과정은 간단합니다.

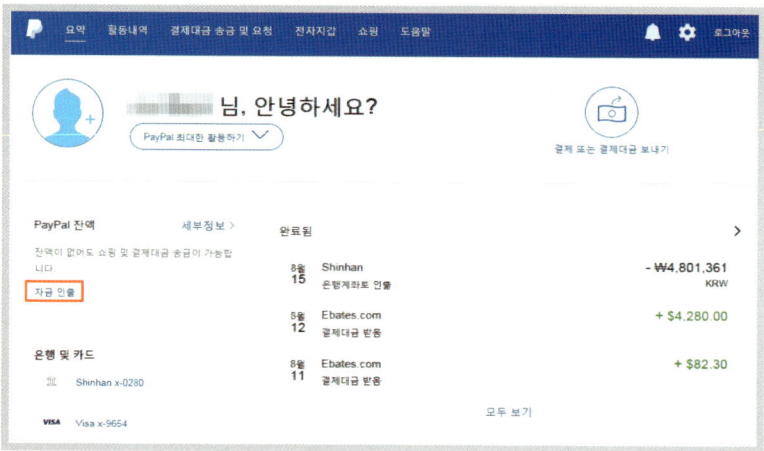

▲ 페이팔 메인 페이지

메인 페이지 좌측의 '자금 인출'을 클릭하면 환급받을 금액을 입력할 수 있습니다.

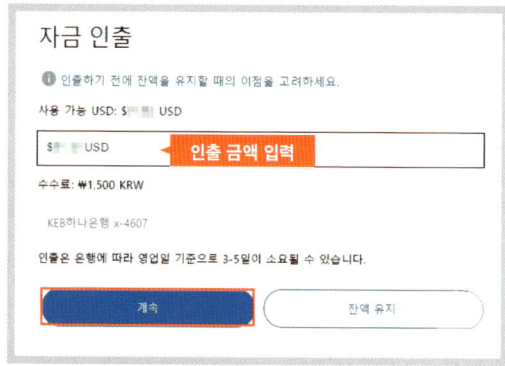

▲ 인출할 달러 금액 앱력하기

44

환급받을 캐시백 금액을 달러로 입력한 후 [계속]을 클릭하면 영업일 기준으로 3~5일 안에 한화로 환산된 금액이 입금됩니다.

페이팔 환율 확인하기

페이팔은 고유의 환율이 존재하며 이 환율은 미국의 시차에 맞춰 하루에 한 번 이상 바뀌곤 합니다. 그러므로 상시 1달러 기준 원화 환율을 체크하는 습관을 가질 필요가 있습니다.

▲ 페이팔 환율 파악하기

페이팔은 15만 원 이상을 은행계좌로 송금할 때 수수료를 부과하지 않습니다. 그러나 원달러 환율보다 20~30원가량 낮게 책정된 페이팔 자체의 환율을 적용합니다. 그러므로 캐시백 단위가 클 경우에는 페이팔 내 'Currency converter'를 활용하여 1달러 기준 한화 금액을 체크하고 송금하는 것이 좋습니다. 페이팔 환율은 인출 직전 단계의 '검토 > 환전율'에서 확인할 수 있습니다.

03 나만의 배송대행지를 찾아라

구매대행 사업을 할 때 배송대행지는 필수 준비물이기도 하지만 사업 수익성을 높여주는 무기이기도 합니다. 이미 미국을 중심으로 한국의 배송대행 업체들이 해외 각지에서 활발히 활동하고 있으며, 2013년 국내 직구 열풍을 계기로 업체의 수는 더욱 증가했습니다. 직구 수요가 증가함에 따라 업체별 배송 사고율은 매우 감소하는 추세이고 경쟁은 더욱 심화되고 있습니다. 그만큼 소비자와 구매대행업자에게는 배송대행지 선택의 폭이 넓어졌으니, 이를 잘 활용할 필요가 있습니다. 배송대행지의 개념과 업체 선정 방법, 배송 신청법을 살펴보겠습니다.

1 배송대행지의 개념

배송대행지는 해외 쇼핑몰에서 한국 직배송을 지원해주지 않을 경우 필요한 수단이자 매개체입니다. 해외 쇼핑몰에서 주문하면, 해당 국가에 상주하는 한국 업체가 물품을 대신 받아서 국제배송, 입항 후 통관, 국내배송 업무를 대신해주는 것입니다. 즉, 소비자는 쇼핑몰 배송 주소란에 배송대행지 주소를 입력하여 주문을 완료하면 되고, 이후 배송대행지에서는 주문한 물품이 입고되면 1차적으로 제품이 맞게 왔는지, 배송 중 파손되지 않았는지 검수합니다. 제품에 문제가 없다면 부피와 무게를 계측하고 그에 따라 배송요금을 책정하여 문자로 소비자에게 통보하고, 소비자가 금액을 결제하면 국제배송, 통관, 국내배송을 거쳐 제품이 도착합니다.

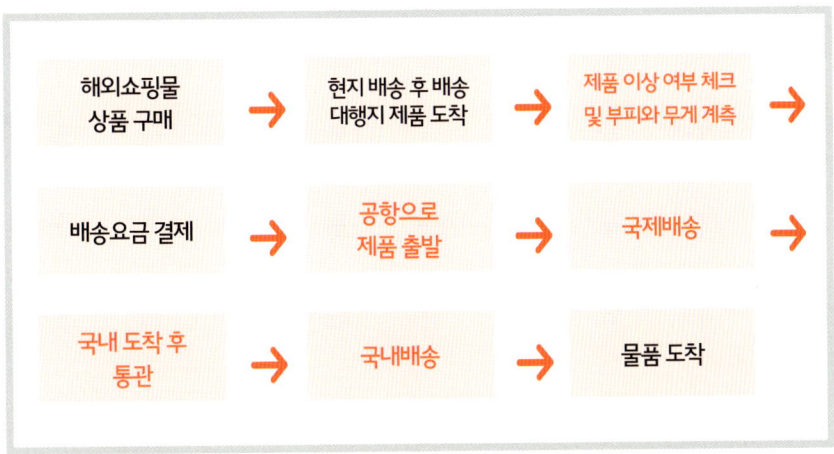

▲ 배송대행지의 역할은 빨간색 글자로 표기됨

TIP
주문 시점 이후 배송대행지까지 도착하는 미국 내 배송 기간은 평균 2~4일입니다. 이는 미국이 넓기 때문이며, 간혹 토네이도와 같은 기상 악화로 더 오래 걸리기도 합니다.

2 업체 선정 및 협상 가이드

배송대행업체는 많지만 그중 나만의 업체를 찾아야 합니다. 직구 소비자들은 배송이 안정적이고 사후관리가 잘되면서 배송요금이 저렴한 곳을 찾으려 합니다. 이는 구매대행업자도 마찬가지입니다. 그런데 배송대행지가 갖춰야 할 기본적인 요건이 몇 가지 있습니다. 그리고 구매대행업자에게 별도로 혜택을 주는 곳을 찾아야 합니다. 미국 배송대행지를 기준으로 살펴봐야 할 요건 세 가지와 나만의 배송대행지를 찾는 협상 가이드를 살펴보겠습니다.

미국 내 세 개 주 이상의 물류센터를 확보한 곳

미국은 고유의 자치권을 가진 50개의 주States로 이루어져 있기 때문에 주마다 부과해야 하는 미국 내 세금관련 법규가 상이합니다. 이에 따라 배송대행업체들은 주의 특성을 고려하여 물류센터의 입지를 결정짓게 되고 우리는 보다 알뜰한 해외직구를 위해 이용하고자 하는 배대지의 물류센터가 위치한 주들의 장단점을 살펴볼 필요가 있습니다.

▲ 미국 주 지도

지도에 별도로 표기된 오리건 또는 델라웨어, 뉴저지, 캘리포니아 등 3개 주 이상을 확보한 배송대행지를 선택해야 합니다. 위에 표시한 주는 각각 뚜렷한 장점이 있습니다.

■ 오리건 또는 델라웨어

미국에는 배송받는 주를 기준으로 별도의 소비세, 즉 세일즈택스sales tax가 부과됩니다. 오리건과 델라웨어는 모든 품목의 소비세가 면제됩니다. 이로 인해 별도의 세금 없이 가장 저렴하게 이용할 수 있으므로 배송대행지로 확보해야 하는 지역입니다. 단, 국제항공 운송 횟수가 적어서 배송일이 이틀 정도 더 소요된다는 단점이 있습니다.

■ 뉴저지

직구로 가장 많이 구매하는 의류와 신발류 품목에 한해 소비세가 부과되지 않는 주입니다. 국제항공 운송 횟수가 잦아서 오리건과 델라웨어에 비해 배송일이 빠르다는 장점이 있습니다.

■ 캘리포니아

부피, 무게가 많이 나가는 품목은 배송비를 절약할 수 있습니다. LA국제공항을 통해 국제배송이 시작되므로 항공 운항 횟수가 잦은 반면, 대부분 품목에 소비세가 붙는 단점이 있습니다.

배송요율이 합리적인 곳

모든 배송대행업체의 프로세스는 동일하지만 배송요율에는 차이가 있습니다. 직구 소비자들은 비싸더라도 안정성이 검증된 업체를 이용하는 경향이 있지만, 구매대행업자는 직구를 자주 해야 하므로 배송요율을 비교하여 업체를 선정해야 합니다. 배송요금은 부피와 무게를 기준으로 최저 1파운드

(0.45kg)부터 매기는데, 1만 3000원을 넘는 업체는 가급적 이용하지 않기를 권장합니다.

LBS	실제 배송비	나의 배송비	LBS	실제 배송비	나의 배송비
1.00	$10.50		2.00	$12.80	
3.00	$14.80		4.00	$16.90	
5.00	$18.60		6.00	$20.20	
7.00	$21.90		8.00	$25.90	
9.00	$28.10		10.00	$29.90	
11.00	$30.40		12.00	$32.10	
13.00	$34.20		14.00	$35.90	
15.00	$36.90		16.00	$38.20	
17.00	$40.80		18.00	$42.90	
19.00	$43.20		20.00	$44.90	

▲ 아이포터 배송대행지 배송요율 예시(LBS = 파운드, 배송요금 = USD 달러 기준)

실전강의

부피 무게 계산법 알아보기

배송요율표 상의 LBS는 무게가 기준이지만, 무게보다 부피가 큰 물품이라면 부피무게 값에 의해 최종 LBS 무게가 적용되어 배송비를 매깁니다.

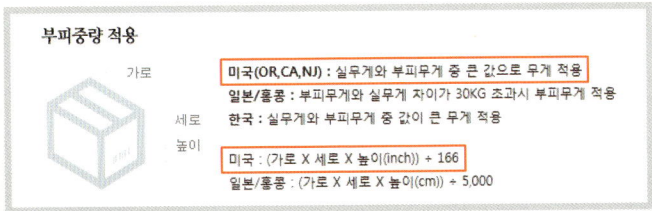

▲ 부피 무게 계산법

제품의 (가로×세로×높이[인치])/166이며, 이 값이 무게보다 크면 적용됩니다.

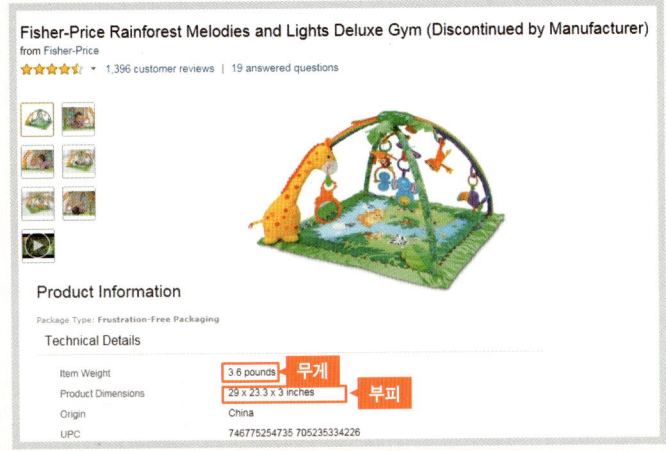

▲ 아마존닷컴 제품 상세페이지 예시

국내에서 인기 많은 피셔프라이스 상품을 예로 설명해보겠습니다. 위 상품은 무게 3.6파운드, 부피 29×23.3×3인치=2027.1인데, 이를 166으로 나누면 12.21파운드입니다. 이는 제품의 무게 3파운드보다 크므로 12파운드를 기준으로 배송요금을 부과합니다. 그러므로 육안으로 보았을 때 부피가 커 보이는 제품은 상세페이지를 참조하여 위 계산식에 대입해볼 필요가 있으며, 부피 무게 계산에 의해 나온 값의 50%(12파운드 → 6파운드 적용)를 할인해주는 배송대행지들이 더러 있으므로 큰 상품을 주문할 때 참고하면 좋습니다.

사후관리가 잘되고 물류시스템이 안정적인 곳

근래에는 대부분 배송대행업체의 서비스가 안정적이고 배송 사고도 현저히 줄어 소비자들의 만족도가 대체로 높은 편입니다. 그런데도 블랙프라이데이와 같은 시즌에는 어마어마한 물량을 감당하지 못해 배송이 지연되거나 문의 응대를 제대로 하지 못하는 문제가 일부 업체에서 발생하곤 합니다. 구매대행업은 고객에게 제품을 제때, 제대로 보내줘야 하는 책임이 있으므로 사후관리와 문의 응대에 철저한 배송대행업체를 선정할 필요가 있습니다. 이는 포털사이트에서 '업체명'과 '후기'라는 키워드로 검색하거나, 직구 커뮤니티에 가입해 업체별 만족도를 비교한 자료를 보면 손쉽게 파악할 수 있습니다.

배송대행업체 협상 가이드

배송대행업체 입장에서, 일반 직구 소비자와 구매대행업자의 가장 큰 차이점은 무엇일까요? 서비스를 이용하는 횟수입니다. 아무리 직구를 자주 하는 소비자라도 구매대행업자보다 더 많이 이용하기는 어렵습니다. 즉, 10명의 소비자보다 1명의 구매대행업자가 배송대행업체 측에는 더 소중한 고객이 될 수 있다는 점을 역으로 이용할 필요가 있습니다. 결국 배송대행지 측에서 VIP 배송요율을 받아 배송요금을 절감해야 합니다. 제품 마진을 책정할 때 배송요금을 고려해야 하고, 이는 결국 사업의 수익성과 직결되기 때문입니다. 물론 주문 물량이 적은 사업 초기에는 협상하기가 쉽지 않을 수도 있습니다. 필자의 경우, 사업 초기에 동종 업계 커뮤니티를 통해 같은 상황에 처한 구매대행업자 동료들과 협력하여 일정 물량을 채운 후, 업체 측과 VIP 배송요율로 협상하는 데 성공했습니다. 혼자라고 안 될 것은 없습니다. 물량이 적더라도 위의 세 가지 요건을 갖춘 배송대행지를 선정하고 전화로 연락하여 협상을 시도해볼 수 있습니다. 현재 선택한 아이템과 사업 진행 상황, 비전과 방향성을 제시한다면 충분히 VIP 배송요율을 따낼 수 있습니다. 배송대행업체가 빠르게 늘어나면서 점점 과열화되고 있는 현실을 감안하면, 배송대행업체가 아쉬운 입장입니다. 혼자서도 나만의 배송대행지를 정할 수 있으니, 과감히 협상을 시도할 필요가 있습니다.

배송대행지 비교 사이트 활용하기

배송대행업체와 협상하기 전에 배송대행지들을 비교해놓은 사이트 직구인포 zikgu.info/fee/cond를 이용하면 물류센터와 파운드별 배송요율과 배송대행지에 대한 객관적인 자료를 한눈에 비교할 수 있습니다. 선정 기준에 부합한 배송대행지 몇 곳을 우선순위로 정한 후 차례대로 협의해볼 것을 권합니다.

▲ 직구인포

3 배송대행지 주소 입력하기

업체 선정 후 배송대행지 사이트에서 회원가입을 하면, 곧바로 개인 미국 주소를 부여받습니다. 해외 쇼핑몰에서 주문할 때 이 주소를 활용할 수 있으며, 주소 입력 방법 역시 어렵지 않습니다. 우리나라 온라인 쇼핑과 미국 내 쇼핑몰의 주소 입력 유형이 같기 때문입니다.

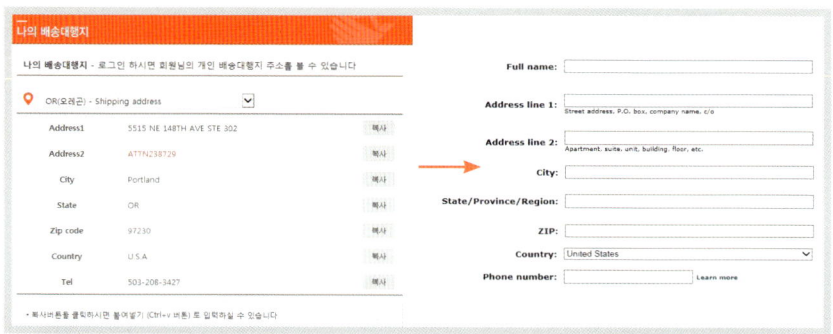

▲ 해외 쇼핑몰 배송대행지 주소 입력 예시

왼쪽은 아이포터 배송대행지 오리건 물류창고 주소이고, 오른쪽은 아마존 배송정보 입력 페이지입니다. 창을 두 개 열어놓고 Ctrl+C로 복사해서 Ctrl+V로 항목별 붙여넣기를 하면 번거롭게 영문으로 입력할 필요가 없습니다.

TIP

Address 2는 세부 주소로, 배송대행지를 이용할 때는 고유 사서함 번호, 즉 나만의 미국 주소가 됩니다. 이는 배송대행지에 제품이 도착한 후 검수할 때 고객별 분리 작업을 빠르게 하기 위한 것이며, 대개 알파벳과 숫자 조합해서 만듭니다.

4 배송대행 신청서 작성 방법

주소 입력 후 주문을 완료했다면 곧바로 배송대행지 사이트에 들어가서 온라인 배송대행 신청서를 작성해야 합니다. 이는 통관 시 수집하는 자료로 상품 및 수취인 정보, 배송 주소 등 업체별 양식이 동일합니다. 필자가 이용하고 있는 아이포터 배송대행지를 예로 배송 신청 과정을 살펴보겠습니다.

▲ 배송대행 서비스 신청서

02 구매대행의 시작은 해외직구

로그인 상태에서 '배송대행 신청'을 클릭하면 위와 같은 '배송대행 신청' 창이 뜹니다. '배송대행 신청시 주의 사항'과 해외 주문 시 입력한 '물류센터 선택', '서비스 선택', '배송방법 선택'을 각각 체크합니다. 주문한 상품 정보를 입력하는 페이지가 나옵니다.

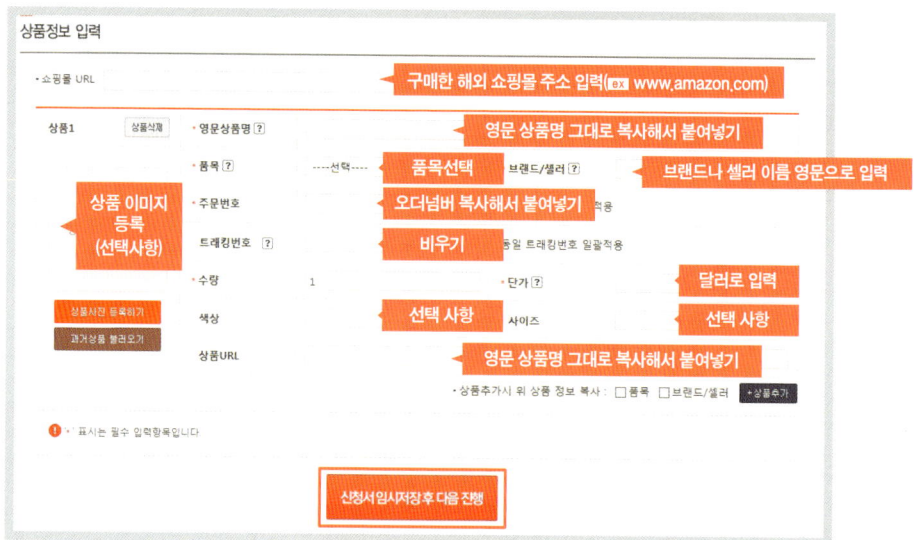

▲ 상품 정보 등록하기

상품 정보를 입력하는 페이지입니다. 통관 시 수집되는 자료이므로 품목과 수량, 단가 등을 실수 없이 입력합니다. 영문상품명, 품목, 브랜드/셀러, 주문번호, 수량, 단가는 필수 입력항목입니다. 브랜드/셀러 이름은 영문으로 입력하고 단가는 달러 단위로 입력합니다. 모두 입력했다면, [신청서 임시 저장 후 다음 진행]을 클릭합니다. 기타 상품 정보를 입력하는 페이지가 나옵니다.

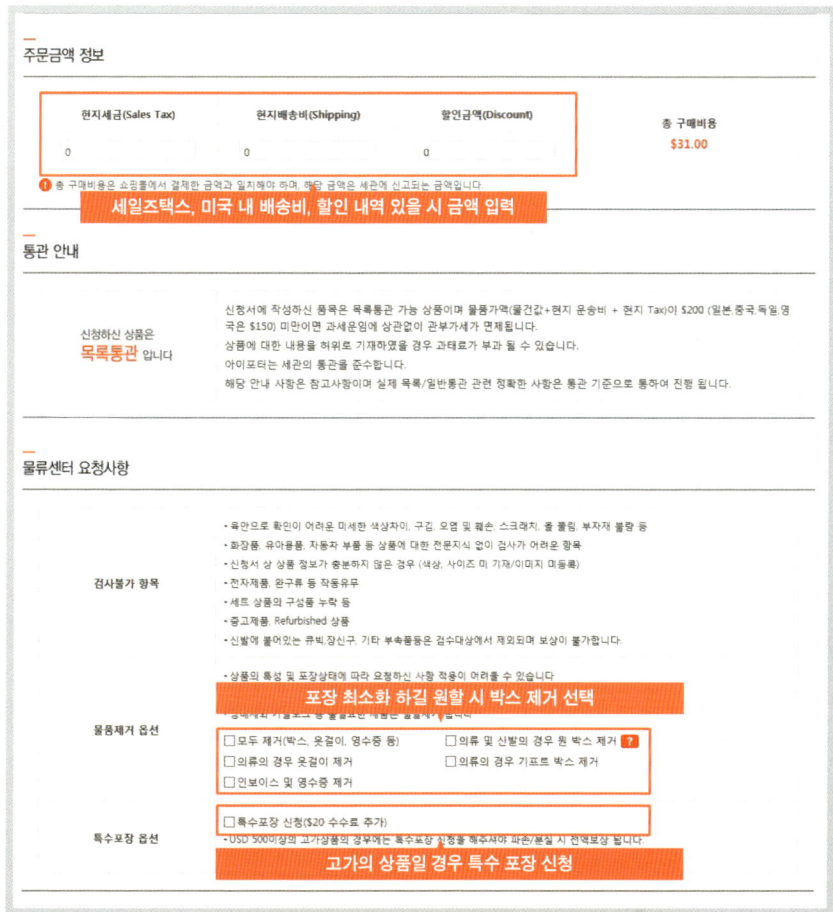

▲ 수령인 정보 입력하기

기타 상품 정보를 입력하는 페이지입니다. 세일즈택스와 미국 내 배송비, 할인 내역 등을 숫자로 입력합니다. 필요 시 '물류센터 요청사항'에서 '물품제거 옵션'과 '특수포장 옵션' 등을 선택합니다.

02 구매대행의 시작은 해외직구

트래킹넘버는 미국 내 송장번호로, 셀러가 물품을 발송한 직후에 뜹니다. 미국과의 시차를 고려하여 평균 하루나 이틀 후 발송되는 경우가 많으며, 발송 직후 셀러 측에서 구매자에게 이메일로 통보해줍니다. 그러면 이메일 혹은 구매한 쇼핑몰 사이트 주문 내역에서 트래킹넘버를 확인할 수 있습니다. 그러므로 주문한 직후에 배송신청서를 작성할 때에는 트래킹넘버를 비워뒀다가, 나중에 번호가 나오면 그때 배송신청서를 수정하여 추가 입력하면 됩니다.

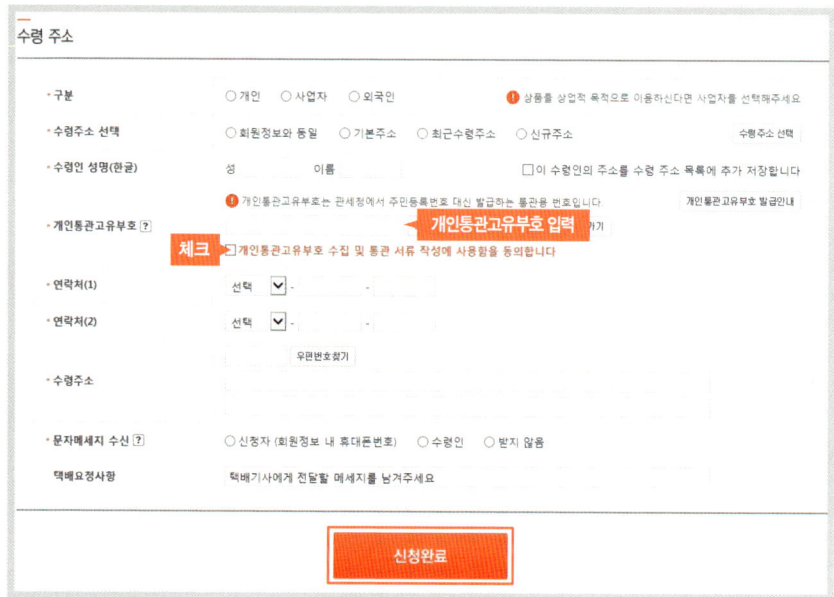

▲수령인 정보 입력하기

수취인 정보 입력 페이지입니다. 이름, 개인통관고유부호, 연락처, 주소를 입력한 후 문자메세지 수신 여부를 체크합니다. 입력이 완료되었다면 [신청완료]를 클릭합니다.

▲ 신청서 작성 완료

배송신청서 작성이 완료되었다는 메시지가 뜹니다.

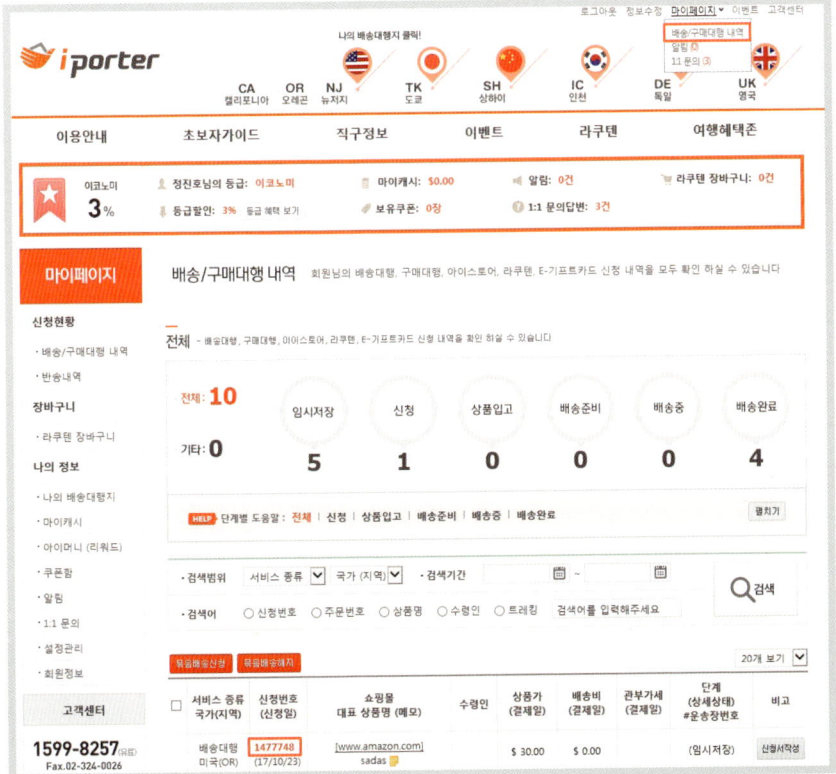

▲ 신청서 작성 완료

02 구매대행의 시작은 해외직구　59

메인 페이지 우측 상단의 '마이페이지 > 배송/구매대행 내역'에서 하단 신청번호를 클릭하여 트래킹번호를 추가할 수 있고, 배송 현황을 파악할 수 있습니다.

> **TIP**
>
> 구매대행업을 하면 배송신청서를 작성하는 일이 매우 잦습니다. 개인이 직구할 때는 본인이 수취인이 되지만 구매대행 시에는 고객이 되므로, 실수 없이 꼼꼼히 작성하는 습관을 들여야 합니다. 2020년 리뉴얼된 아이포터 자동배송신청 서비스를 이용하면 더욱 신속한 배송 처리를 할 수 있습니다.

04 관부가세 계산하기

해외에서 수입되는 모든 상품에는 일정 금액을 초과하면 관세라는 세금이 붙고, 관세의 10%에 해당되는 부가세를 합산한 관부가세를 납부해야 합니다. 온라인을 통한 해외직구와 구매대행도 예외는 아니며, 특히 구매대행업자는 아이템을 찾을 때 관부가세를 부과하는지 여부가 판매 수익성과 직결됩니다. 해외 쇼핑몰의 제품 가격이 국내보다 싸다고 덜컥 구매했다가 관세 폭탄을 맞지 않을지 확인하고, 관세가 부과되어도 가격 경쟁력이 있는지 파악할 필요가 있습니다. 미국은 한미 FTA 타결 이후 타 국가에 비해 조건이 완화되었는데, 이는 품목에 따라 차이가 있습니다. 미국을 기준으로 한 관부가세 계산법을 살펴보겠습니다.

1 관부가세 부과 기준 알아보기

관부가세를 납부하는 기준은 다음과 같이 목록 통관 품목, 일반 통관 품목에 따라 나뉩니다.

> **관부가세를 납부해야 하는 경우**
> • 목록 통관 품목 : 해외 쇼핑몰 결제 금액 기준 200달러를 초과할 경우
> • 일반 통관 품목 : 해외 쇼핑몰 결제 금액 기준 150달러를 초과할 경우
> (목록 통관 품목과 일반 통관 품목이 함께 들어올 경우에는 일반 통관 품목 기준으로 처리)

결제 금액은 제품 가격에 미국 내 배송비와 미국 내 소비세가 포함된 것으로, 직구할 때 실제로 결제하는 금액으로 이해하면 됩니다. 미국 외 유럽, 중국, 아시아 등의 타 국가들은 물품에 상관없이 결제 금액 기준 150달러 초과 시에 관부가세를 납부하게 됩니다(2015년 12월 부로 일반 통관 품목 및 미국 외 타국가 관부가세 부과 기준이 변경되어 변경됩니다).

그렇다면 목록 통관과 일반 통관 품목은 어떻게 나뉠까요? 2014년 6월부로 개정된 일반 통관 품목을 파악하면 수월하게 분류할 수 있습니다.

번호	구분	예시
1	의약품	파스, 반창고, 거즈붕대, 항생물질 의약품, 아스피린제제, 소화제, 두통약, 해열제, 감기약, 임신테스터기, 발모제 등
2	한약재	인삼, 홍삼 등
3	야생동물 관련 제품	'멸종 위기에 처한 야생 동식물의 국제거래에 관한 협약(CITES)'에 따라 국제거래가 규제된 물품 (예) 상아 제품, 악어가죽 제품, 뱀피 제품 등
4	농림축수산물 등 검역대상물품	커피(원두 등), 차, 견과류, 씨앗, 원목, 조제분유, 고양이개 사료, 햄류, 치즈류 등
5	건강기능식품	비타민 제품, 오메가3 제품, 프로폴리스 제품, 글루코사민 제품, 엽산 제품, 로열젤리 등
6	지식재산권 위반 의심물품	짝퉁 가방·신발·의류·악세사리 등
7	식품류·과자류	비스킷베이커리, 조제커파차, 조제과실건과류, 설탕과자, 초콜릿 식품, 소스혼합 조미료 등
8	화장품(기능성화장품(미백·주름개선·자외선 차단 등), 태반화장품, 스테로이드제 함유 화장품 및 성분 미상 등 유해화장품에 한함)	

번호	구분	예시
9	통관목록 중 품명규격수량가격 등이 부정확하게 기재된 물품	
10	기타 세관장 확인대상물품	총포도검화약류, 마약류 등

▲ 관세청 특수통관과 출처. '일반 통관 품목'

위 표에 나온 열 가지 품목군 이외의 것은 목록 통관 품목이 됩니다. 흔히 직구로 구매하는 의류, 신발류 등의 패션잡화류는 목록 통관 품목이고, 위에 해당되는 화장품, 영양제는 일반 통관 품목이 되겠죠. 또한 목록 통관 품목과 일반 통관 품목(이를테면, 신발과 화장품)을 같이 주문할 시에는 일반 통관 기준으로 관부가세가 부과된다는 사실을 알아두어야 합니다.

2 관부가세 계산법

앞서 살펴본 목록 통관, 일반 통관 품목에 따른 부과 기준 초과 시 관부가세 계산법은 아래와 같습니다.

관부가세 계산법
- 관세=(물품가액×고시환율)×관세율
- 부가세=(물품가액+관세)×10%
- 관부가세=관세+부가세

관부가세 부과 여부와 계산법을 사례를 통해 살펴보겠습니다(고시환율 1,100원 기준).

A씨는 60달러짜리 비타민 영양제와 80달러짜리 신발을 함께 구매했으며 미국 내 배송비는 3달러, 소비세는 0원, 무게는 4파운드입니다.

두 가지 품목 중 신발은 목록 통관 품목이지만 일반 통관 품목인 영양제가 포함되어 있으므로 관부가세는 일반 통관 품목을 기준으로 적용됩니다. 총 제품금액 140달러에 미국 내 배송비 3달러를 더하면 총 물품가액이 143달러가 되므로 일반 통관 과세 기준인 150달러를 초과하지 않기 때문에 관부가세를 납부하지 않아도 됩니다.

B씨는 140달러짜리 화장품 1세트를 구매했습니다. 미국 내 배송비는 무료, 소비세는 12달러이며 무게는 5파운드입니다.
화장품은 일반 통관 품목입니다. 제품금액 140달러에 소비세 12달러를 더하면 총 결제 금액은 152달러가 되므로 이 때는 관부가세를 납부해야 합니다.
제품금액(152달러)×고시환율(1100원)=16만 7200원+선편요금(5파운드=1만 9600원)=18만 6800원이 되며 여기에 관세율을 곱하여 계산하면
관세=18만 6800원×6.5%(화장품 관세율)=1만 2142원
부가세=(18만 6800원+1만 2142원)×10%=1만 9894원
총 관부가세는 1만 2142원+1만 9894원을 더한 3만 2036원이 됩니다.

C씨는 185달러짜리 가방을 구입했습니다. 미국 내 배송비는 5달러, 소비세는 5달러, 무게는 4파운드입니다.
가방은 목록 통관 품목입니다. 총 결제 금액이 185+5+55=195달러가 되어 200달러를 초과하지 않으므로 관부가세를 납부하지 않아도 됩니다.

 **실전강의**

고시환율이란?

관세청에서 주마다 고시하는 미국 환율로서 관세청 홈페이지에서 확인 가능합니다.

선편요금이란?

실제 배송요금이 아니라 관세청에서 지정한 국제배송 요금입니다.

실측무게 (LBS/파운드)	선편요금 일반 소포요금 (20만 원 이하 상품가)	특급탁송화물과세운임 (20만 원 초과 상품가)
00.05~02.20	14,600	27,000
02.25~04.40	14,600	41,500
04.45~06.60	19,600	51,000
06.65~08.80	19,600	57,000
08.85~11.00	24,500	63,000
110.5~13.20	24,500	69,000
13.25~15.40	29,400	75,000
15.45~17.60	29,400	81,000
17.65~19.80	34,400	87,000
19.85~22.00	34,400	93,000
22.05~24.25	39,300	99,000
24.30~26.45	39,300	105,000
26.50~28.65	44,200	111,000
28.70~30.85	44,200	117,000
30.90~33.05	49,200	123,000
33.10~35.25	49,200	129,000

▲ 국제 선편요금 기준표

실측무게 (LBS/파운드)	선편요금 일반 소포요금 (20만원 이하 상품가)	특급탁송화물과세운임 (20만원 초과 상품가)
35.30~37.45	54,100	135,000
37.50~39.65	54,100	141,000
39.70~41.85	59,000	147,000
41.90~44.05	59,000	153,000
44.10~46.25	73,600	159,000
46.30~48.50	73,600	165,000
48.55~50.70	78,600	171,000
50.75~52.90	78,600	177,000
52.95~55.10	83,500	183,000
55.15~57.30	83,500	189,000
57.35~59.50	88,400	195,000
59.55~61.70	88,400	201,000
61.75~63.90	93,400	207,000
63.95~66.10	93,400	213,000

▲ 국제 선편요금 기준표

관세율이란?

관세의 세액을 결정하기 위해 품목별로 정해진 요율로, 해마다 바뀔 수 있습니다.

품목	관세	부가세	특소세	기준 초과금	교육세	농특세	주세
낚시용품	8	10	0	0	0	0	0
망원경/부분품	8	10	0	0	0	0	0
수영용품	8	10	0	0	0	0	0

품목	관세	부가세	특소세	기준 초과금	교육세	농특세	주세
자전거/관련부분	8	10	0	0	0	0	0
텐트	13	10	0	0	0	0	0
가죽제품	13	10	0	0	0	0	0
기타레저용품	8	10	0	0	0	0	0
자전거타이어	8	10	0	0	0	0	0
자전거	8	10	0	0	0	0	0
수상스키/윈드서핑	8	10	0	0	0	0	0
수영용품	8	10	0	0	0	0	0
스케이트	8	10	0	0	0	0	0
스키용품	8	10	0	0	0	0	0
스포츠용 헬멧	8	10	0	0	0	0	0
스포츠용 글러브	13	10	0	0	0	0	0
스포츠용 신발	13	10	0	0	0	0	0
운동용구	8	10	0	0	0	0	0
자전거 관련 제품	8	10	0	0	0	0	0
등산용품	8	10	0	0	0	0	0
스포츠의류	13	10	0	0	0	0	0
런닝머신	8	10	0	0	0	0	0

▲ 2015년 주요 품목 관세율표

관세율은 평균 8~13%이지만, 특정 품목의 경우 관세율이 0%이거나 100%를 넘는 경우도 있습니다. 관세법령정보포털의 [세계HS정보] 메뉴에서 가장 최근 개정된 관세율을 국가별, 품목별로 정확히 파악할 수 있습니다.

▲ 세계 HS 정보(unipass.customs.go.kr/clip/index.do)

온라인 관세 계산기 활용하기

간단하게 관세를 알아볼 방법이 있습니다. 포털사이트에서 '관세계산기'를 검색합니다.

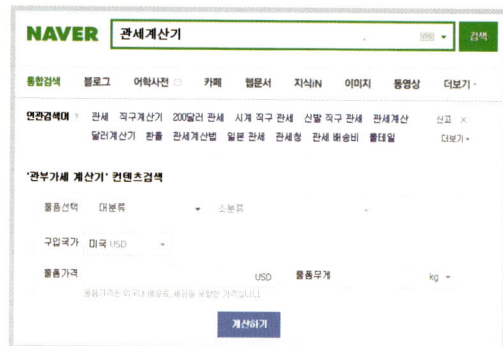

▲ 네이버 관부가세 계산기

국가별, 품목별로 관세를 쉽게 계산할 수 있습니다. 관세와 부가세의 개념과 계산식을 파악하는 것은 매우 중요하지만 일일이 계산기를 두드려가며 계산할 수는 없습니다. 네이버 관부가세 계산기를 검색하면 국가별, 품목별로 관세를 보다 빠르고 쉽게 계산할 수 있습니다.

3 합산과세 유의점

관부가세는 1회 주문에만 적용되지 않습니다. 비슷한 시기에 다른 쇼핑몰에서 주문한 각 품목들이 같은 날 공항에 도착하면 두 주문의 합산 금액 기준으로 관부가세 부과 여부가 결정됩니다. 합산과세로 인한 관세폭탄을 예방하기 위해 관세청에서 정해놓은 합산 기준을 알아보도록 하겠습니다.

합산과세가 적용되는 경우
- 입항일을 기준으로 같은 날짜에 같은 해외 공급자로부터 2건 이상의 물품을 반입하여 수입신고하는 경우
- 동일한 입항일에 둘 이상의 해외 공급자로부터 같은 품명이나 종류(예: 화장품류, 서적류, 의류, 신발류, 가방류 등)의 물품을 반입하여 수입신고하는 경우
- 같은 해외 공급자로부터 같은 날짜에 구매한 과세 대상 물품을 면세 범위로 분할 반입하여 신고하는 경우

구매한 날짜	구매한 물품	구매한 쇼핑몰	입항일	적용여부
		통일	통일	합산과세 적용
	통일		통일	합산과세 적용
통일		통일		합산과세 적용
기타의 경우				합산과세 미적용

▲ 합산과세 적용 여부 표

다시 말해, 구매 물품, 해외 공급자(쇼핑몰), 입항일 중 두 가지 이상이 겹치면 합산과세가 적용될 수 있습니다.

추가 합산과세 유의 사항

개인통관고유번호, 수취인, 주소지 정보 중 하나라도 같거나, 배송 신청서를 나누어 작성했는데도 같은 날에 입항하게 되는 경우에는 모두 합산된 금액으로 적용된다는 점을 유의해야 합니다. 구매대행 시 한 고객이 비슷한 시기에 동일한 수취인으로 2번 주문할 경우, 4~5일 정도 기간을 두고 주문해야 합산과세를 피할 수 있다는 점을 참고하세요.

05 적립사이트로 추가 마진 챙기기

미국은 우리나라와 다르게 온라인 쇼핑 시 구매한 금액의 일정 퍼센트를 적립해서 현금으로 돌려주는 문화가 오래전부터 형성되어 있습니다. 한국의 소비자들도 미국인들과 같이 혜택을 누릴 수 있으며, 근래에는 직구 열풍에 힘입어 한국형 캐시백 적립사이트가 국내에 오픈하기도 했습니다. 똑똑한 직구 소비자들은 이미 캐시백 적립 시스템을 활용하여 알뜰하게 쇼핑을 즐기고 있습니다. 구매대행업자라면 캐시백 적립은 추가 수익을 얻는 고마운 혜택이 아닐 수 없습니다. 추가 마진을 챙길 수 있는 주요 적립사이트와 이용 방법을 알아보겠습니다.

1 비프루걸 www.befrugal.com/

비프루걸은 미국에서 가장 높은 적립률을 제공하는 적립사이트입니다. 최근 국내외 현명한 해외직구 소비자들이 늘어나면서 적립 혜택 또한 상대적으로 좋은 적립사이트를 이용하는 추세인데, 비프루걸은 그 가운데 가장 큰 인기를 끌고 있는 곳입니다.

가입

비프루걸은 회원가입 시 세부적인 개인정보를 요구하지 않기 때문에 절차가 매우 간단하고 소요 시간도 1분이 채 걸리지 않습니다.

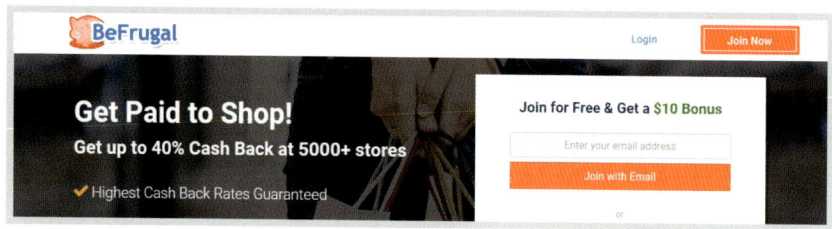

▲ 비프루걸 메인 페이지

비프루걸에 접속한 후 화면의 우측 상단에 있는 'Join Now'를 누르면 회원가입 페이지가 나옵니다.

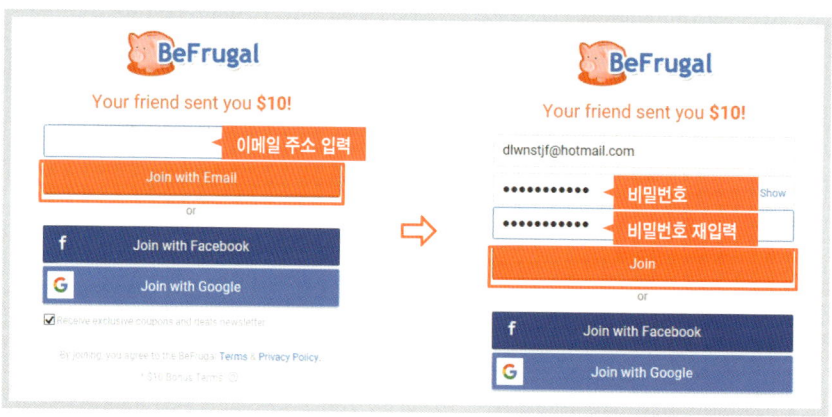

▲ 회원가입 페이지

이메일 주소를 입력한 후 Join with Email을 클릭합니다. 그리고 비밀번호를 두 번 입력한 다음에 Join을 클릭합니다.

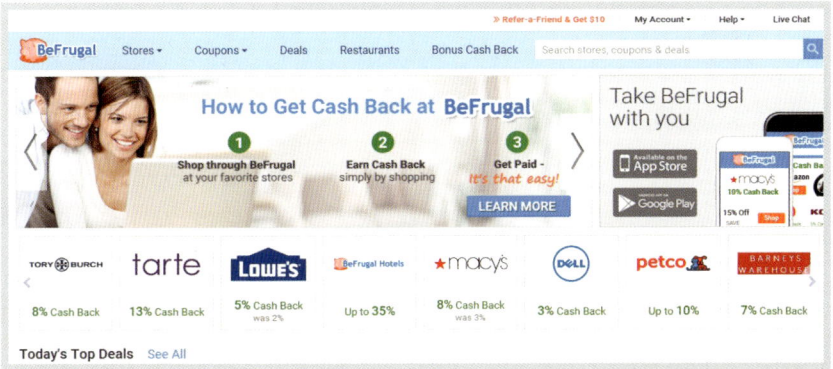

▲ 가입 완료 후 메인 페이지

이와 같은 화면이 보이면 회원가입이 완료된 것입니다.

적립 방법

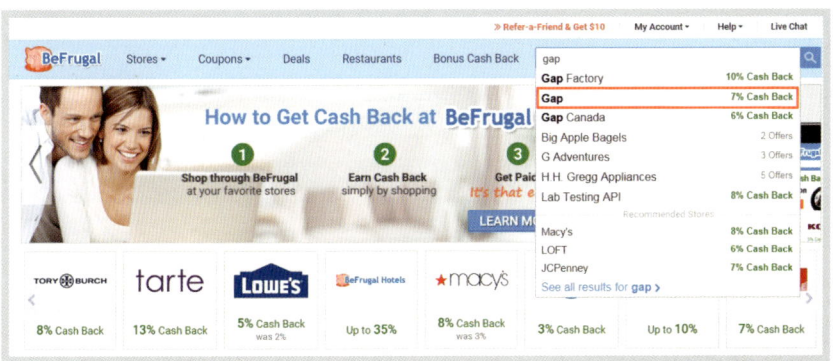

▲ 갭 쇼핑몰 설명페이지

로그인한 상태에서 화면 우측 상단에 있는 검색창에 구매할 쇼핑몰을 영문으로 입력하고, 자동검색어로 뜨는 쇼핑몰을 클릭합니다. 영문으로 된 갭 설명 페이지로 이동합니다.

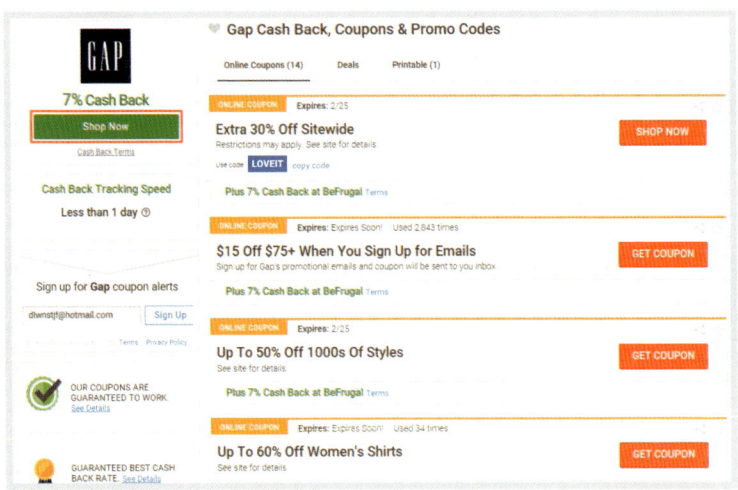

▲ 갭 쇼핑몰 설명페이지

갭 쇼핑몰을 소개하는 페이지입니다. 구매금액의 7% 캐시백 및 현재 이용 가능한 할인코드, 세일 정보를 제공한다는 2가지 내용을 확인한 다음에 화면 좌측 상단에 있는 Shop Now를 눌러 갭 쇼핑몰로 이동합니다.

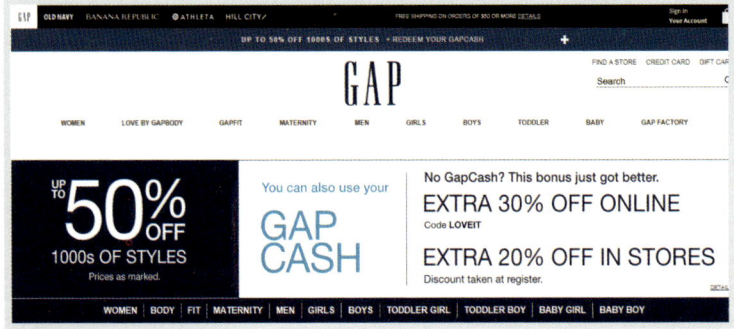

▲ 갭 미국 공식 홈페이지 이동 완료

이와 같이 비프루걸을 경유해서 해당 쇼핑몰에 접속해 상품을 구매하면 자동으로 비프루걸의 내 계정에 캐시백이 적립됩니다. (갭에서 100달러어치를 구매하면 자동으로 7달러가 적립)

환급받기

쇼핑을 통해 비프루걸에 쌓인 나의 적립금을 현금으로 환급 받기 위해서는 별도의 간단한 절차를 거쳐야 합니다.

▲ 비프루걸 메인페이지

환급을 받기 위한 첫 단계로 화면의 우측 상단에서 My Account - Payments를 차례로 클릭합니다.

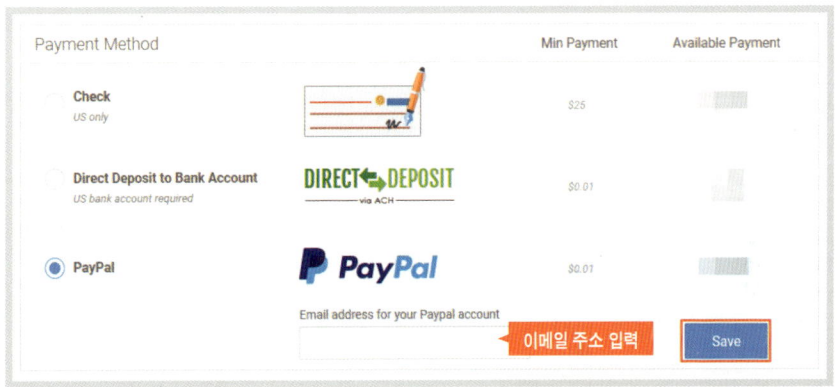

▲ 비프루걸 Payment 페이지

환급을 받는 3가지 수단입니다. 한국인은 Paypal로만 수령이 가능하므로 PayPal을 선택합니다. 그리고 공란에 페이팔 계정의 이메일 주소를 입력한 후 Save를 누릅니다.

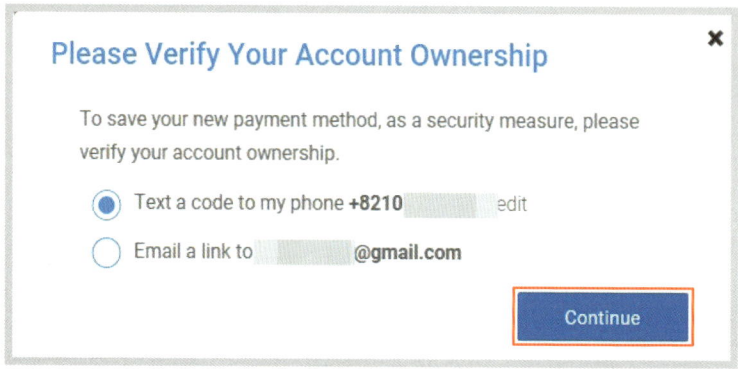

▲ 개인 인증 페이지

환급을 위해 필요한 개인 인증 절차입니다. 전화번호를 통한 문자 코드 인증 혹은 이메일 링크 인증 중 편한 옵션을 선택하여 개인 인증 절차를 마무리합니다. (My Account - Profile에서 개인 세부 정보를 입력한 후 위 절차를 진행하면 보다 빠르게 환급 절차를 마무리 지을 수 있습니다.)

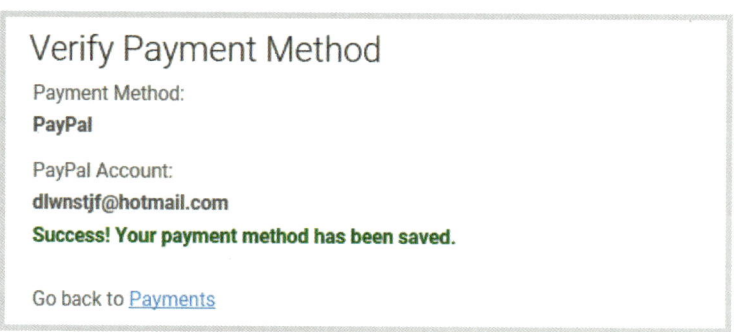

▲ 환급을 위한 개인 인증 완료 메세지

인증 절차가 마무리되면 초록색 Success! 이하 메시지와 함께 환급을 위한 준비과정이 완료되었음을 알리는 창이 뜹니다.

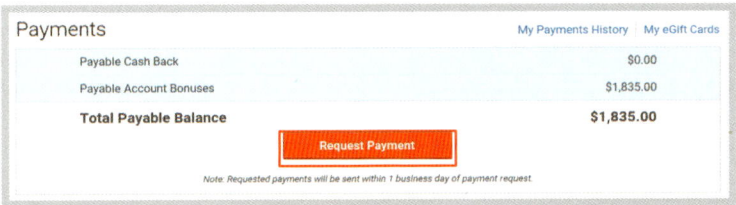

▲ 캐시백 확인 및 환급 받기

쇼핑 후 쌓인 캐시백은 Payments 페이지에 접속하면 확인할 수 있습니다. 캐시백은 언제든지 필요할 때 Request Payment를 누르면 나의 페이팔 계정으로 환급받을 수 있습니다.

> **TIP**
>
> **캐시백 수령 방법은 페이팔로만 가능한가요?**
>
> 미국 적립사이트에서 캐시백을 환급해주는 방법은 주로 수표와 페이팔 이렇게 두 가지입니다. 하지만 수표의 경우는 미국 내에서 수령 가능한 경우가 대부분입니다. 그리고 해외배송이 가능하더라도 배송 중 수표 분실의 위험이 있습니다. 그래서 한국인들은 수표보다는 페이팔을 이용하는 것이 안전합니다.

2 라쿠텐 www.rakuten.com

라쿠텐은 세계 최대 적립사이트입니다. 캐시백 적립률이 전반적으로 높은 편이며 다양한 미국 쇼핑몰에서 캐시백 적립이 가능해서 한국에서도 큰 인기를 얻고 있습니다.

가입

라쿠텐의 가입 절차는 비프루걸과 마찬가지로 아주 간단합니다. 처음 라쿠텐에 접속하면 다음과 같은 팝업창이 뜹니다.

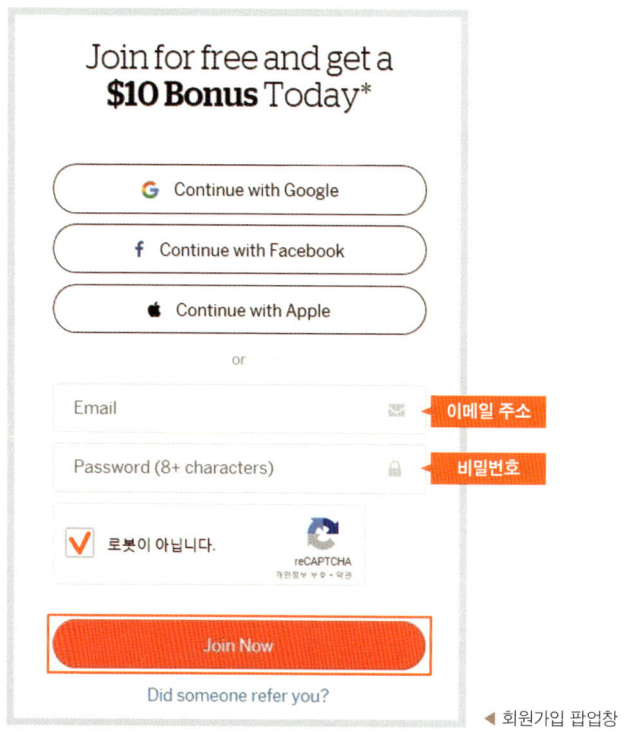

◀ 회원가입 팝업창

우측의 '$5'를 선택한 후 이메일 주소, 비밀번호를 입력한 다음 [JOIN]을 클릭하면 회원가입이 완료됩니다.

TIP

가입 축하금으로 10달러를 지급받게 됩니다. 이 축하금은 90일 이내에 25달러 이상 구매하면 자동으로 '나의 캐시백'에 적립됩니다.

적립 방법

캐시백을 적립받는 방법은 앞서 살펴본 비프루걸과 유사한 루트로 진행됩니다.

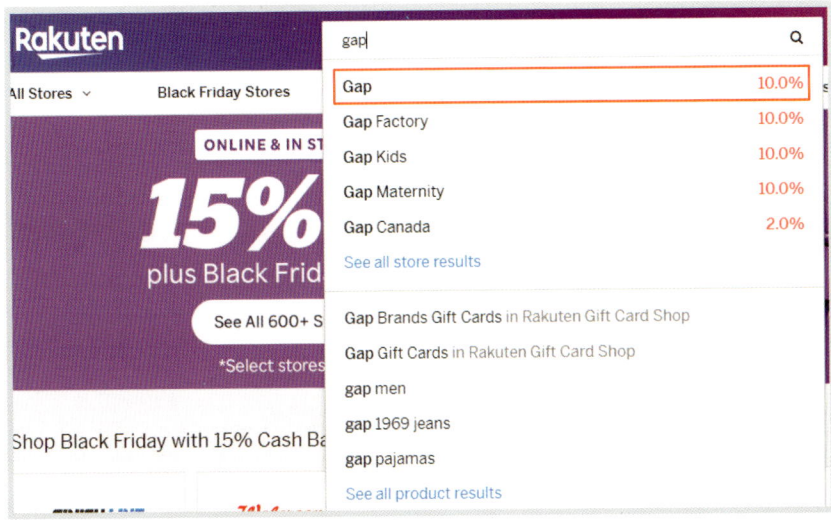

▲ 쇼핑몰명 검색하기

로그인한 후 검색창에 구매할 쇼핑몰을 영문으로 입력한 후 자동검색어로 뜨는 쇼핑몰을 클릭합니다.

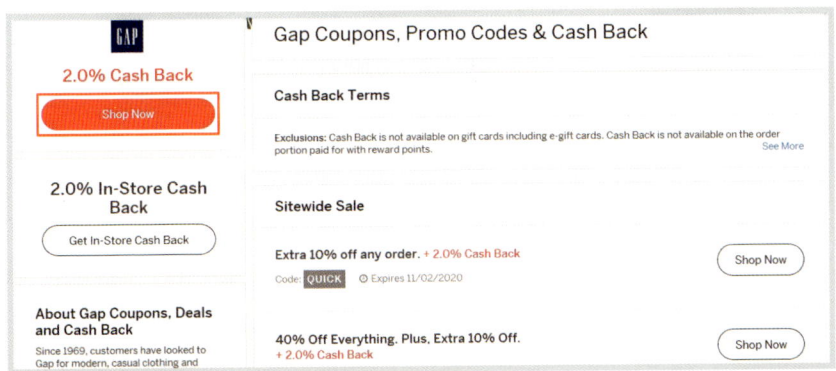

▲ 갭 쇼핑몰 설명 페이지

구매 금액에 대한 캐시백 제공 퍼센트 및 할인쿠폰 정보를 확인한 후 [Shop Now]를 클릭하면 다음 팝업창이 뜹니다.

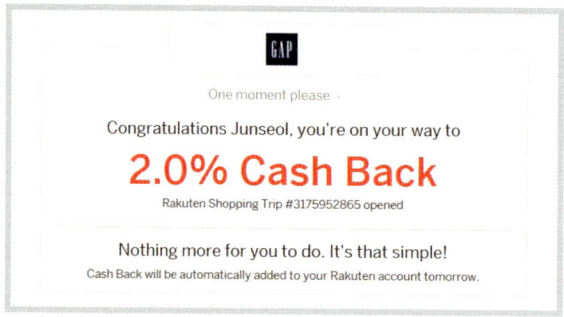

▲ 경유 중 팝업창

라쿠텐을 경유하여 쇼핑몰로 이동하는 팝업창입니다.

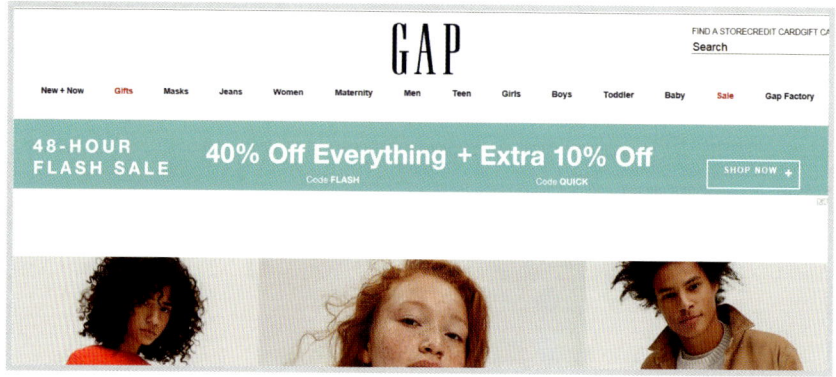

▲ 갭 미국 쇼핑몰 이동 완료

5초 이내로 해당 쇼핑몰로 이동합니다. 이 과정을 거쳐 구매하면 구매 금액의 캐시백이 자동으로 라쿠텐 계정에 쌓입니다(갭에서 150달러 구매하면 3달러 자동 적립).

환급 받기

라쿠텐은 페이팔 계정을 통해서 환급받을 수 있습니다. 그래서 라쿠텐 계정과 페이팔 계정을 연동해야 합니다.

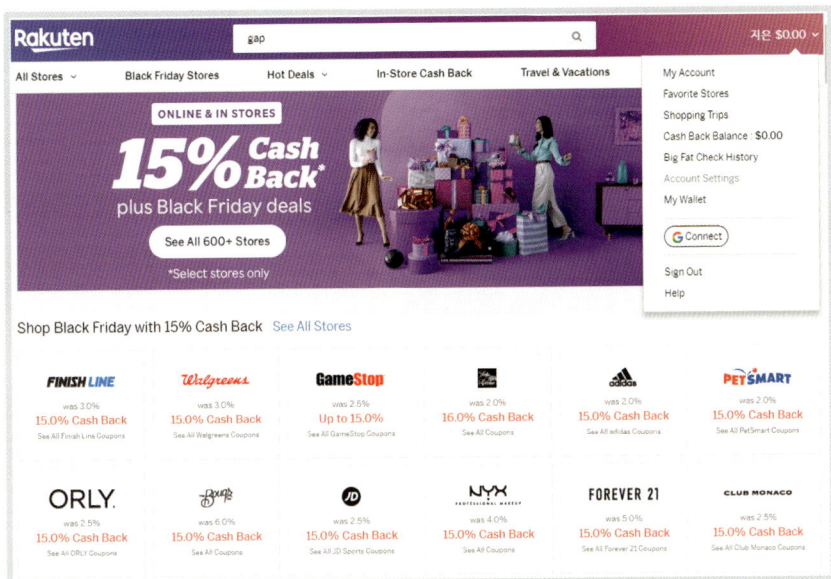

▲ 환급을 위한 내 계정 설정하기

로그인한 후 우측 상단의 [Account Settings]를 클릭합니다.

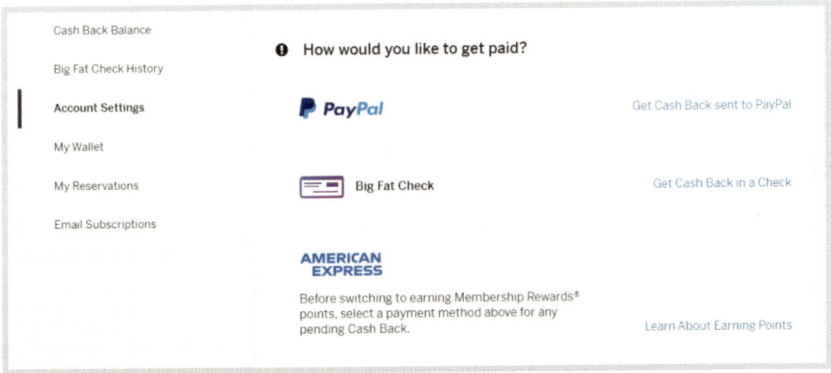

▲ 페이팔 연동 선택하기

캐시백 지급 경로를 선택하라는 메시지입니다. 상단 페이팔을 클릭합니다.

◀ 페이팔 로그인

페이팔 연동을 위한 paypal 로그인 창입니다. 기존에 가입해놓은 나의 페이팔 계정으로 로그인하여 가이드를 진행하면 페이팔 환급을 위한 세팅이 완료됩니다.

PURCHASES POSTED BETWEEN	BIG FAT CHECK SENT
Jan 1 - Mar 31	May 15
Apr 1 - June 30	Aug 15
July 1 - Sept 30	Nov 15
Oct 1 - Dec 31	Feb 15

▲ 라쿠텐 환급 일자

비프루걸과 달리 구매한 금액의 캐시백은 2월, 5월, 8월, 11월, 중순경에 자동으로 지급되며, 나의 페이팔 계정에서 분기별로 지급된 캐시백을 확인할 수 있습니다.

3 그 밖의 사이트

미스터리베이츠 www.mrrebates.com

미국 캐시백 적립사이트 미스터리베이츠입니다. 미국 이베이츠와 제휴하지 않은 미국 쇼핑몰과 연결되고 더 높은 비율의 캐시백을 지급해주기도 합니다.

엑스트라벅스 www.extrabux.com

한글 지원이 되는 캐시백 적립사이트입니다. 2,500여 개의 쇼핑몰과 제휴하고 있으며, 가입 및 환급 절차가 쉽고, 캐시백은 원할 때 지급받을 수 있습니다.

두블리 dubli.com/gb/en/

두바이에서 설립한 캐시백 적립사이트로 전 세계 쇼핑몰과 제휴하고 있으나, 이베이츠에 비해 미국 쇼핑몰의 수는 아직 적은 편입니다. VIP 회원에 가입하면 더 높은 캐시백을 지급받을 수 있습니다.

> **TIP**
>
> **구매대행 시 적립사이트 활용법**
>
> 직구 소비자들은 편의성 측면에서 적립사이트를 하나로 지정하여 이용하는 편이 좋습니다. 그러나 구매대행업자는 비교적 높은 요율의 캐시백을 지급해주는 적립사이트를 선별해서 이용해야 추가 수익을 올리는 데 도움이 되므로, 가급적 여러 적립사이트를 이용하는 것이 좋습니다.

06 쿠폰사이트 활용하기

미국은 캐시백 적립과 더불어 온라인 구매자를 위해 할인쿠폰을 수시로 발급해줍니다. 대개 쇼핑몰 단위로 일정 기간 쓸 수 있는 쿠폰을 발급하는데, 제품별로 할인을 해주는 핫딜 형태도 있습니다.

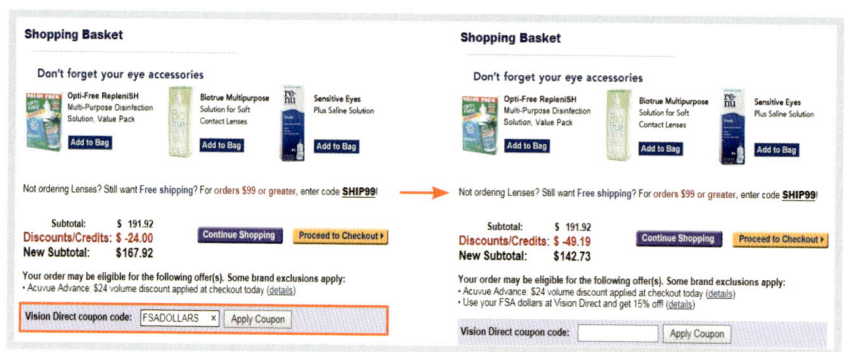

▲ 할인쿠폰 적용 예시

한 미국 쇼핑몰의 장바구니 페이지입니다. 위와 같이 결제하기 전에 할인쿠폰란에 코드를 입력한 후 적용시키면 일정 %를 즉시 할인해주는 것이 가장 일반적인 형태입니다. 할인쿠폰 정보를 알면 적게는 5%, 많게는 30~40%의 할인 혜택을 받을 수 있습니다. 그리고 제품 금액이 높을수록 할인 금액도 더욱 커지므로 비싼 제품일수록 혜택을 놓치면 안 되겠지요. 그래서 항상 구매하기 전에 할인쿠폰을 찾는 습관을 가져야 하는데, 미국에는 할인쿠폰 정보를 모아놓은 전용사이트가 있습니다. 주요 쿠폰사이트들을 알아보겠습니다.

■ **딜플러스** www.dealsplus.com

미국 쇼핑몰별 할인쿠폰과 핫딜 정보를 모아놓은 쿠폰사이트입니다. 블랙프라이데이와 같은 미국 이벤트 시즌에 쇼핑몰별 혜택을 보기 쉽게 제공해준다는 장점이 있습니다.

■ **리테일메놋** www.retailmenot.com

5만 개의 미국 온라인 스토어의 쿠폰 50여만 개를 지급합니다. 쇼핑몰명을 검색하면 최신순으로 쿠폰이 나열되고, 쿠폰별 이용 성공률도 함께 제공됩니다.

■ **커런트코드** www.currentcodes.com

미국 쇼핑몰, 제품 품목군 단위로 쿠폰 정보를 제공해주는 사이트입니다. 현재 이용 가능한 쿠폰 위주로 보기 쉽게 정보를 제공해준다는 장점이 있습니다.

■ **프리시핑** www.freeshipping.org

미국 내 무료배송 코드의 할인쿠폰 정보를 제공해주는 사이트입니다. 유명 인기 쇼핑몰 위주로 잘 정리되어 있어서 초보자들이 이용하기에 편리합니다.

■ **쿠폰맘** www.couponmom.com

미국 주부들이 선호하는 쇼핑몰 위주의 쿠폰사이트입니다. 국내 주부에게도 인기 있는 미국 쇼핑몰이 많고, 유아용품, 일상 소모품, 가정용품 등의 할인쿠폰 정보를 얻을 수 있습니다.

07 직구 시도해보기

해외직구는 영어를 모르는 사람들도 많이 이용합니다. 하지만 우리나라 온라인쇼핑과 가입, 쇼핑, 주소 정보 입력, 결제 등의 과정이 비슷하므로 어렵게 생각할 필요가 없습니다. 주요 미국 쇼핑몰 2곳의 직구 방법을 따라 하기 쉽게 설명하겠습니다.

1 아마존 직구 방법(배송대행지 이용)

적립사이트를 경유하여 아마존닷컴Amazon.com 홈페이지로 이동합니다.

▲ 아마존닷컴 메인 페이지

회원가입을 위해 우측 [Sign in] 아래의 파란색 'Start Here'를 클릭합니다.

▲ 아마존 회원가입 페이지

영문이름과 이메일, 비밀번호를 입력한 후 [Create account]를 누릅니다.

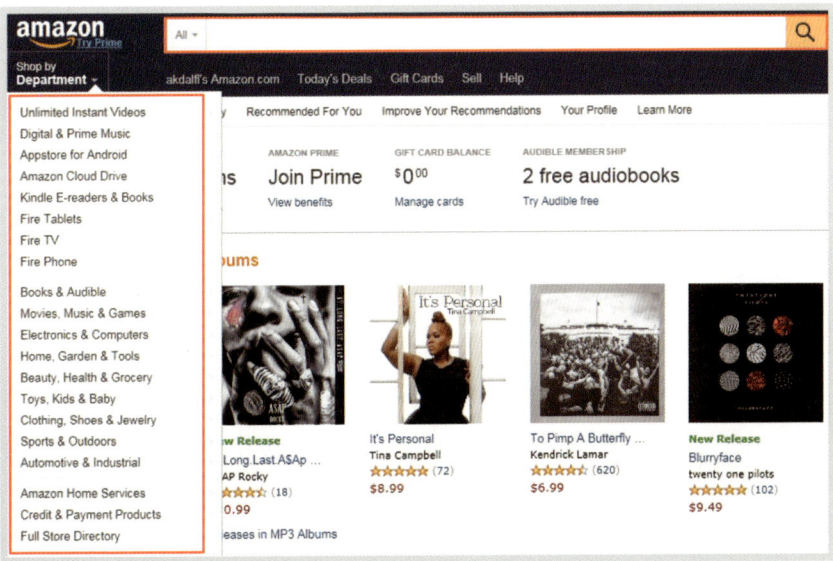

▲ 쇼핑하기

02 구매대행의 시작은 해외직구   87

아마존 메인 페이지로 이동합니다. 쇼핑하려면 검색창 혹은 카테고리를 활용하여 원하는 물품을 찾습니다.

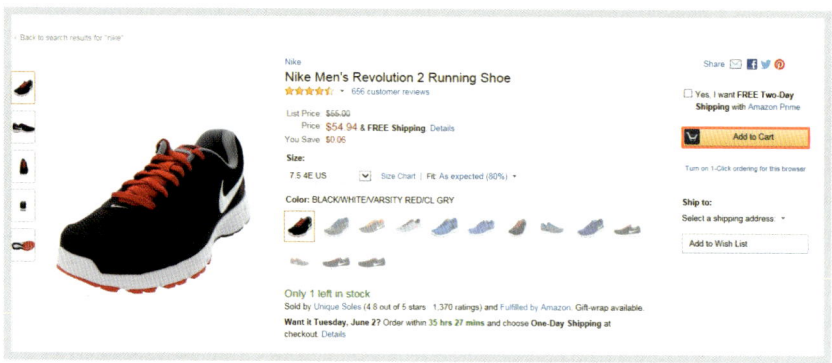

▲ 제품 상세페이지

제품 상세페이지입니다. 컬러, 사이즈 등의 옵션을 신중히 선택한 후 우측 [Add to Cart]를 클릭합니다. 그럼 장바구니 페이지로 이동합니다.

▲ 아마존 장바구니 페이지

장바구니 페이지입니다. 구매한 물품의 합계를 확인한 후, 관부가세 부과 여부를 체크합니다. [Proceed to Checkout]을 클릭하면 배송지 입력 페이지로 이동합니다.

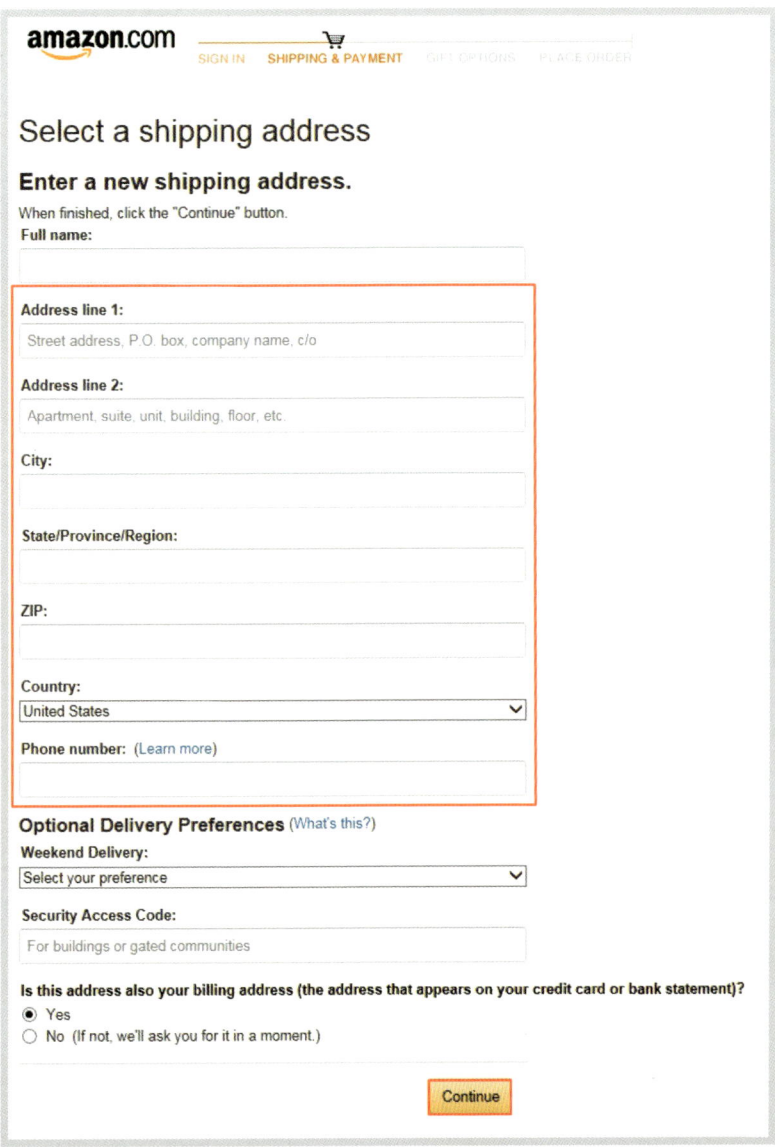

▲ 배송 주소 입력 페이지

영문이름과 배송대행지 주소를 입력한 후 [Continue]를 클릭하면 미국 내 배송 옵션을 선택하는 페이지가 나옵니다.

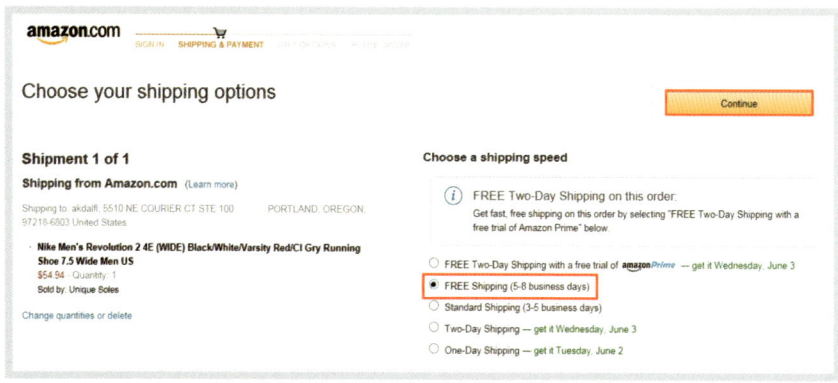

▲ 배송 옵션 선택 페이지

Free Shipping은 무료배송을 뜻합니다. 무료배송이 안 된다면 다음으로 저렴한 Standard 옵션을 선택한 후 [Continue]를 클릭합니다. 결제할 카드 정보를 입력하는 페이지로 이동합니다.

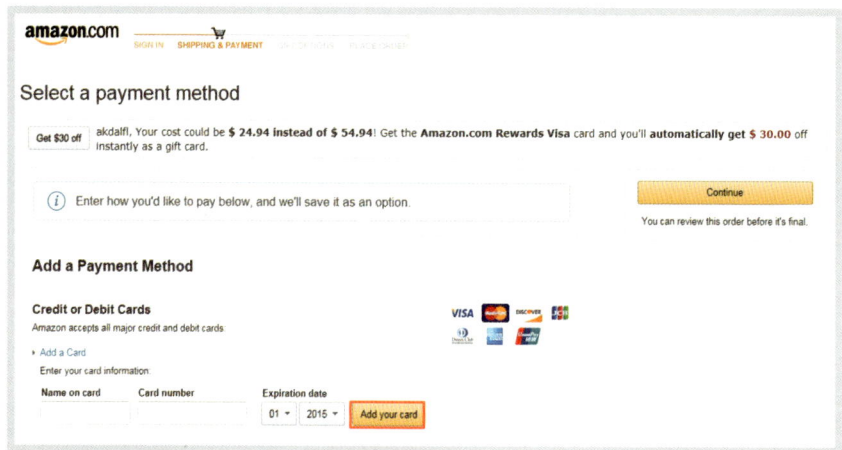

▲ 결제 카드 입력 페이지

카드 앞면의 영문이름과 번호 16자리를 숫자만 입력하고, 유효기간을 선택한 후 [Add your card]를 누릅니다.

▲ 결제 화폐 국가 선택하기

결제 화폐 단위를 선택하는 페이지입니다. KRW(한화)로 결제하면 수수료가 2중으로 발생하기 때문에 'My card is in a different currency'를 체크하고 미국달러(US Dollar)로 변경해줍니다. 다음 단계로 가기 위해 다시 [Continue]를 클릭합니다.

▲ 아마존 프라임 가입유도 페이지

연회비를 지불하고 미국 내에서는 무료배송하는 아마존 프라임으로 가입하도록 유도하는 페이지입니다. 거절한다면 'No thanks, I do not want FREE Two-Day Shipping'을 클릭합니다.

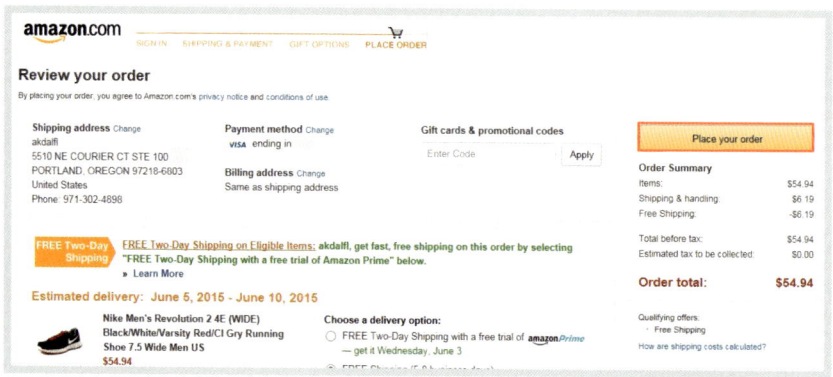

▲ 최종 주문 리뷰 페이지

최종적으로 주문 내역을 확인하는 결제 전 마지막 페이지입니다. 지금까지 고르고 선택한 상품, 배송, 결제 등 모든 내역을 확인하고 [Place your order]를 클릭하면 주문은 완료됩니다.

2 샵밥 직구 방법(직배송)

적립사이트를 경유하여 샵밥 홈페이지로 이동합니다.

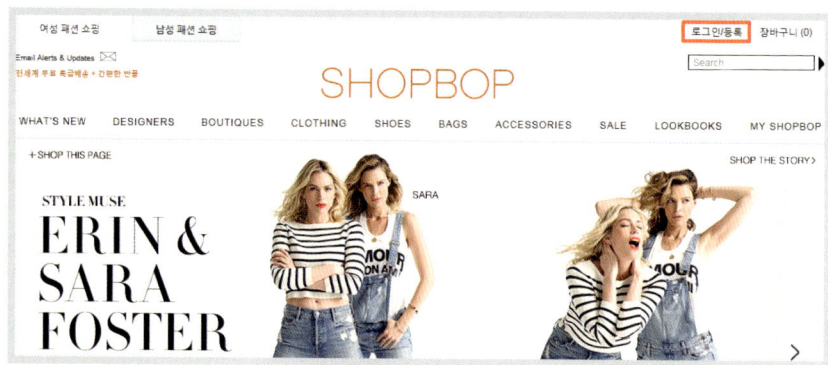

▲ 샵밥 메인 페이지

메인 화면 우측의 '로그인/등록'을 클릭하면 로그인 페이지로 이동합니다.

▲ 회원가입 선택하기

좌측 하단의 '회원가입하시기 바랍니다'를 누르면 회원가입 정보 입력 페이지가 나옵니다.

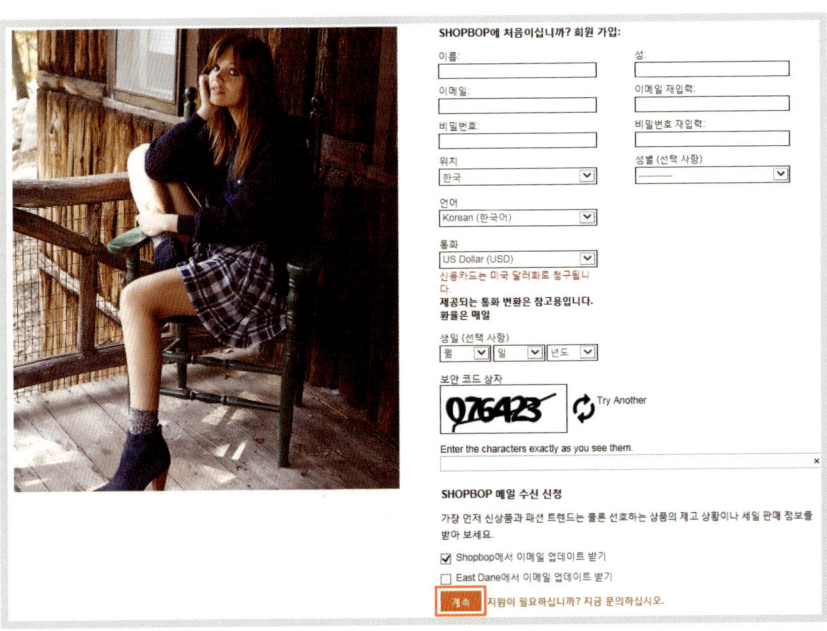

▲ 회원가입 정보 입력하기

02 구매대행의 시작은 해외직구

회원가입을 위해 영문이름과 성, 이메일, 비밀번호, 보안코드 문자를 입력한 후 [계속]을 클릭하면 회원가입이 완료됩니다.

▲ 회원가입 정보 입력하기

회원가입 완료하면 로그인 상태로 뜹니다. 쇼핑을 위해 검색창 혹은 카테고리를 활용하여 원하는 아이템을 찾습니다.

▲ 제품 상세페이지

제품 상세페이지입니다. 상품 옵션을 체크한 후, 원하는 제품이 맞으면 [ADD TO CART]를 클릭합니다. 그럼 다음과 같은 팝업창이 뜹니다.

▲ 팝업창

[CHECKOUT]을 클릭합니다.

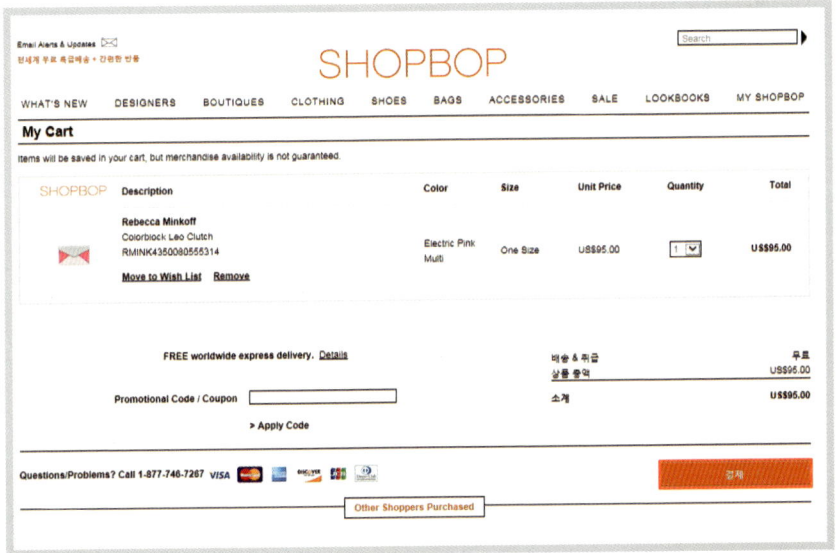

▲ 장바구니 페이지

장바구니 페이지입니다. 제품 수량과 옵션을 한 번 더 확인하고 '결제'를 클릭합니다.

02 구매대행의 시작은 해외직구

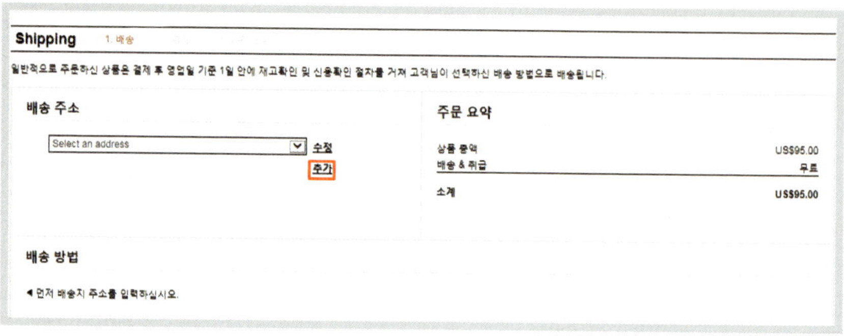

▲ 배송지 추가하기

배송 주소 입력 페이지입니다. '추가'를 클릭하면 배송 주소 입력 페이지가 나옵니다.

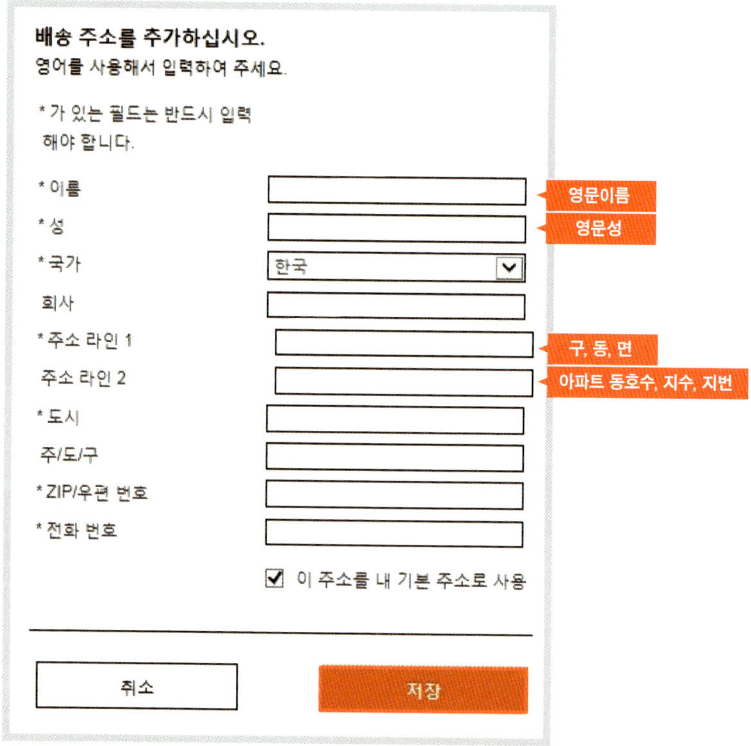

▲ 배송 주소 입력 페이지

샵밥은 아마존과 달리 한국 직배송이 가능하므로 배송대행지 주소를 입력할 필요가 없습니다. 한국 주소를 영문으로 입력한 후 [저장]을 클릭합니다.

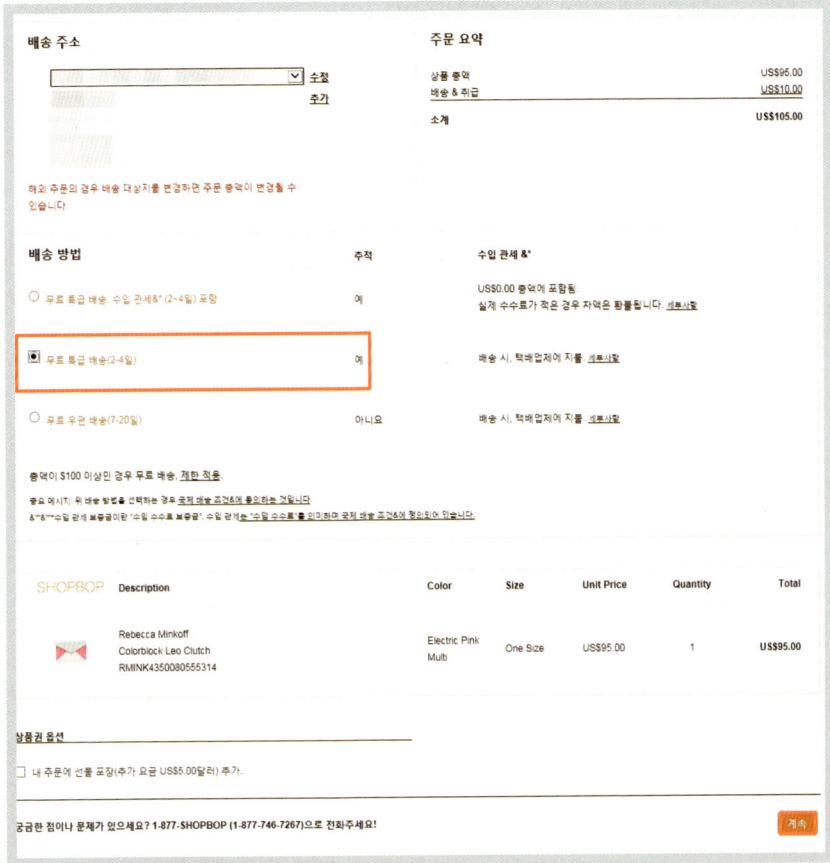

▲ 배송 옵션 선택하기

배송 옵션을 선택하는 페이지입니다. '무료 특급 배송'을 선택한 후 우측 하단의 [계속]을 클릭합니다.

▲ 결제카드 추가하기

신용카드 정보 입력 페이지입니다. '추가'를 선택합니다.

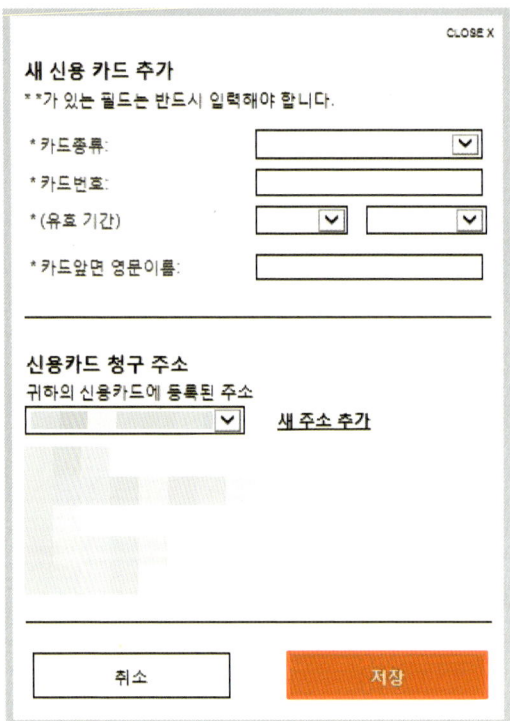

▲ 신용카드 정보 입력하기

카드 종류와 번호를 입력하고 유효기간을 선택한 후, 우측 하단의 [저장]을 누릅니다.

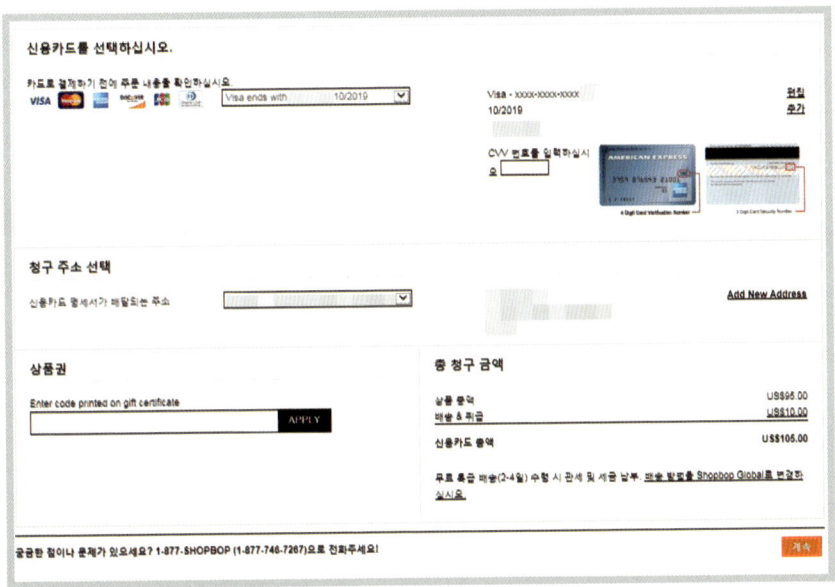

▲ 신용카드 정보 저장 확인

카드 정보가 저장되면, 다시 [계속]을 클릭합니다. 그럼 마지막 주문 확인 페이지가 나옵니다.

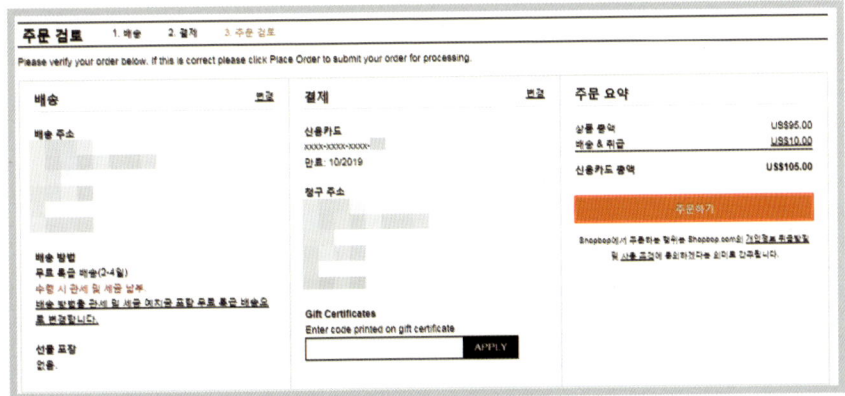

▲ 최종 주문 리뷰 페이지

배송과 결제, 상품 주문 금액과 배송비 등을 확인하고 [주문하기]를 누릅니다.

생초보를 위한
해외 구매대행
가이드

03

아이템 소싱하기

앞에서 구매대행의 기본이 되는 해외직구 방법을 살펴보았으니, 지금부터는 셀러가 되기 위해 아이템 소싱을 해야 합니다. 앞서 글로벌셀러의 업무 프로세스에서 살펴보았듯이, 어떤 아이템이든 이미지 캡처만으로 재고를 떠안지 않고 내 것으로 만들 수 있습니다. 하지만 그중에서 팔릴 만한 아이템을 찾는 것은 결코 쉬운 일이 아닙니다. 가격과 희소가치 면에서 경쟁력 있는 아이템을 찾아야 소비자들의 관심을 끌 수 있습니다. 이번 장에서는 해외 온라인에서 경쟁력 있는 아이템을 찾는 방법과 국내 시장성이 있는지 여부를 검증하는 노하우를 살펴보도록 하겠습니다.

01 경쟁력 있는 아이템 찾기

직구족들은 대개 아마존, 이베이와 같이 믿을 만하고 구매 후기가 많은 쇼핑몰 위주로 구매합니다. 구매대행업자들도 이미 검증된 직구 사이트의 인기 상품 혹은 유명 브랜드 상품을 주 아이템으로 선정하곤 합니다. 하지만 누구나 소싱할 수 있거나 구매할 수 있는 아이템은 희소성 면에서 가치가 떨어지고, 국내 가격 경쟁력도 없습니다. 그러니 직구로 구할 수 없는, 혹은 국내에 알려지지 않은 나만의 아이템을 찾기 위해 노력해야 합니다.

구매대행업의 타깃은 국내 소비자입니다. 즉, 한국인들이 좋아할 만한 아이템을 해외 쇼핑몰에서 찾아야 하는 것이지요. 아이템 카테고리가 정해지면 타깃을 점차적으로 세분화해야 합니다. 특별히 관심 있는 분야의 아이템이 없다면 아이템 카테고리가 매우 광범위하게 느껴질 것입니다. 그렇다면 누구나 좋아하는 아이템 혹은 시즌 제품으로 시작해도 좋습니다. 필자 역시 처음으로 판매한 품목이 유명 브랜드 N사의 패딩 부츠였습니다. 처음에는 하나라도 판매해보는 경험이 중요하며, 그 이후로 점차 아이템을 보는 시야를 넓혀가는 것도 좋습니다. 물론 구매대행업을 장기적인 사업으로 끌고 가기 위해서는 앞서 언급한 희소성과 가격 경쟁력 중 하나를 충족해야 합니다. 지금부터 아이템을 찾는 연습을 해보도록 하겠습니다.

1 나만의 아이템 발굴하기

1차적으로 내가 좋아하거나 잘할 수 있는 분야의 아이템을 찾는 것이 가장 이상적입니다. 등산이 취미라면 등산용품을, 장난감에 관심이 있다면 장난감류를 1차 카테고리로 잡으면 됩니다. 전문가 수준으로 남들보다 잘 알고 있는 분야의 아이템이면 고객에게 신뢰감을 줄 수 있다는 메리트가 있습니다.

중분류 이하의 아이템을 선정하라

모든 아이템은 대분류, 중분류, 소분류 카테고리로 이루어져 있습니다. 우선 내가 좋아하고 잘할 수 있는 분야의 대분류 카테고리를 찾고, 중분류 카테고리를 찬찬히 살펴봅니다.

주방/수입주방 카테고리 (대분류)				중분류
냄비	후라이팬/요리팬	압력솥/찜기	주전자	식기/홈세트
유리/법랑냄비	후라이팬 날개	압력솥/밥솥	양은/스텐 주전자	공기/대접
냄비뚜껑/손잡이	후라이팬 세트	찜기/곰솥/국수냄비	티포트	면기/우동기
편수냄비	궁중팬/튀김팬	물솥/가마솥	법랑/도자기 주전자	접시/볼
양수냄비	양면팬/구이팬			찬기/앞접시
전골냄비	바베큐그릴/석쇠			반상기
스텐냄비	부침기			홈세트
냄비세트	후라이팬 덮개/손잡이			유아동 식기/식판
내열냄비/뚝배기			소분류	기타
직화냄비/직화오븐				

▲ 오픈마켓 주방용품 카테고리 예시

나만의 아이템은 전문적인 분야, 즉 세부적인 중분류 이하의 카테고리에서 찾는 것이 좋습니다. 주방용품에 관심이 있다면 주방용품 전체가 아닌 냄비, 커피용품 등 전문적인 제품군을 선택합니다. 처음에는 대분류군(예를 들어 유아용품, 아웃도어용품 등)을 주 아이템으로 선택하곤 하는데, 국내 온라인 키워드 경쟁에서 밀리게 되고 다품목을 병행 수입하는 여러 업체와 가격, 배송, 상품 경쟁력 면에서 우위를 차지하기 힘들어집니다. 그러므로 나중에 대분류 카테고리로 확장하더라도 시작은 중분류 이하의 카테고리에서 시작하는 것이 좋습니다.

구글 활용하기

중분류 이하의 아이템을 선정했다면, 지금부터는 한국에 없는 아이템 및 해외 쇼핑몰을 찾아야 합니다. 그러려면 구글링이 가장 효율적입니다. 구글 서칭 노하우를 살펴보겠습니다.

■ 중분류 이하 전문몰 찾기

▲ 구글 메인 검색 창

중분류 와인용품을 아이템으로 선정했다면, 구글에서 와인용품을 뜻하는 'wine tool'로 검색합니다.

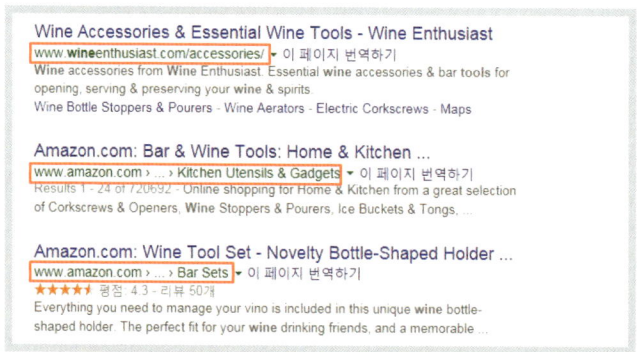

▲ 구글에서 'wine tool'을 검색한 페이지

구글은 웹문서 기반이므로 단어에 가장 부합하는 데이터를 축적한 사이트가 상위에 노출됩니다. 이때 사이트 아래에 보이는 URL을 유심히 살펴봅니다. product, shop이란 단어가 들어가 있다면 제품을 판매하는 쇼핑몰입니다. 이러한 단어가 없다면 콘텐츠만을 알려주는 정보성 웹페이지일 확률이 높습니다. shop이란 단어가 들어가 있는 Wine Tools - Williams-Sonoma를 클릭해보겠습니다.

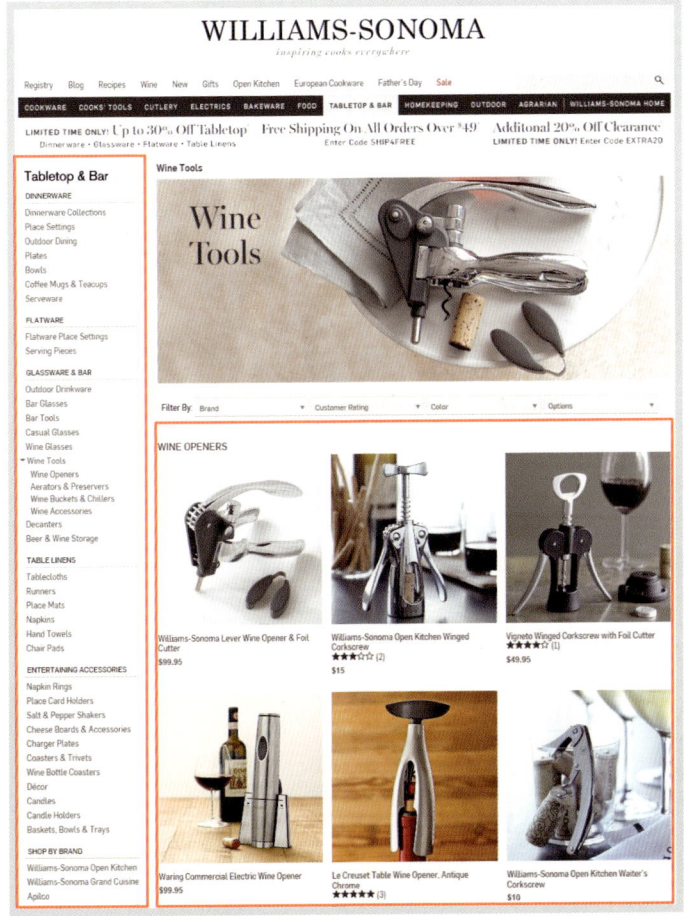

▲ 해외 와인용품 쇼핑몰 접속

와인용품을 판매하는 해외 쇼핑몰입니다. 내가 찾는 아이템이 있는지 카테고리를 검색합니다.

▲ 아이템 찾기

원하는 아이템을 찾았다면 장바구니에 담습니다.

▲ 결제 시도하기

한국 카드 혹은 페이팔 결제가 되는지를 파악하기 위해 직구 프로세스를 거쳐 주문을 해봅니다. 무리 없이 결제가 이루어진다면 아이템 소싱이 가능한 제품입니다. 이후 배송대행지를 거쳐 제품을 받아보면 평균 배송일과 아이템 퀄리티 등을 확인할 수 있습니다.

■ **이미지로 아이템 찾기**

소분류 이하에서 와인오프너와 같이 디자인과 기능성이 중시되는 아이템을 선택했을 경우에는 이미지로 검색하는 것이 효율적입니다.

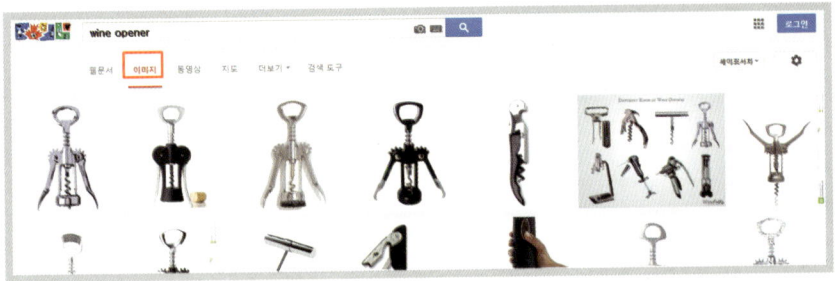

▲ 구글 이미지 검색

구글에서 'wine opener'를 검색한 후 상단 검색 카테고리 중 이미지를 누릅니다. 여러 이미지 중에 마음에 드는 아이템의 '이미지'를 클릭합니다.

▲ 아이템 선택

큰 이미지를 확인한 후 우측에 있는 [페이지 방문]을 누릅니다.

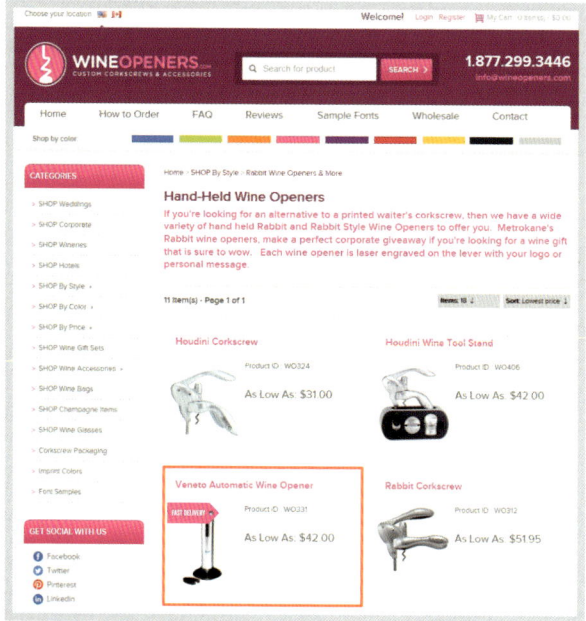

▲ 해외 와인용품 쇼핑몰 접속

이동한 페이지가 쇼핑몰일 수도 있고, 정보성 웹페이지일 수도 있습니다. 쇼핑몰이라면 해당 아이템의 이미지를 누릅니다.

▲ 아이템 찾기

상세페이지로 이동한 후 가격과 제품 스펙을 확인합니다. 마음에 들면 결제가 가능한지 확인하고 구매합니다.

■ **세부 조건으로 아이템 찾기**

구글은 검색할 때 +와 -를 붙여서 포함할 단어나 제외할 단어를 설정할 수 있습니다. 이 기능을 활용하면 원하는 아이템을 더 빨리 찾을 수 있습니다.

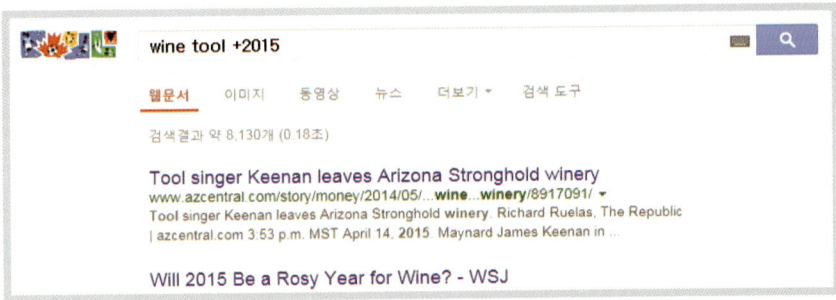
▲ 구글 세부 검색 예시

와인용품 중에서 근래에 출시된 신제품을 찾고 싶다면, 'wine tool +2015'로 검색하여 2015년에 출시된 와인용품을 좀 더 빠르게 찾을 수 있습니다.

▲ 구글 세부 검색 예시

03 아이템 소싱하기 109

오프너를 제외한 와인용품을 찾고 싶다면, 'wine tool -opener'로 검색하여 오프너 이외의 와인용품을 효율적으로 찾을 수 있습니다.

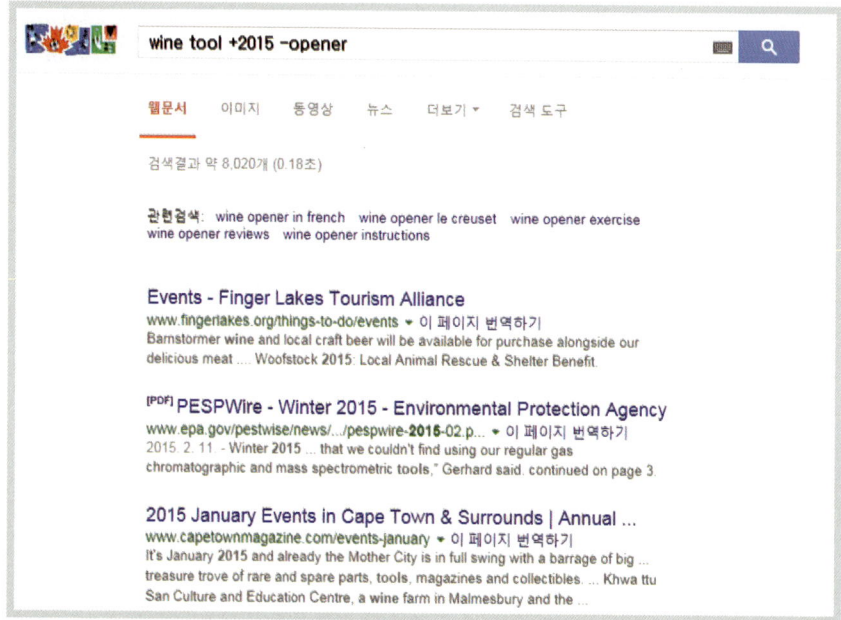

▲ 구글 세부 검색 예시

2015년에 출시된 오프너를 제외한 와인용품을 찾고 싶다면, '+2015 -opener'를 붙여 검색합니다. 이처럼 필터링 과정을 거치면 방대하게 축적된 구글 데이터 중에서도 원하는 검색결과를 빨리 얻을 수 있으므로 아이템 찾기 과정에서 활용할 필요가 있습니다.

국내 희소성 여부 파악하기

구글에서 아이템을 찾았다면 나만의 아이템인지 파악해야 합니다. 다른 셀러가 이미 해당 아이템을 판매하고 있다면 희소성이 없습니다. 이는 국내 포털사이트를 검색하여 쉽게 알아볼 수 있습니다.

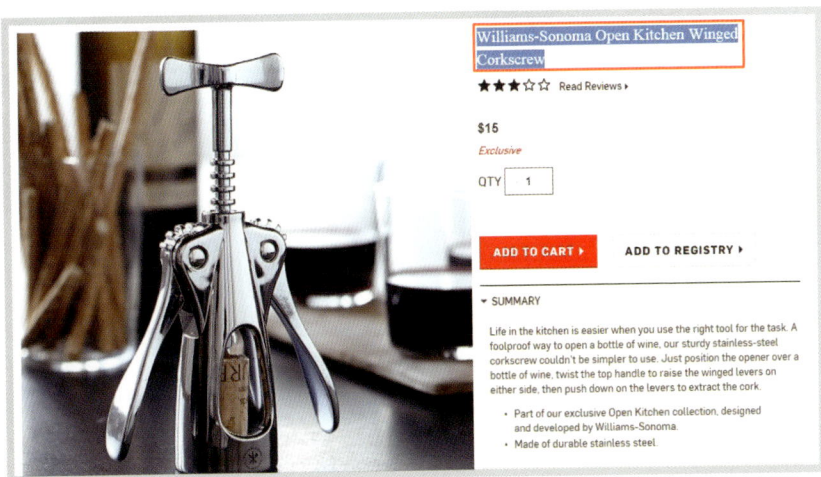

▲ 해외 제품 제목 복사하기

먼저 찾은 해외 쇼핑몰 아이템의 이름을 마우스로 드래그하여 복사합니다. 국내 포털사이트로 이동합니다.

▲ 복사한 제품명 국내 포털에 붙여넣기로 검색

검색창에 아이템 이름을 붙여 넣어 검색합니다.

03 아이템 소싱하기

▲ 단어를 축소하여 검색하기

키워드의 검색 결과가 많지 않거나 아이템 이름이 길 경우에는 필요 없어 보이는 앞뒤 단어를 지우고 다시 검색합니다.

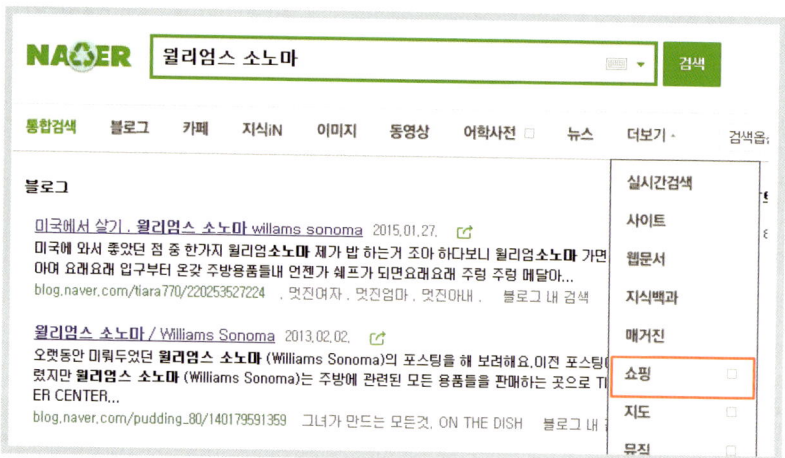

▲ 한글명으로 전환 검색

영문 키워드 검색 결과가 없다고 안심해서는 안 됩니다. 한글 키워드로 전환하여 또다시 검색합니다. 별다른 검색 결과가 없다면 마지막 단계로 검색창 우측의 '더보기 > 쇼핑'을 누릅니다.

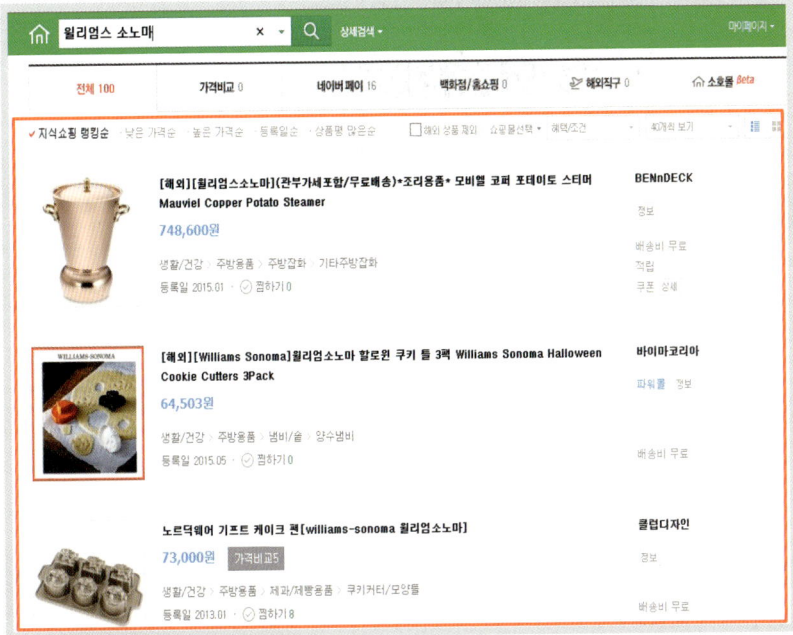

▲ 네이버쇼핑에서 재 검색

네이버 네이버쇼핑 페이지입니다. 해당 키워드가 들어간 제품의 이미지를 확인합니다. 여러 가지 세부 키워드로 조회했는데도 해당 아이템을 판매하는 셀러가 없다면, 나만의 아이템일 가능성이 매우 높습니다.

2 국내 커뮤니티 활용하기

구매대행의 타깃 고객은 한국인입니다. 나의 관심 분야에서 아이템을 찾는 일은 쉽지만, 그 분야에서 실제로 국내 수요가 있는 중분류 이하 아이템군을 선별하려면 세부적인 분석이 필요합니다. 그러려면 관련 분야 국내 커뮤니티를 통해 알아보는 것이 가장 빠른 방법입니다.

관심 분야 네이버 대표 카페 가입하기

국내에서 가장 활성화되어 있는 네이버 카페를 활용하는 방법입니다.

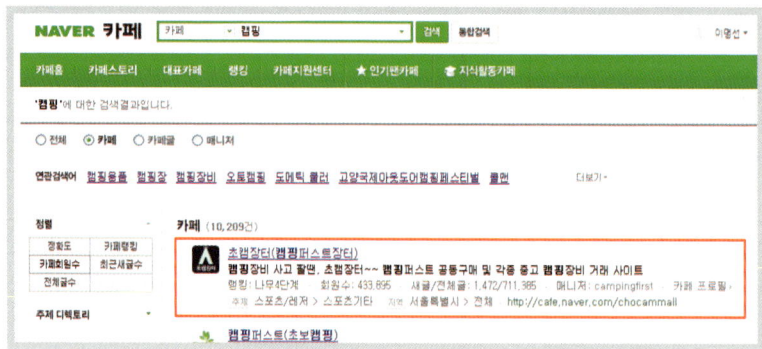

▲ 네이버 대표 카페 검색하기

네이버 카페 검색창에 관심 분야 키워드로 검색한 후 회원 수가 가장 많은 카페에 들어갑니다.

▲ 카페에서 아이템 찾기

회원 수가 많은 카페에서는 공통 관심 분야의 다양한 아이템을 판매하며, 회원들 간에 물물교환을 유도하는 장터 카테고리를 보유하고 있습니다. 관심 분야 중 중분류 이하의 아이템군 카테고리를 클릭하면, 조회수나 답글이 많은 인기 아이템을 손쉽게 파악할 수 있습니다.

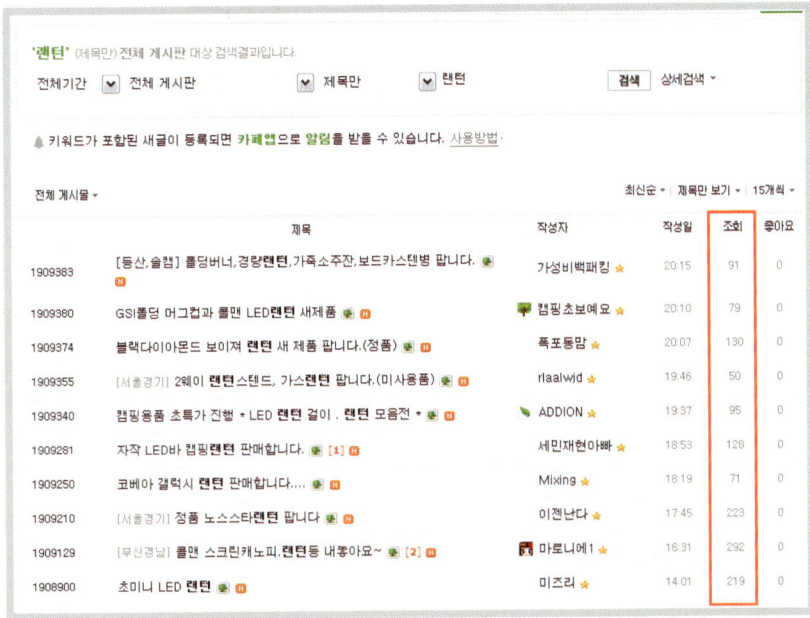

▲ 카페를 통해 아이템 수요 파악하기

카페 내 검색창에 특정 키워드를 제목만으로 검색하면 조회수가 높은 인기 아이템의 수요를 간접적으로 예측할 수 있습니다. 포털사이트에서 통합검색에 공개되지 않는 카페 내 알짜배기 글을 확인하려면 카페 가입은 필수입니다.

마니아층을 확보한 카페에 가입하기

선정한 아이템의 카테고리가 중분류 이하일 때는 회원 수가 많은 카페를 찾기 어렵습니다. 그래도 해당 분야에서 마니아층을 가장 많이 확보한 카페가 있으며, 이러한 카페를 찾아 가입해서 시장 조사를 해야 합니다. 시간이 된다면 카페 정모에 참석해 인맥을 넓히는 것도 사업에 밑거름이 될 수 있습니다.

▲ 와인에 대한 전문지식을 다루고 모임을 주관하는 카페

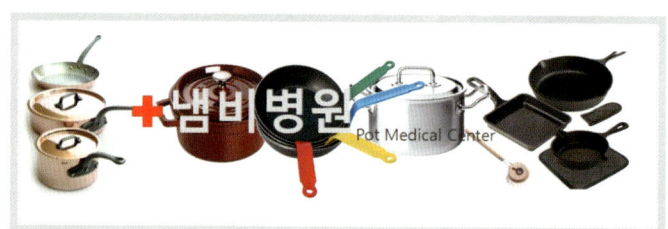

▲ 주방용품 냄비를 주제로 만든 카페

▲ 오지를 찾아다니는 캠핑 모임 카페

▲ 지프랭글러 전문 튜닝 및 오프로드 모임 카페

선정한 아이템과 직접적으로 부합하는 주제의 카페를 찾기 힘들다면 더욱 세부적으로 검색해서 공통 관심사를 포함하는 간접적인 주제의 카페에 가입하여 수요 조사를 하는 것도 방법이 될 수 있습니다.

구매대행 카페 가입하기

요즘에는 직구를 어려워하는 소비자들을 위한 구매대행 전문 카페들이 많습니다. 구매대행+관심분야 대분류 키워드로 카페를 검색한 후, 카페활동지수(새 글 및 전체 글 수)가 높은 카페에 가입합니다. 구매 후기 및 견적 요청 게시판을 통해 고객들이 원하는 아이템군의 수요를 손쉽게 파악할 수 있습니다.

▲ 캠핑용품 구매대행 카페

▲ 유아용품 구매대행 카페

▲ 튜닝용품 구매대행 카페

▲ 장난감 구매대행 카페

아이템의 윤곽이 잡히지 않을 경우에는 구매대행업 관련 정보를 모아놓은 커뮤니티 카페를 통해 아이템 수요를 조사해보는 것도 좋은 방법입니다.

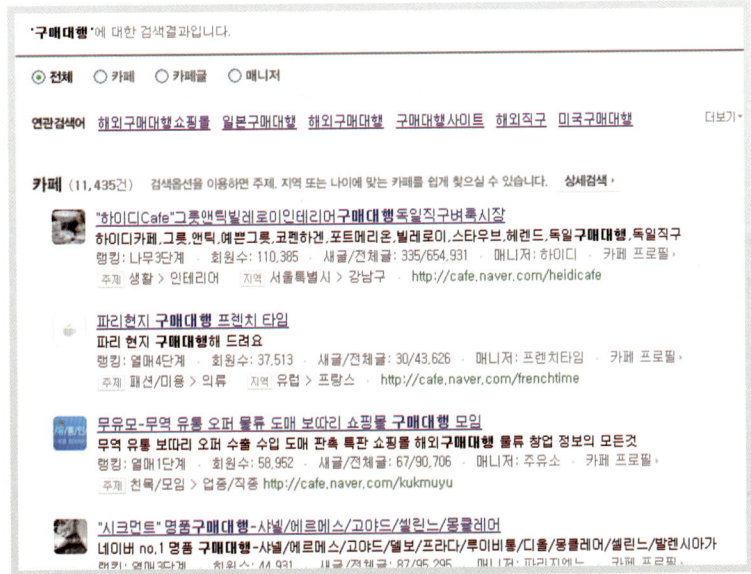

▲ 구매대행으로 카페 검색 시

03 아이템 소싱하기　119

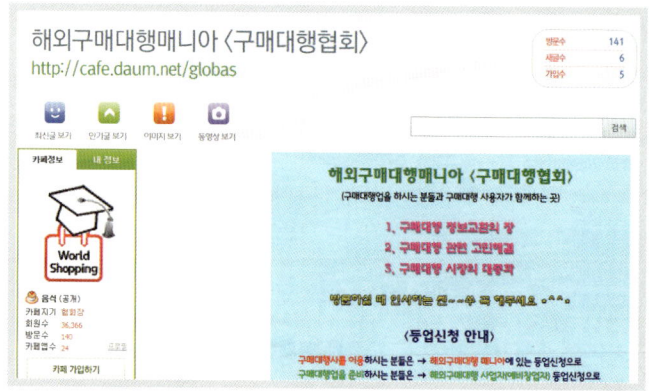

▲ 해외구매대행매니아 '구매대행협회'

직구 카페 가입하기

직구 수요는 구매대행 수요와 비례합니다. 시즌별로 뜨는 상품이나 국내에서 구할 수 없는 해외 제품에 대한 정보는 직구 소비자들 사이에서 자연스레 공유되곤 합니다. 그러므로 이런 정보를 파악하기 위해서는 직구 전문 카페에 가입한 후 구매 후기 게시판을 통해 직구하는 소비자들이 주로 구매하는 아이템과 품목군, 시즌별 수요를 분석하는 습관을 가지면 좋습니다.

▲ 해외직구 전문 커뮤니티 '해직왕'

3 포털사이트 검색어 활용하기

초기에 아이템을 선정하기가 어렵거나 대분류를 선정한 후 수요가 있는 중분류 이하의 카테고리를 잡기 위해서는 포털사이트 내 검색어 기능을 활용해보는 것도 좋습니다. 국내에서 가장 많은 이용 점유율을 확보하고 있는 네이버를 기준으로 몇 가지 활용 팁을 살펴보도록 하겠습니다.

쇼핑검색어

네이버는 검색어 중 쇼핑 관련 검색어의 패턴을 분석하여 연관성이 깊은 쇼핑 카테고리의 아이템, 브랜드, 인기 상품의 순위를 보여주는 서비스를 제공하고 있습니다.

쇼핑검색어는 매일 업데이트되므로 국내 쇼핑의 추이를 엿볼 수 있고, 대분류군 키워드로 검색하면 비슷한 주제의 중, 소분류 인기 아이템을 확인할 수 있다는 점에서 수요가 있는 구매대행 아이템 선정에 도움이 될 수 있습니다.

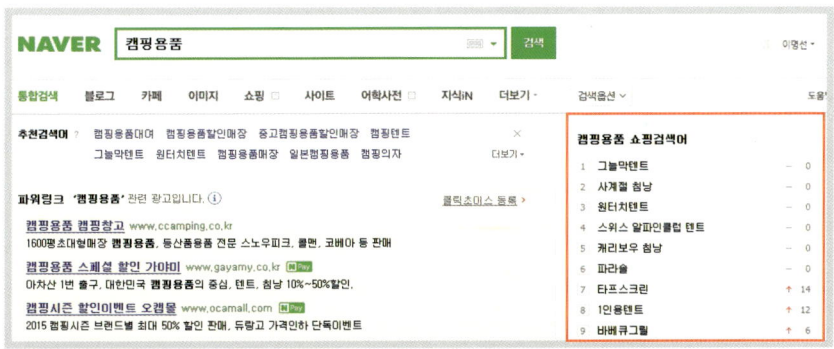

▲ '캠핑용품' 검색 시 쇼핑검색어

캠핑용품으로 검색한 화면입니다. 우측의 쇼핑검색어에서 국내에서 가장 많이 검색한 소분류 아이템군을 확인할 수 있습니다.

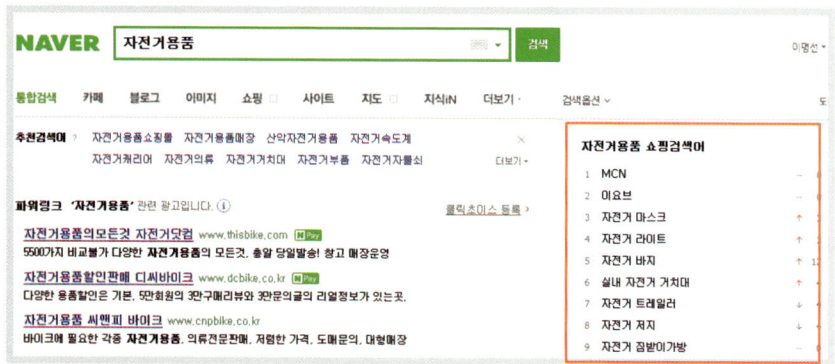

▲ '자전거용품' 검색 시 쇼핑검색어

자전거용품으로 검색할 경우, 역시 인기 있는 10가지 자전거 관련 아이템이 뜹니다. 브랜드나 용품 위주로 구매대행이 가능한지 유심히 살펴볼 필요가 있습니다.

연관검색어

네이버를 이용해본 사람이라면 누구나 검색창 아래에 연관검색어가 뜨는 것을 알 것입니다. 이 기능은 쇼핑키워드가 안 보일 때 이용하면 좋습니다. 시즌을 타지 않으면서도 일정한 수요가 있는 아이템을 선정할 때는 최신 트렌드를 위주로 하는 쇼핑검색어보다 더욱 도움이 될 것입니다.

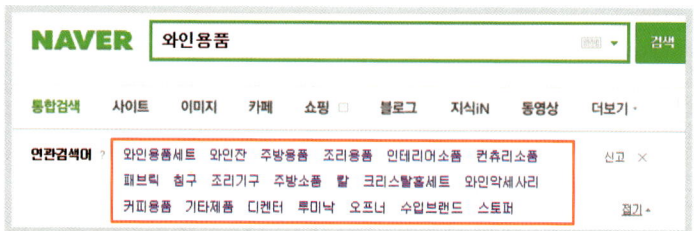

▲ '와인용품' 검색 시 연관검색어

와인용품은 대분류 카테고리 아이템군에 비해 국내 수요가 적기 때문에 쇼핑검색어가 뜨지 않는 키워드입니다. 이럴 경우 연관검색어를 펼쳐보면 한국인들이 자주 검색한 와인용품과 연관된 키워드를 파악할 수 있습니다.

자동검색어

특정 키워드를 검색하면 키워드 뒤에 자동으로 나열되는 자동검색어 기능입니다. 이 기능은 중분류 키워드를 두고 인기 있는 소분류 아이템을 찾거나 특정 아이템군 내의 인기 모델을 쉽게 파악하려 할 때 도움이 됩니다.

▲ '레고' 검색 시 자동검색어

레고 키워드로 검색했을 때 나열되는 자동검색어입니다. 위와 같이 범위가 넓은 아이템군에서 국내 수요가 있는 세부 아이템을 찾으려 할 경우에 활용하면 좋습니다.

사용자 그룹별 인기검색어

네이버에서는 국내 사용자 그룹을 싱글남, 싱글녀, 직장인, 재테크족, 주부, 대학생, 청소년 등의 7가지로 나누어 그룹별 인기검색어 10위를 알려주는 기능을 제공하고 있습니다(2017년 11월 통합검색에서 제외, 2018년 상반기 네이

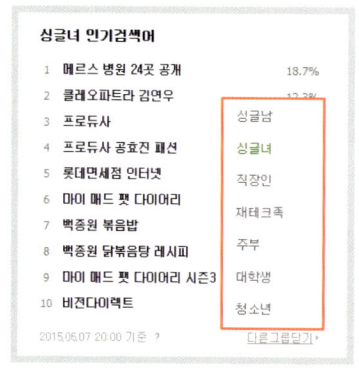

▲ 사용자 그룹 싱글녀 인기검색어 예시

버쇼핑에서 종료 예정). 이 기능은 그룹별 관심 키워드를 시간대별로 파악할 수 있다는 장점이 있습니다. 이를테면 'C사 웨지힐'과 같은 쇼핑 아이템군이 순위 안에 뜹니다. 필자는 사업 초기에 주부 검색어에서 'N사 패딩 부츠'를 눈여겨본 후에 구매대행을 하게 되었고, 소중한 첫 판매를 한 경험이 있습니다.

4 유튜브 활용하기

핫한 해외 아이템을 소싱하기 위해서는 유튜브 www.youtube.com 를 활용하는 것도 좋은 방법입니다.

▲ 유튜브 메인

미국은 이미지 위주로 제품을 홍보하는 방식에서 더 나아가 직접 촬영한 동영상으로 제품을 보여주는 패러다임으로 변화했습니다. 동영상은 이미지에 비해 생동감 있게 다각도로 제품을 보여줄 수 있고, 상품 사용 방법을 쉽게 전달할 수 있다는 면에서 소비자의 신뢰감을 높여주는 효과가 있습니다. 최근에는 미국 쇼핑몰의 상품 상세페이지에 제품 동영상을 첨부한 사례를 종종 볼 수 있습니다. 이렇듯 전 세계 동영상 저장소로 불리는 유튜브 역시 획기적인 아이템을 발견할 수 있는 창구가 될 수 있습니다.

▲ 유튜브 내 주방용품 동영상

한때 미국 내에서 화제가 된 마늘 다지는 도구입니다. 생산한 회사에서 직접 마늘 다지는 영상을 공개하며 많은 이들의 관심을 끌었습니다. 기능성을 겸비한 획기적인 아이템은 이미지만으로 설명하기는 부족하기 때문에 동영상을 통해 공개하는 방식으로 선보여지기도 합니다.

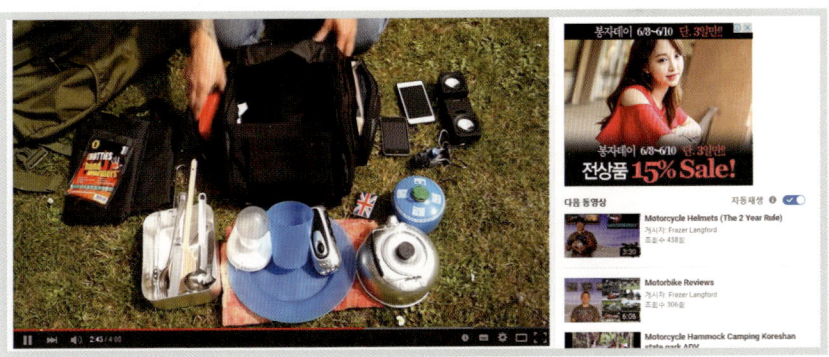

▲ 유튜브 내 캠핑용품 동영상

03 아이템 소싱하기   125

국내에서 수납을 고려한 미니멀 캠핑 열풍이 불던 시기에 살펴본 이색 캠핑용품에 대한 동영상입니다. 아웃도어 문화가 발전한 서양인들이 주로 이용하는 용품 중 국내에 없는 아이템을 찾기 위해 'minimal camping'이라는 키워드로 유튜브에서 검색해보니 다양한 정보를 얻을 수 있었습니다.

▲ 유튜브 내 와인용품 동영상

전동식으로 코르크마개를 따주는 전동 와인오프너입니다. 얼마나 편리한지, 우리나라 사람들이 선호할 만한지, 동영상을 통해 단번에 알 수 있었습니다. 이와 같이 유튜브에서 영문 키워드를 잘 활용하면 재미난 동영상 외에도 최근에 나온 갖가지 이색적인 아이템을 빠르게 확인할 수 있습니다.

 실전강의

사업 초기 아이템 선정 팁

·부피나 무게가 많이 나가는 아이템은 가급적 피하라.

▲ 아마존닷컴 캠핑용품 상세페이지

모든 제품은 상세페이지에 무게(파운드)와 부피가 기재되어 있습니다. 부피나 무게가 지나치게 큰 아이템은 배송비가 많이 부과되기 때문에 마진율에 부담을 줄 수 있고, 가격 경쟁력이 떨어질 가능성이 높습니다. 그러므로 사업 초기에는 부피나 무게가 크지 않은 아이템 위주로 공략하는 것이 좋습니다.

·관부가세를 부과하지 않는 범위의 아이템이 좋다.

▲ 아마존닷컴 시계 제품 상세페이지

구매대행도 직구와 마찬가지로 관부가세를 부과하지 않는 금액대의 아이템을 선정하는 것이 좋습니다. 관부가세가 부과되면 평균 20~25% 이상 금액이 높아지므로 수익성 측면에서 부담이 될 수 있습니다. 고가의 아이템은 아이템을 보는 시야가 넓어진 후에 공략하기를 권합니다.

02 아이템 검증 단계

아이템 선정을 마쳤으면 '내가 정한 아이템이 국내에서 팔릴까? 팔린다면 얼마나 팔릴까?' 하고 자연스레 궁금해질 것입니다. 당장 온라인상의 오픈마켓이나 쇼핑몰에 아이템을 올리고 소비자들의 반응을 보고 싶을 수도 있습니다. 그러기 전에 필수적으로 아이템을 검증하는 단계를 거쳐야 합니다. 국내 시장 수요와 가격 경쟁력을 분석하는 것이지요. 구매대행의 주 고객인 한국인들이 얼마나 나의 아이템에 관심을 가지고 있는지, 앞으로 추세는 어떠할지, 수익성은 어느 정도이며 국내에서 가격 경쟁력이 있는지 파악한 후 상품을 등록해야 합니다. 나중에 설명할 마케팅 역시 판매와 직결되는 중요한 요소이지만, 마케팅을 훌륭히 하더라도 검증 과정을 거치지 않으면 절대 팔리지 않는 엉터리 아이템에 아까운 시간을 허비할 수 있습니다. 구매대행업을 할 때 습관화해야 할 아이템 검증 프로세스를 알아보도록 하겠습니다.

1 키워드 및 트렌드 파악하기

구매대행업은 앞서 살펴본 것과 같이 온라인에서 모든 과정이 이루어집니다. 고객 역시 온라인상의 특정 키워드 검색을 통해 상품을 구매합니다. 그러므로 선정한 아이템에 대한 직간접적인 키워드가 실제로 얼마나 조회되는지 살펴보면 국내 온라인 시장을 분석할 수 있습니다. 한국 포털사이트 점유율 70% 이상인 네이버를 활용하면 조회수를 통한 아이템 관심도 및 추세를 쉽게 파악할 수 있답니다.

키워드 조회수 확인하기

네이버 맨 하단의 작은 글씨로 쓰인 '광고'를 클릭합니다.

▲ 네이버 메인 하단 광고 클릭하기

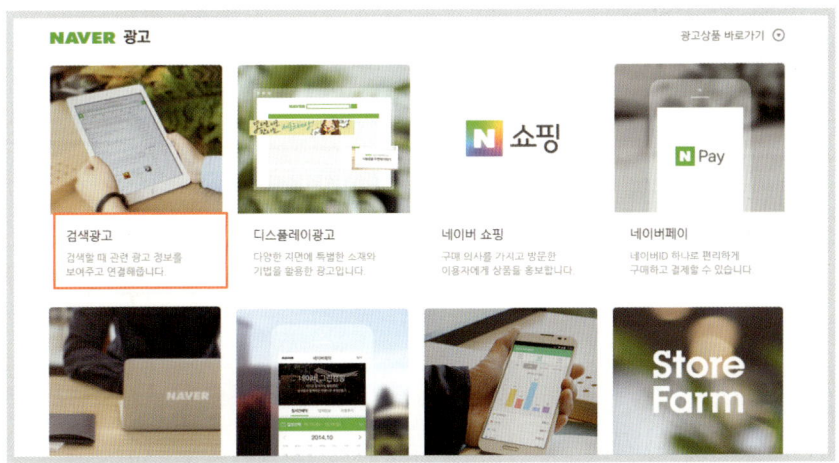

▲ 네이버 광고서비스 페이지

네이버에서 운영하는 광고서비스 페이지입니다. '검색광고'를 클릭합니다.

▲ 광고시스템 바로가기 클릭

검색광고 창입니다. 기존에 가입한 네이버 계정과 별개로 광고주로 신규 가입해야 합니다. 돈이 드는 것이 아니므로 곧바로 가입 절차를 완료한 후, [광고관리시스템 바로가기]를 클릭합니다.

▲ 검색광고 관리시스템 페이지

검색광고 관리시스템 페이지입니다. '키워드 도구'를 클릭합니다. 앞으로 자주 이용할 테니 즐겨찾기를 해놓으면 좋습니다.

▲ 키워드 검색하기 '캠핑용품' 예시

빈칸에 조회할 키워드를 넣고 키워드 조회를 누르면 검색한 키워드의 최근 월간 조회수가 PC와 모바일로 나뉘어 뜹니다. 캠핑 시 자주 쓰이는 소분류 카테고리인 멀티툴을 아이템으로 선정했다면, 먼저 대분류 키워드인 '캠핑용품'을 검색하여 전체 캠핑용품 시장 규모가 얼마인지 파악할 필요가 있습니다. 1달 조회 수가 PC 4만 건, 모바일 8만 건이라면 캠핑용품이라는 키워드가 12만 회 검색되었다는 뜻입니다. 요일에 따라 차이가 있겠지만 하루 평균 약 4000번 클릭되었다고 예상할 수 있습니다. 이 정도의 조회수라면 결코 수요가 적지 않습니다.

그리고 검색한 키워드 아래로 '캠핑용품'을 검색한 이들이 같이 검색한 연관검색어가 뜹니다. 아이템 선정 프로세스에서도 보았듯이, 대분류와 연관된 중분류 이하의 세부 키워드와 조회수를 파악할 수 있습니다.

최근 검색량 추이는 해당 키워드 부분을 누르면 됩니다.

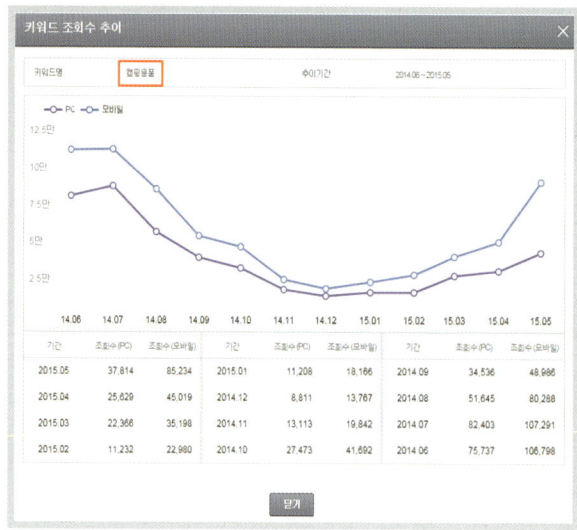

▲ 키워드 연간 추이 파악하기

검색한 시점을 기준으로 1년간의 검색 추이를 월 단위 그래프와 조회수를 통해 쉽게 파악할 수 있습니다. 시즌을 타는 아이템이라면 계절에 따른 상하 곡선이 뚜렷할 것이고, 실시간검색에 떴거나 이슈를 탄 키워드라면 특정한 달에만 상승 곡선을 그릴 것입니다.

▲ 키워드 검색하기 '멀티툴' 예시

대분류를 살펴본 후에는 소분류 이하 키워드로 검색해봅니다. '멀티툴'이라는 키워드는 1달간 PC로 1622건, 모바일로 2158건이 조회되었습니다. 하루 평균 100명이 조금 넘습니다. 정량적 검색량으로만 보면 다소 부족한 아이템이 아닌가 싶겠지만, 꼭 그렇지만도 않습니다.

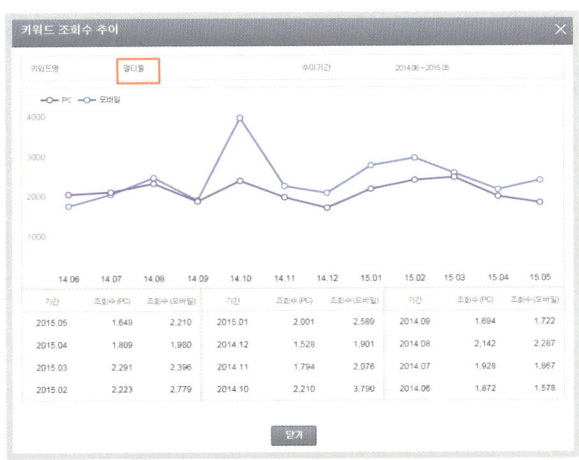

▲ 키워드 연간 추이 파악하기

1년간의 검색량 추이를 살펴보니 대분류 카테고리를 검색할 때와 달리 시즌을 타지 않아서 비교적 일정하다는 것을 알 수 있습니다. 이는 연간 멀티툴의 판매량이 그래프와 어느 정도 비례한다고 예측할 수 있습니다. 다른 캠핑용품에 비해 부피와 무게가 적어서 배송 부담이 덜하고, 제품 자체가 견고하여 배송 중 파손의 우려가 적다는 장점을 감안하면 캠핑용품 카테고리 내에서는 괜찮은 아이템이 될 수도 있습니다.

트렌드 파악하기

모든 아이템이 다년간에 걸쳐 일정하게 판매될 수는 없습니다. 내가 선정한 아이템이 향후에도 잘 팔릴지, 이미 성장기를 거쳐 퇴화기로 접어든 레드오션 아이템은 아닌지 생각해봐야 합니다. 애당초 단기간에 판매할 수 있는 이슈성 혹은 시즌성 아이템을 선정했다면 모르지만, 나만의 아이템, 즉 오래 팔고 싶은 아이템이라면 장기적인 안목으로 바라봐야 합니다. 이러한 측면에서 다년간의 트렌드 분석은 필수로 거쳐야 할 또 하나의 검증 단계라고 볼 수 있습니다.

▲ 네이버 트렌드 메인

네이버에서 제공하는 트렌드검색 서비스 trend.naver.com에 접속합니다. 기간을 설정한 후 키워드를 입력하고 '조회'를 클릭합니다(기간 설정은 2007년부터 가능).

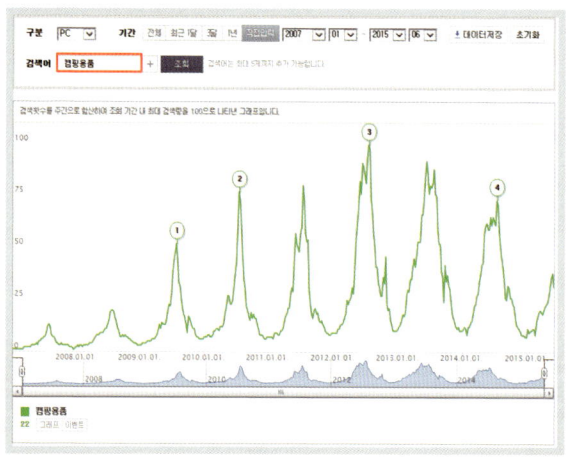

▲ 기간 설정 후 키워드 조회 - '캠핑용품' 예시

캠핑용품으로 검색해본 결과, 8년간 그래프 움직임이 해마다 여름에 급상승하며, 절대치는 2012년 이후로 조금씩 감소하는 추세임을 알 수 있습니다.

▲ 기간 설정 후 키워드 조회 - '멀티툴' 예시

같은 기간에 멀티툴로 검색한 결과입니다. 2007년 이후 현재까지 완만하게 상승하는 추이를 보이고 있습니다. 이 상승 곡선과 아이템 수요는 비례한다고 볼 수 있으며, 멀티툴 아이템은 앞으로도 비전이 있다고 예상할 수 있습니다.

실전강의

해외 트렌드 알아보기

해외 쇼핑몰에서 아이템을 찾다 보면 국내에서 보지 못한 브랜드와 제품을 접할 수 있는데, 국내의 키워드가 없어서 트렌드를 파악하기가 힘들 수 있습니다.

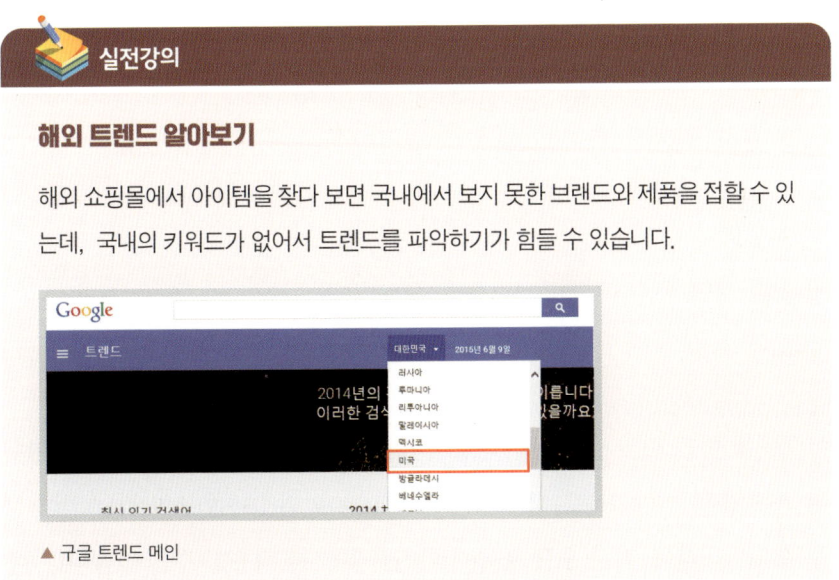

▲ 구글 트렌드 메인

이런 경우 구글 트렌드 www.google.com/trends를 활용하면 영문 키워드 검색을 통해 현지 국가의 트렌드를 파악할 수 있으며, 이를 바탕으로 향후 국내 트렌드를 예측해볼 수 있습니다.

2 구입 원가 계산법

구매대행 아이템의 원가 계산은 직구 프로세스와 맥락을 같이합니다. 해외 쇼핑몰에서 결제한 금액에 국제배송비, 관부가세가 포함된 금액이 실제 구입 원가가 됩니다. 기본적으로 아이템 하나, 즉 개당(EA) 원가로 책정해야 하며 국내에 판매될 원화(KRW) 기준으로 환산하면 됩니다. 제품가가 100달러인 신발을 구매한다면 구입 원가 계산식은 아래와 같습니다.

구입 원가		비고
해외 쇼핑몰결제 금액	제품가	100달러×1100원=11만 원
	미국 내 배송비	3달러 부과 시=3달러×1100원=3300원
	소비세	5달러 부과 시=5달러×1100원=5500원
국제배송비		1만 3000원
관부가세		0원
총 합계		13만 1800원

아이템에 따라 다르지만, 구매대행 수수료는 평균 10% 내외로 책정합니다. 위 품목에 평균 마진율을 적용하면 13만 1800원의 10%인 1만 3180원이 실수익이 됩니다. 그러나 모든 품목에 마진율 10%를 적용할 수는 없습니다. 아

이템 단위로 국내 온라인 가격 경쟁 상황이 어떠한지 우선 살펴봐야 합니다.

3 국내 가격 비교 및 판매가 산정하기

선정한 아이템의 구입 원가로 국내의 가격 경쟁력을 분석해야 합니다. 나만 알고 있는 아이템, 즉 국내에 없는 아이템이라면 마진율을 높게 책정해도 무관합니다. 국내 가격 경쟁에 휘둘리지 않을 테니까요. 제품 경쟁력을 갖춘 아이템이라면 높은 마진율로도 지속적으로 판매할 수 있습니다. 이것이 구매대행업에서 가장 바람직한 방향입니다. 그런데 사업 초기부터 알짜배기 아이템을 찾는 일이 쉬울까요? 그렇지 않을 것입니다. 국내 온라인시장의 경쟁은 생각 이상으로 치열하기 때문에, 선정한 아이템은 이미 국내에서 누군가가 팔고 있을 확률이 높습니다. 그러므로 해외 쇼핑몰의 구입 원가를 토대로 국내에서 판매되는 가격을 분석하여 경쟁력이 있는지 파악해야 합니다. 경쟁력이 있다면 같은 아이템이라도 판매할 수 있습니다.

▲ 아마존 레더맨 제품 상세페이지

멀티툴 전문 브랜드 레더맨Leatherman의 830039 모델을 선정했다면, 정확한 구입 원가를 파악하기 위해 결제하기 전까지 진행해봅니다.

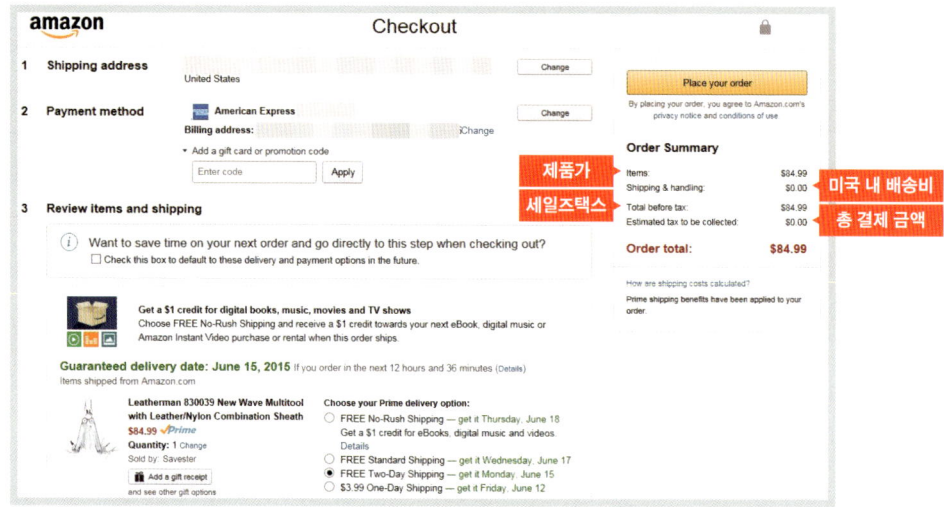

▲ 아마존 주문 완료 전 리뷰페이지

미국 내 배송비는 0원이고 소비세가 부과되지 않는 오리건 배송대행지를 입력하여 총 결제 금액은 84.99달러입니다. 제품의 무게와 부피는 2파운드이므로 국제배송비는 평균 1만 2천 원으로 책정합니다. 관부가세는 200달러 미만이므로 부과되지 않습니다.

레더맨 멀티툴 구입 원가		비고
해외 쇼핑몰결제 금액	제품가	84.99달러×1100원=9만 3489원
	미국 내 배송비	0원
	소비세	0원
국제 배송비		1만 2000원
관부가세		0원
총 합계		10만 5489원

구입 원가를 계산해보니 총 10만 5489원입니다. 국내에서 판매되는 가격을 알아봅시다.

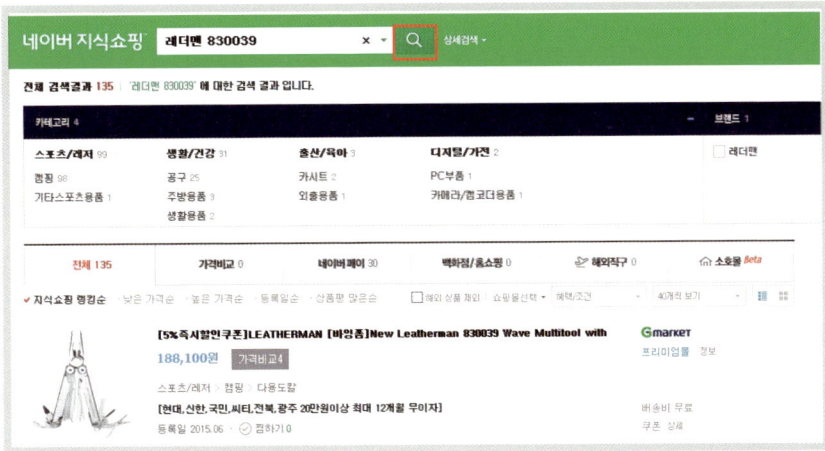

▲ 네이버 네이버쇼핑에서 최저가 찾기

국내 온라인 가격 비교는 네이버 네이버쇼핑이 가장 빠릅니다. 선정한 아이템을 가장 자주 쓰이는 한글명(Leatherman → 레더맨)으로 변경하여 세부 모델 키워드로 동일한 아이템을 검색합니다.

▲ 네이버쇼핑 낮은 가격순 검색 시

03 아이템 소싱하기　139

'낮은 가격순'을 누르면 동일한 아이템들을 최저가부터 한눈에 볼 수 있습니다. 중요한 점은 네이버쇼핑에 명기되어 있는 판매가에 배송비가 포함되어 있을 수 있다는 것인데요. 이를 확인하려면 해당 제품 상세페이지로 이동해야 합니다. 현재 레더맨 830039 제품을 최저가로 판매하고 있는 셀러의 제품을 확인해봅시다.

▲ 국내 최저가 제품 상세페이지

제품가는 즉시 할인되어 11만 6600원이고 기본 배송비 1만 4500원이 부과되어 있습니다. 판매금액은 13만 1100원인 셈입니다. 이 금액이 국내 최저가라고 가정해보겠습니다. 앞서 계산한 구입 원가 10만 5489원을 최저가로 판매할 시 마진이 남을 것인지 판단해야 합니다. 구매대행업은 온라인에서 판매가 이루어지기 때문에 쇼핑몰 평균 3.8%, 오픈마켓 평균 8~12%의 판매수수료가 붙습니다. 그러므로 이를 포함한 금액을 토대로 판매가를 책정해야 합니다. 가격 경쟁력을 고려하여 최저가 13만 1100원보다 낮은 13만 원을 기준으로 하고, 판매수수료는 여유 있게 12%로 계산해보겠습니다.

레더맨 멀티툴	금액
판매가	13만 원
오픈마켓 수수료 12%	1만 5600원
실제 판매가	11만 4400원
구입 원가	10만 5489원
실제 마진(실제 판매가-구입 원가)	8911원

계산해본 결과, 실제 마진은 8911원으로 구입 원가 대비 8.4% 정도입니다. 구매대행업의 평균 마진 10%에는 못 미치는 수치이지만, 최저가로 판매할 수 있으니 가격 경쟁력은 있다고 할 수 있겠습니다. 물론 판매 여부는 셀러에게 달려 있습니다. 이와 같이 구매대행 아이템의 판매가를 책정할 때는 구입 원가를 계산한 후 오픈마켓 및 쇼핑몰 수수료를 따져봐야 한다는 점을 잊지 말아야 합니다.

> **TIP**
>
> **최저가에 대한 오해**
>
> 최저가라고 해서 항상 잘 팔리는 것은 아닙니다. 상대적으로 가격이 매우 낮으면 소비자의 신뢰도를 오히려 떨어뜨릴 수도 있습니다. 고객에 따라서 최저가 상품이기 때문에 제품 하자, 미흡한 사후 관리 등 리스크가 높다고 생각하기도 합니다. 실제로 네이버쇼핑에 특정 아이템을 '상품평 많은 순'으로 검색해보면 최저가 상품보다는 좀 더 비싼 판매가의 상품이 더 잘 팔리는 경우를 종종 볼 수 있습니다. 이는 상품 상세페이지의 신뢰성, 마켓 내 셀러의 활동 지수, 상품 등록일 등 여러 가지 요인이 판매로 연결되기 때문입니다. 아이템에 관한 해박한 지식을 지니고 있고 전문성을 활용하여 상세페이지를 믿을 만하게 만들 능력이 있다면, 꼭 최저가가 아니어도 충분히 판매할 수 있습니다.

03 해외 쇼핑몰 검색 노하우

해외에는 셀 수 없을 정도로 많은 쇼핑몰이 있습니다. 우리나라와 마찬가지로 해외 온라인 쇼핑몰은 근래에도 계속 생겨나는 추세이고, 오래전부터 있었지만 국내에 알려지지 않은 곳도 많습니다. 국내 직구 소비자에게 잘 알려진 인기 쇼핑몰은 배송과 결제 면에서 이미 검증된 곳이기 때문에 마음 놓고 이용해도 됩니다. 그러나 구매대행업을 할 때는 남들이 모르는 희소성 있는 아이템을 갖추었거나 동일한 아이템을 더 합리적인 가격에 판매하는 해외 쇼핑몰을 찾아야 합니다. 다행히 미국에는 이러한 해외 쇼핑몰 검색에 길라잡이 역할을 해주는 고마운 사이트가 있습니다. 이런 곳을 활용하는 방법을 알아보겠습니다.

1 가격비교사이트 활용하기

특정 아이템을 한곳에서 구매할 이유가 있을까요? 동일한 아이템을 더 저렴하게 판매하는 쇼핑몰이 있다면 그곳을 이용하면 됩니다. 우리나라에 온라인 가격비교사이트가 있듯이, 해외에도 제품 단위로 가격을 비교해주는 사이트가 있습니다. 합리적 소비를 원하는 소비자들을 위해 만든 가격비교사이트이지만, 일반 소비자에 비해 결제 건수가 많은 구매대행업자들은 이를 적극적으로 활용해야 합니다. 제품가는 곧 사업의 수익성으로 직결되는 요소이자, 국내 가격 경쟁력을 갖추는 중요한 무기가 될 수 있기 때문입니다. 대표적인 미국 가격비교사이트 '프라이스그래버'의 이용 방법을 살펴본 후, 그 외의 가격비교사이트들도 함께 알아봅시다.

프라이스그래버 www.pricegrabber.com

다음은 프라이스그래버의 메인 페이지입니다.

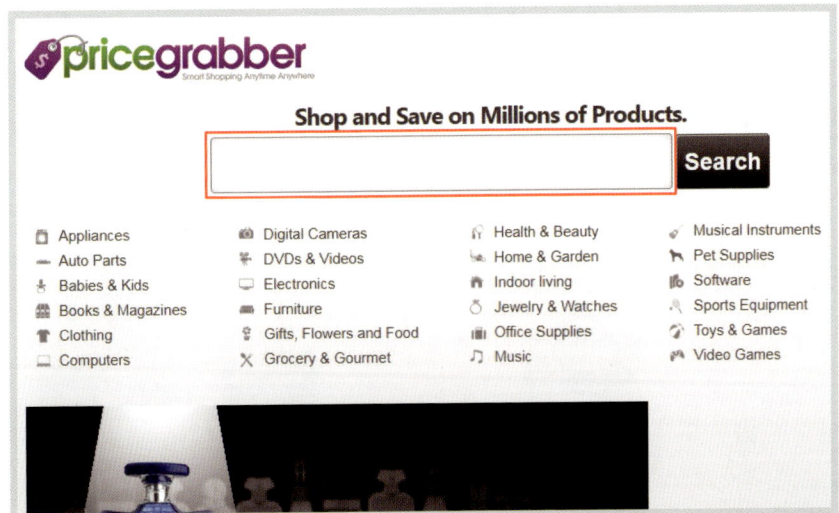

▲ 프라이스그래버 메인

검색창에 브랜드 및 제품, 모델명을 입력한 후 우측의 [Search]를 클릭합니다.

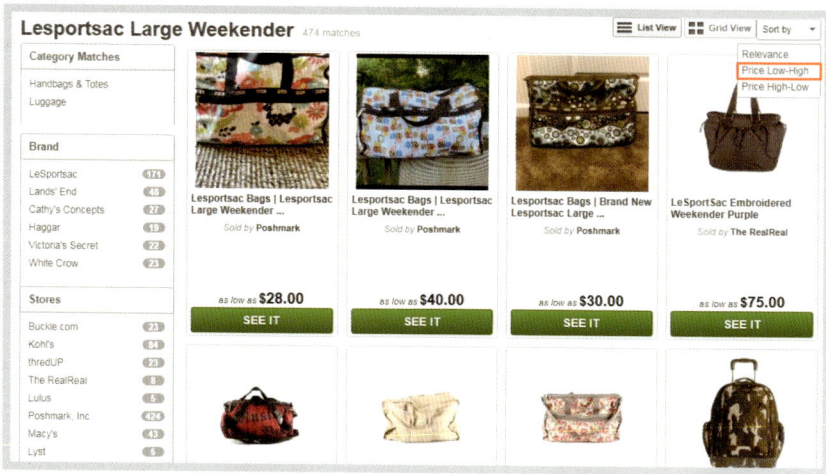

▲ 제품 검색 시 화면

레스포삭 라지 위켄더로 검색한 결과입니다. 정확도순으로 해당 제품을 판매하는 셀러나 쇼핑몰이 나열됩니다. 낮은 가격순으로 보려면 우측 상단의 'Sorted By'에서 'Relevance' 아래의 'Price Low to High'를 선택합니다.

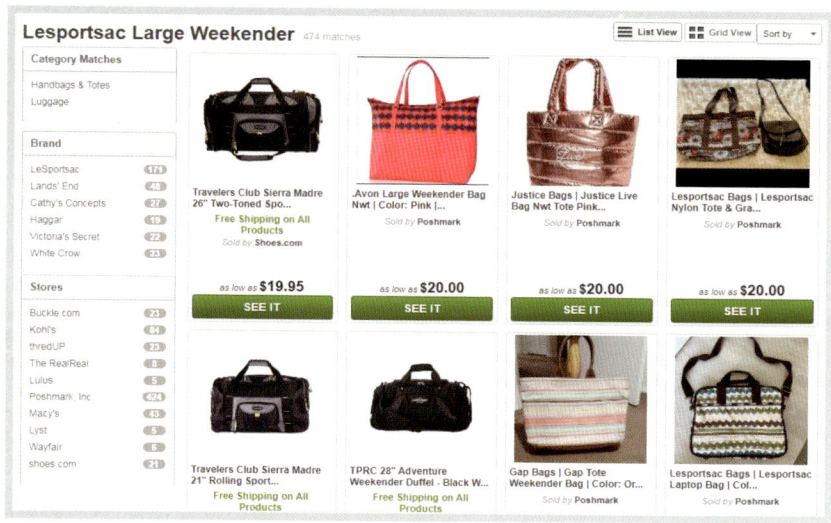

▲ 레스포삭 여행가방 낮은 가격순 검색 예시

검색한 품목이 낮은 가격순으로 정렬됩니다. 최저가 페이지를 클릭하면 해당 제품 상세페이지로 넘어가고, 이후 구매 여부를 결정하면 됩니다. 상세한 모델명 및 색상을 영문으로 넣어 검색을 하면 원하는 품목을 보다 빨리 찾을 수 있습니다.

> **TIP**
>
> **미국 가격비교사이트 이용 시 알아두면 좋은 팁**
> - 최저가가 평균 금액에 비해 터무니없이 낮다면 재고가 없거나 유령 사이트일 수 있습니다. 이러한 경우 상세페이지에서 재고 및 쇼핑몰 신뢰도를 꼼꼼하게 판단한 후 구매 여부를 결정해야 합니다.
> - 광범위한 검색 키워드로는 원하는 아이템을 찾기 어려울 수 있습니다. 정확한 검색 결과를 얻기 위해서는 브랜드와 제품명 뒤에 세부 모델명을 넣어 검색해야 합니다.
> - 기존에 이용하던 쇼핑몰에서 일시적으로 재고가 부족하여 제품 구매가 어렵다면, 동일 제품을 판매하는 다른 쇼핑몰이 있는지 즉시 파악할 수 있습니다.

그 외의 가격비교사이트

- **구글쇼핑** www.google.com/shopping
- **샵질라** www.shopzilla.com
- **쇼핑닷컴** www.shopping.com

2 유해사이트 판별하기

나만의 아이템을 찾다 보면 듣도 보도 못한 해외 쇼핑몰을 접하게 됩니다. 유명한 명품 브랜드 상품을 절반 이하의 가격으로 올려놓은 곳이 있는가 하면,

쇼핑몰 분위기는 그럴싸하지만 정작 회사 소개가 허술하고 상세페이지의 제품 설명이 신뢰가 가지 않는 곳도 있습니다. 이럴 경우 진품을 가품으로 속여 싸게 판매하거나 돈만 떼먹는 실체 없는 유령 사이트일 가능성이 있습니다. 그러므로 아이템이 괜찮다는 이유로 혹해서 유해사이트를 이용했다가 피해를 입을 수 있습니다. 이를 사전에 예방하기 위해 쇼핑몰 신뢰도를 판별해주는 사이트를 이용하면 좋습니다.

스캠어드바이저 www.scamadviser.com

각종 웹사이트와 쇼핑몰의 신뢰도를 수치화하여 평가해주는 스캠어드바이저입니다.

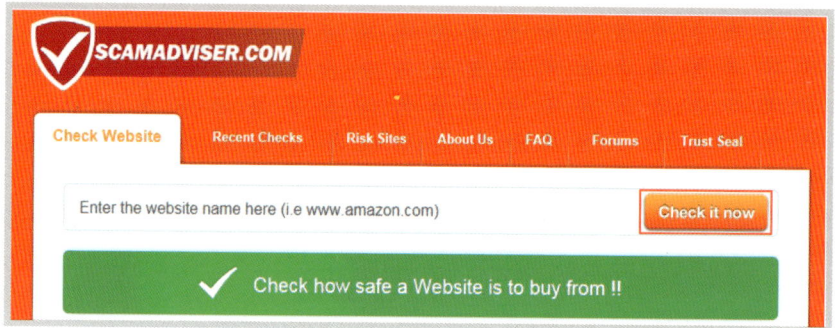

▲ 스캠어드바이저 메인

접속한 후 메인 검색창에 쇼핑몰의 URL 주소를 복사하여 넣은 후 [Check it Now]를 클릭합니다.

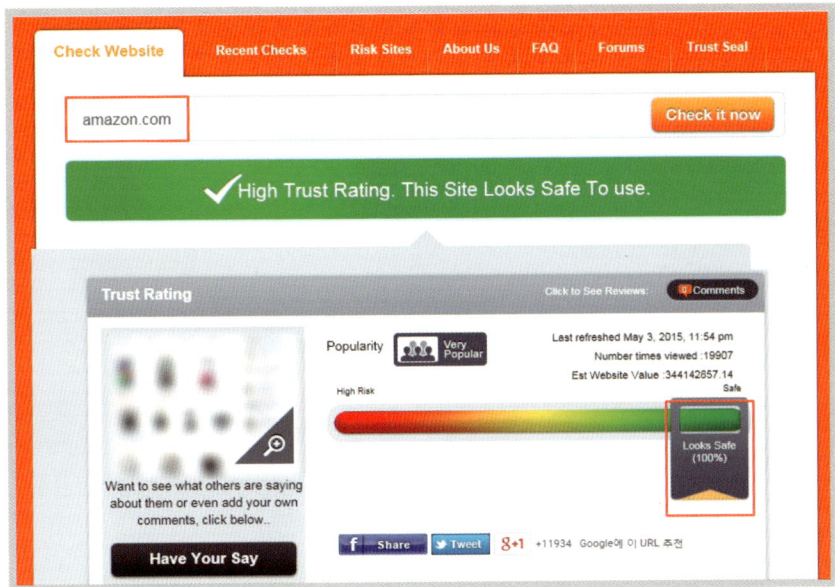

▲ 아마존닷컴 검색 시

전 세계적으로 안정성이 검증된 쇼핑몰 아마존닷컴의 URL을 넣은 결과입니다. 'Looks Safe'로 100% 믿을 만한 곳이라는 결과를 확인할 수 있습니다.

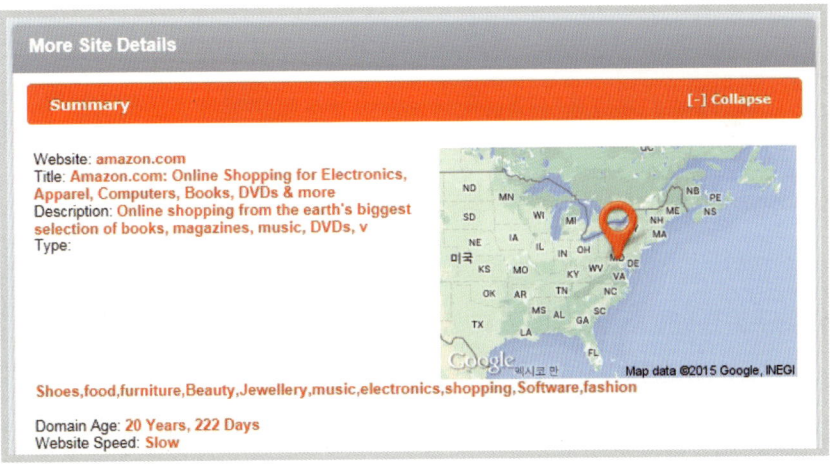

▲ 사이트 신뢰도 측정의 근거가 되는 데이터

03 아이템 소싱하기   147

IP를 통한 해당 웹사이트의 근거지와 도메인 생성일, 전화번호, 회사에 대한 정보 등 다양한 데이터를 근거로 결과를 산출합니다.

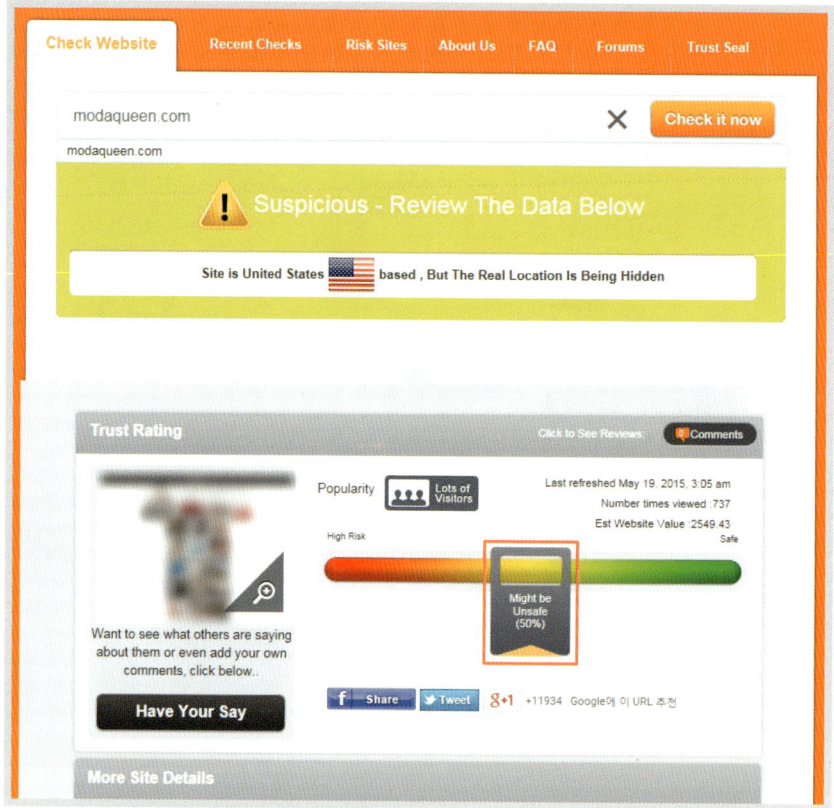

▲ 모다퀸 검색 시

명품 브랜드 상품을 절반 이하의 낮은 가격으로 판매하는 쇼핑몰을 입력한 결과입니다. 'Might be Unsafe'라는 문구와 함께 신뢰도가 50%로 나왔습니다.

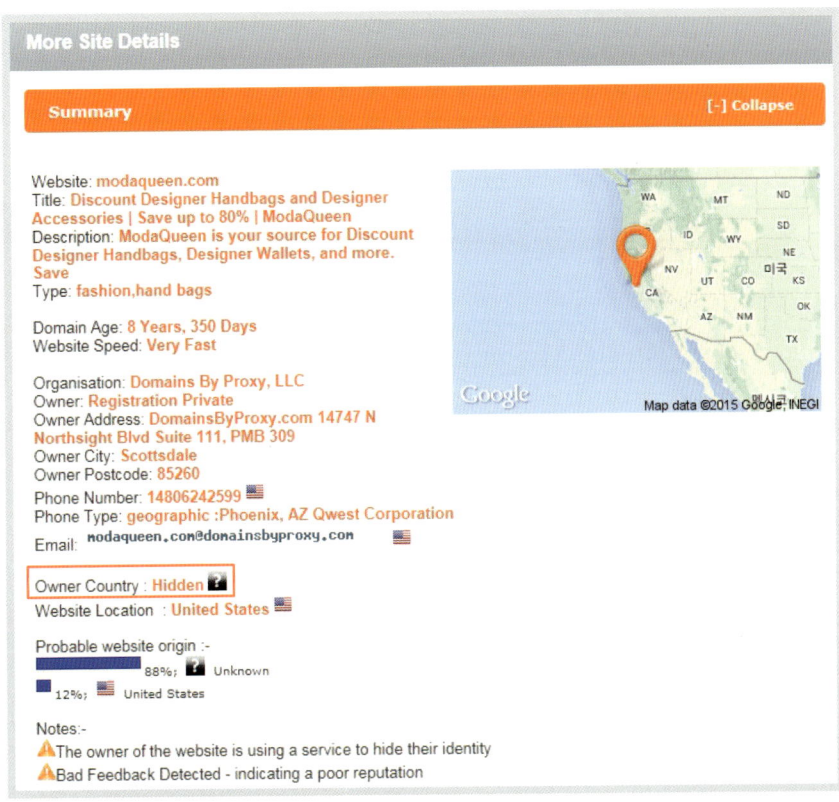

▲ 사이트 신뢰도 측정의 근거가 되는 데이터

회사의 국가를 알 수 없으므로 실제 쇼핑몰이 있는 주소는 미국이 아닐 확률이 높다는 데이터입니다. 이러한 경우 구매하지 않는 편이 좋습니다.

> **TIP**
>
> **가격비교사이트와 병행하기**
>
> 가격비교사이트에 나오는 모든 쇼핑몰이 안전하지는 않습니다. 특정 아이템을 최저가로 판매하는 쇼핑몰이 처음 보는 곳이라면 스캠어드바이저와 같은 판별 사이트를 통해 수치화된 데이트를 꼭 확인한 후 구매 결정을 하시기 바랍니다.

생초보를 위한
해외 구매대행
가이드

04

오픈마켓에 진입하라

온라인으로 아이템을 판매하는 루트는 크게 쇼핑몰과 오픈마켓으로 나뉩니다. 궁극적으로 구매대행업의 목표는 쇼핑몰이 맞습니다만, 이는 나만의 아이템을 확고히 선정했거나 중분류 이하 아이템군을 정한 후에 시도해도 늦지 않습니다. 사업 초기에는 아이템을 하나라도 판매해봐야 합니다. 판매가 이루어지면 왜 이 아이템이 팔렸는지를 이해하고, 판매 후 발송 및 배송 처리의 과정을 자연스레 터득하게 되며, 무엇보다 구매대행으로 상품을 판매할 수 있다는 자신감을 얻게 될 것입니다.

그러기 위한 가장 빠른 길은 오픈마켓에 진입하는 것입니다. 기본적으로 모든 상품이 네이버쇼핑에 입점되기 때문에 불특정다수의 소비자에게 나의 아이템을 포털사이트 키워드 검색만으로 손쉽게 노출시킬 수 있고, 별도의 마케팅을 하지 않아도 마켓마다 존재하는 충성고객들이 나의 상품을 구매할 수 있습니다. 사업자등록증이 없는 개인도 일정 매출액이 넘기까지는 셀러로 활동할 수 있습니다. 그러므로 오픈마켓을 공략하는 방법을 살펴봅시다.

01 필웨이 공략하기

필웨이 www.feelway.com 는 해외 브랜드 상품을 전문적으로 취급하는 국내 최고의 오픈마켓입니다. 구매대행 셀러 및 중고 명품 직거래, 오프라인 숍을 병행하는 판매자들이 활발하게 활동하고 있으며, 각종 명품 브랜드와 여러 브랜드의 의류, 가방, 액세서리 및 다양한 해외 아이템을 접할 수 있습니다. 등록된 해외 상품 수만 해도 100만 개에 육박하고, 오랫동안 안전성을 검증받아 온 곳으로 많은 충성고객을 확보하고 있습니다. 개인도 셀러로 활동할 수 있으며 상품 등록 과정도 어렵지 않기 때문에, 구매대행업 초기에 셀러로서 활동하기 좋은 곳입니다.

1 가입

필웨이에서 판매하기 위해서는 회원가입을 해야 합니다. 필웨이 메인 페이지 우측 상단의 '회원가입'을 클릭합니다. 그럼 다음의 필웨이 회원정보 입력 페이지가 나옵니다.

▲ 필웨이 회원정보 입력 페이지

회원정보란에 개인정보를 입력하고 [필웨이 회원가입]을 클릭합니다.

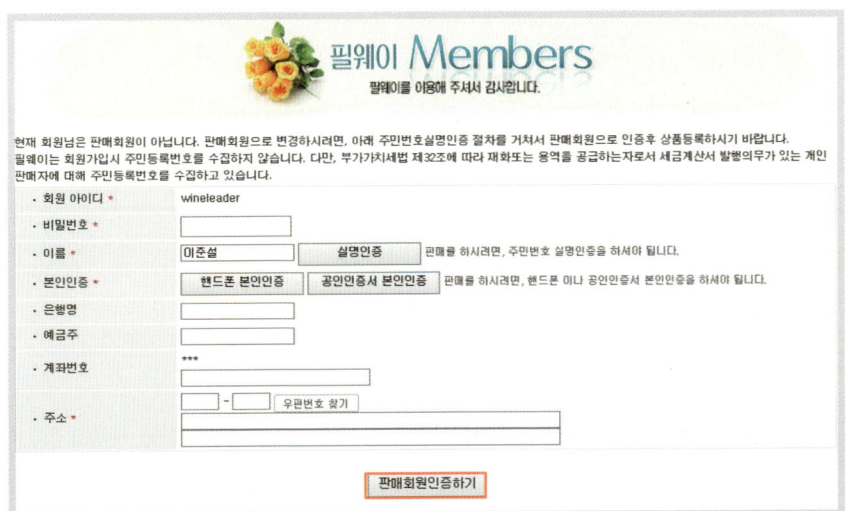

▲ 판매회원 인증 과정

회원가입 후에 개인 셀러로 활동하기 위해서는 판매회원이 되어야 합니다.

메인 페이지 상단의 '내상품판매'를 클릭하면 기입란이 뜹니다. 본인인증, 은행계좌 정보와 주소를 입력한 다음 [판매회원인증하기]를 클릭하면 판매회원으로 가입이 완료됩니다.

 실전강의

사업자 회원 등록하기

사업자등록증과 통신판매업 신고증이 있으면 개인 판매자 가입 후 곧바로 사업자 판매자로 전환할 수 있습니다.

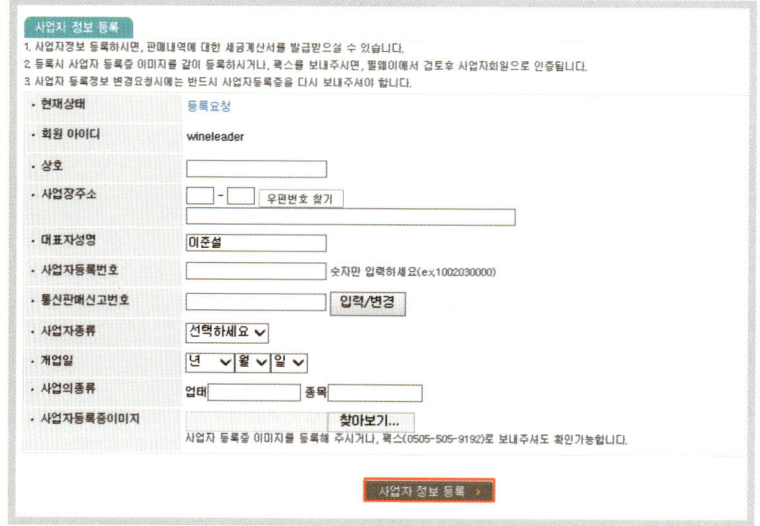

▲ 사업자 정보 등록 페이지

로그인 후 '마이페이지 관리하기'에서 '사업자정보 등록/수정'을 클릭하면 사업자 정보를 입력하는 페이지가 뜹니다. 각 항목에 기입한 후 [사업자 정보 등록]을 클릭하여 등록을 완료하면 3~4일 이내로 심사가 완료되고, 사업자로서 판매할 수 있습니다.

2 고정 인사말 만들기

가입했으면 판매자를 소개하는 인사말을 만들어야 합니다. 모든 상품에는 제품 상세페이지 하단에 판매자에 관한 정보가 반드시 들어가기 때문입니다.

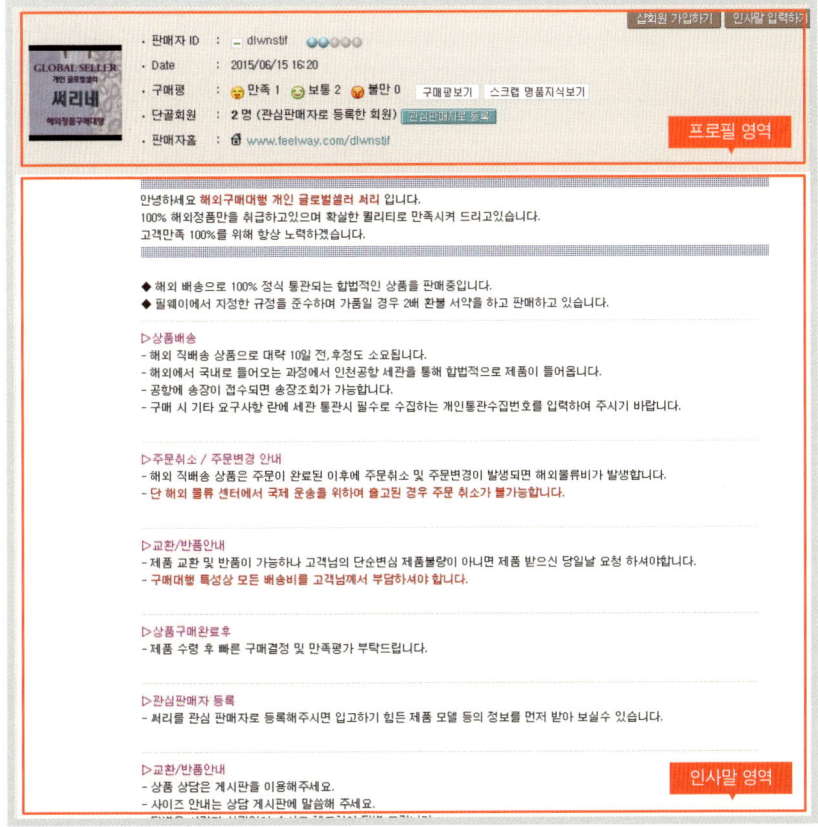

▲ 판매자 프로필 및 인사말 예시

프로필과 고정 인사말이 뜨는데, 고정 인사말에는 기본 소개를 비롯하여 배송, 주문취소 및 변경, 교환/반품에 관한 내용을 넣어줍니다.

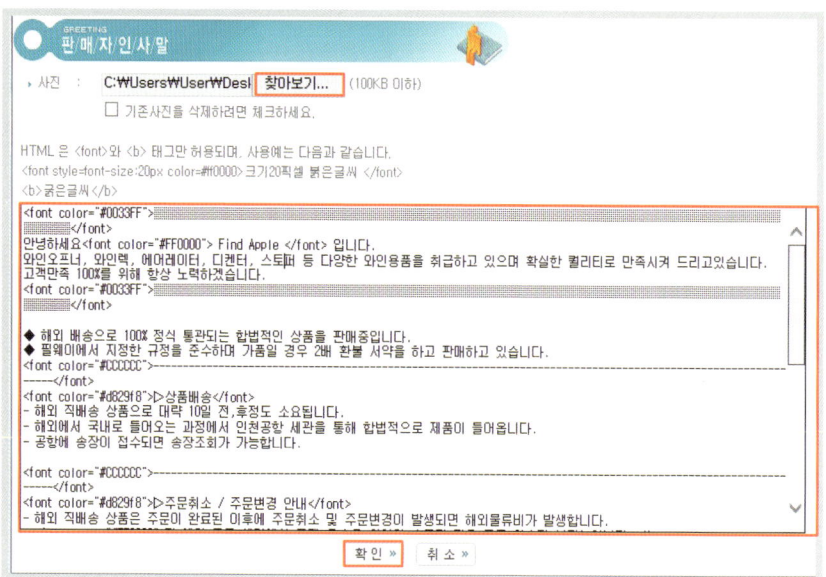

▲ 필웨이 인사말 입력 페이지

인사말을 입력하기 위해 '마이페이지 관리하기'의 '인사말 입력/수정'에 들어가면 새로운 입력 창이 열립니다. 판매자 프로필에 들어갈 대표 이미지를 JPG 파일로 만들어 첨부하고, HTML로 인사말을 작성한 후 [확인]을 누릅니다. 줄 바꿈 작업을 조금만 해주면 보기 좋은 인사말이 완성됩니다. 처음부터 100% 만족할 만한 인사말을 작성하기는 힘듭니다. 필웨이 내 판매 건수가 많은 인기 판매자의 인사말을 벤치마킹하는 것도 좋은 방법입니다.

 TIP

구매대행 판매자 인사말에 반드시 명시되어야 할 내용
· 구매대행의 특성상 평균 배송일이 열흘 정도 걸릴 수 있다.
· 개인통관고유번호를 기타 요구사항란에 결제 전에 입력해야 한다.
· 미국 내 배송을 거쳐 국내 공항에 들어온 후에 국내 송장번호가 나온다.

HTML 쉽게 변환하기

네이버에 로그인한 후 내 블로그에 들어가서 포스트 쓰기를 누르면 다음과 같이 글쓰기 창이 뜹니다.

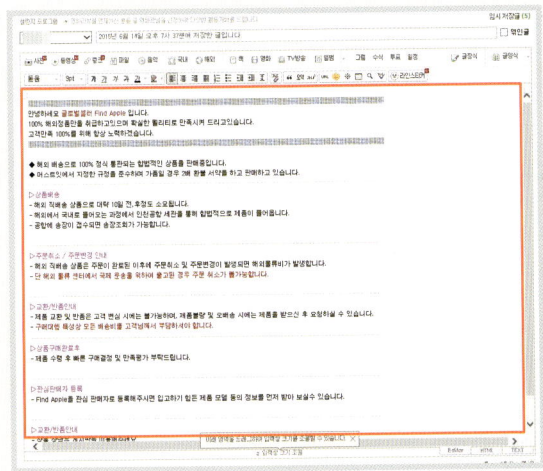

HTML에 구애받지 않고 인사말을 작성합니다.

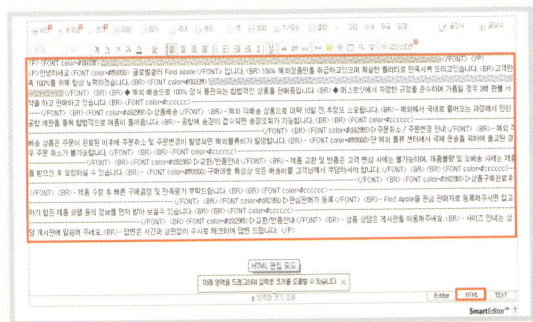

작성이 끝나고 우측 하단의 [Editor]를 [HTML]로 바꾸면 그림과 같이 기존의 글이 HTML로 전환됩니다. 전체를 복사한 후 필웨이 인사말에 붙여넣기하여 등록합니다.

04 오픈마켓에 진입하라

3 상품 등록하기

팔릴 만한 아이템을 선정했다면 상품 등록을 해야 합니다.

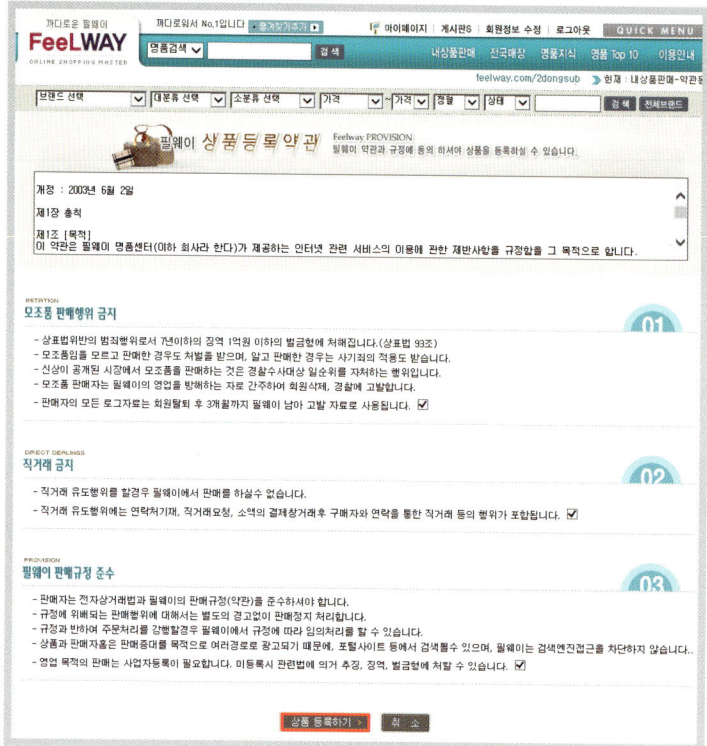

▲ 필웨이 상품 등록하기

필웨이 메인 카테고리의 '내상품판매'를 누르면 뜨는 페이지입니다. 모조품 판매 금지, 직거래 금지, 필웨이 판매 규정 준수 등 세 가지 약관에 체크한 후, 하단의 [상품 등록하기]를 클릭합니다.

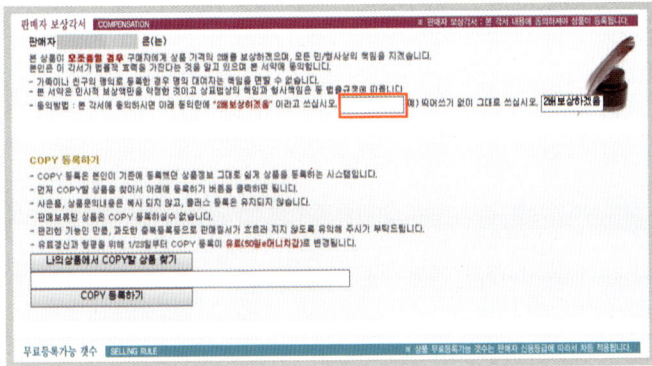

▲ 판매자 보상각서 입력

필웨이에서 엄격히 제한하는 모조품 판매자 보상각서입니다. 공란에 '2배 보상하겠음'을 그대로 작성합니다. 하단에 상품정보를 입력합니다.

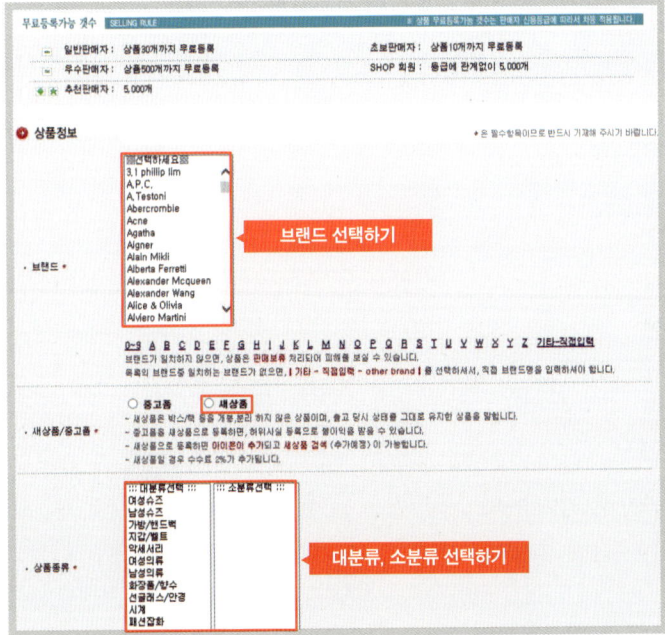

▲ 상품정보 입력하기

선정한 아이템에 맞는 제품 브랜드, 새 상품 여부, 상품 종류를 차례대로 선택합니다.

> **TIP**
>
> 처음 가입한 초보 판매자는 10개까지 무료로 상품을 등록할 수 있고 10개를 넘어서면 상품을 등록할 때마다 2000원의 등록 수수료가 부과됩니다. 판매량에 따라 신용등급은 일반, 우수, 추천 판매자로 전환되고, 그에 따라 무료 상품 등록 개수가 늘어납니다.

▲ 상품 상세정보 등록하기

상품명 및 검색어 추가, 원산지, 사이즈, 기타 상세정보를 입력합니다.

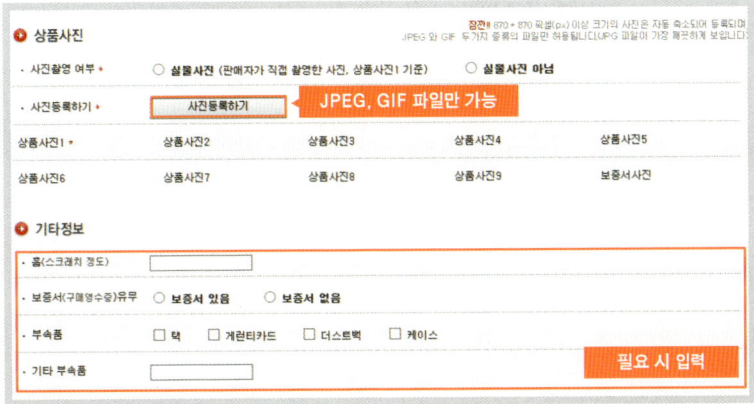

▲ 상품사진 등록하기

해외 쇼핑몰 제품 상세페이지에서 캡처한 상품 사진을 등록합니다. 이미지는 JPEG, GIF만 허용되며 870×870픽셀을 넘어가면 자동으로 축소됩니다.

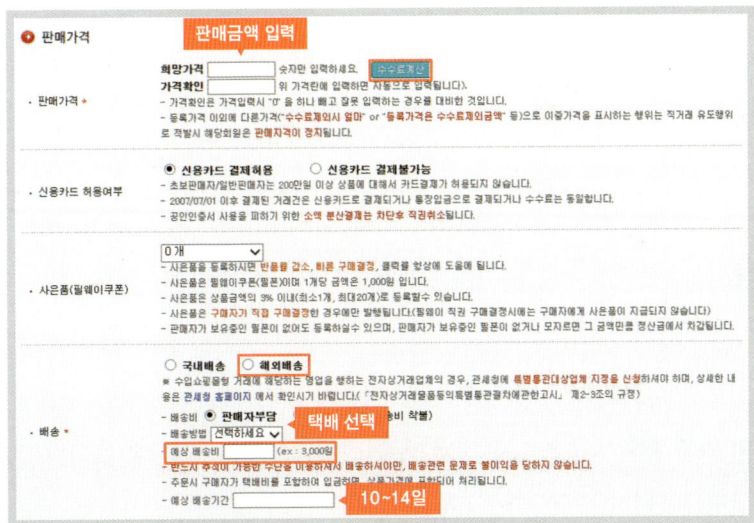

▲ 상품 판매가격 및 배송옵션 입력하기

3장 구입 원가 및 판매가 책정에서 살펴본 계산법을 토대로 판매금액을 설정합니다. 구매대행으로 상품을 판매할 때 필웨이에 지불하는 판매수수료는 9.9%입니다. 구입 원가를 토대로 수수료를 고려한 마진율을 책정한 후, 적정 판매금액을 입력합니다. 신용카드는 허용으로 설정하고, 배송 옵션은 해외배송으로 합니다. 국제배송비를 구입 원가에 포함시켰다면 배송비는 판매자 부담으로 하고, 배송방법은 택배로 합니다. 예상 배송 기간은 10~14일 정도로 설정합니다.

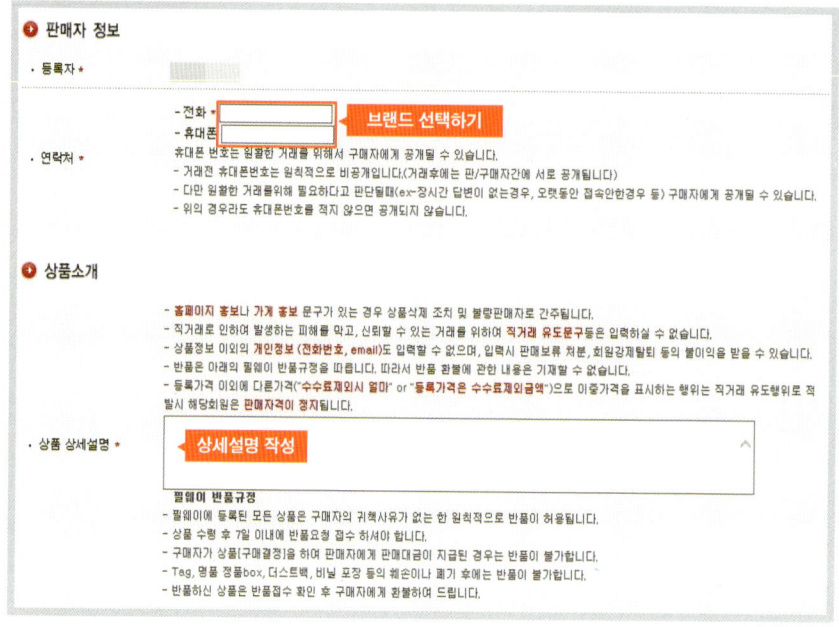

▲ 판매자 정보 및 상품소개 입력하기

판매자 정보란에 고객과 소통할 수 있는 연락처를 기재합니다. 상품 상세설명은 해외 쇼핑몰에 영문으로 설명된 제품 상세페이지의 내용 중 핵심만 항목별로 설명해줍니다.

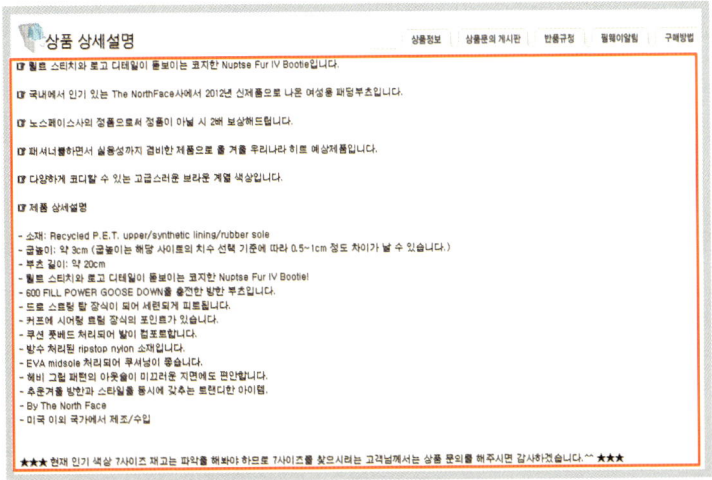

▲ 상품 상세설명 입력 예시

등록한 제품 이미지에 걸맞게 상세설명을 작성하되, 딱딱한 문구보다는 고객에게 신뢰감을 줄 수 있는 친절한 어투로 상세하게 설명을 넣어주면 판매율이 올라갈 수 있습니다.

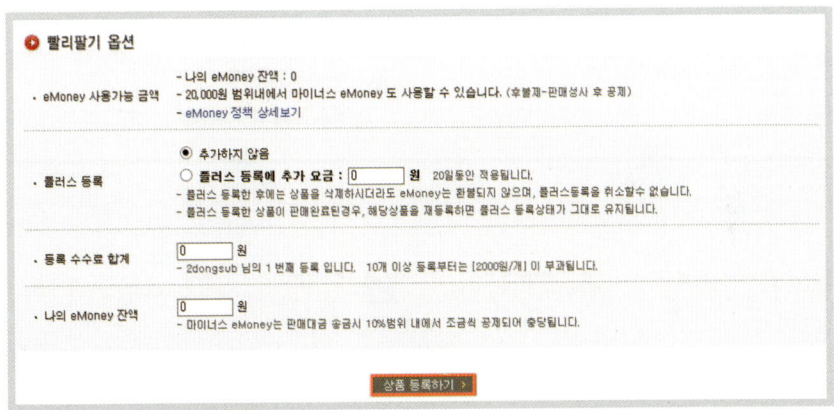

▲ 상품등록 완료

[상품 등록하기]를 누르면 제품 등록 과정이 완료됩니다.

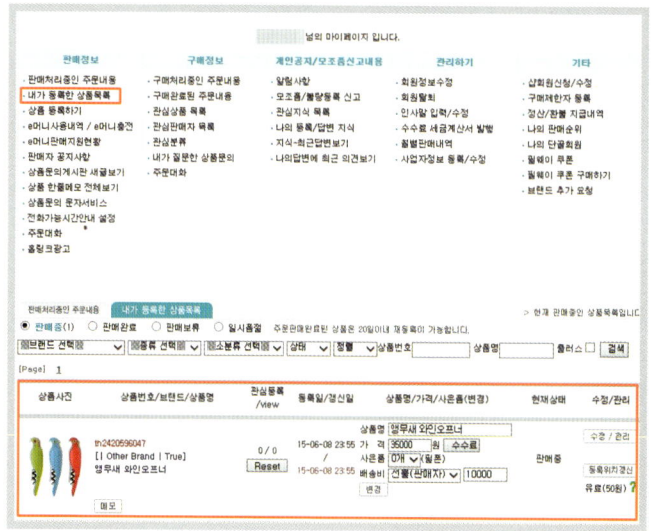

▲ 등록한 상품 확인하기

'마이페이지 판매정보'에서 '내가 등록한 상품목록'을 클릭하면 상품이 잘 등록되었는지 쉽게 파악할 수 있습니다.

▲ 상품 관리 페이지

상품 단위로 [수정/관리]를 누르면 상품정보 수정 및 판매 완료 설정, 등록 위치 갱신, 삭제, 일시품절 등을 관리할 수 있습니다.

 실전강의

상품 제목 선정의 중요성

3장에서 배운 키워드 조회 방법 및 자동검색어 활용 팁을 이용해야 합니다. 필웨이에 등록되는 모든 제품은 네이버 네이버쇼핑에 입점됩니다. 그러므로 많은 이들이 검색하는 키워드를 제목에 넣으면 포털 검색을 통해 상품 페이지로 유입하는 경우가 많아지므로 판매 가능성도 높아집니다. 예를 들어, 해외 쇼핑몰 상품명에 'Nike jordan'이라는 문구가 있다면 국내에서 자주 쓰이는 '나이키 조던'을 제목에 같이 넣어주는 것이 좋습니다. 제목은 길거나 한글명과 영문명을 혼용해도 상관없습니다. 키워드 조회수 및 자동검색어를 통해 자주 검색될 만한 제목을 선정해야 합니다.

제품 정보 입력 팁

가급적 제품의 소재와 색상, 수입사 부분은 아이템에 맞게 별도로 입력해주는 것이 좋습니다. 그러나 취급 시 주의 사항, 품질보증 기준, 중량/용량, 제품 사양, 제조연월/사용 기한, 사용 방법, 주요 성분, 심사필 유무, 주요 사양, 보증서 제공 여부 등은 아이템에 따라 입력하기가 모호할 수도 있습니다. 그러므로 아이템과 관련이 없거나 모르는 부분은 '상세페이지 설명 참조'라고 입력한 후, 상품 설명란에 제품의 핵심 사항을 입력해주는 방식으로 설명하는 편이 좋습니다.

손쉬운 해외 쇼핑몰 이미지 캡처 방법

익스플로러를 이용한다면 알툴바를 설치하여 쉽게 캡처할 수 있습니다.

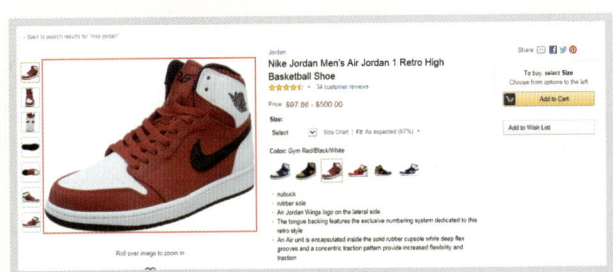

▲ 알툴바로 해외 쇼핑몰 이미지 캡처하기

Alt+1 단위 영역 지정, Alt+3 직접 지정 기능을 활용하면 단시간에 원하는 이미지를 캡처할 수 있습니다.

색상 및 사이즈 옵션이 필요한 제품의 경우

필웨이는 상품 등록 시 색상, 사이즈 옵션을 설정하는 기능이 없습니다. 구매자가 결제하기 전에 '기타 요구사항'에 색상과 사이즈를 별도로 기재해야 합니다.

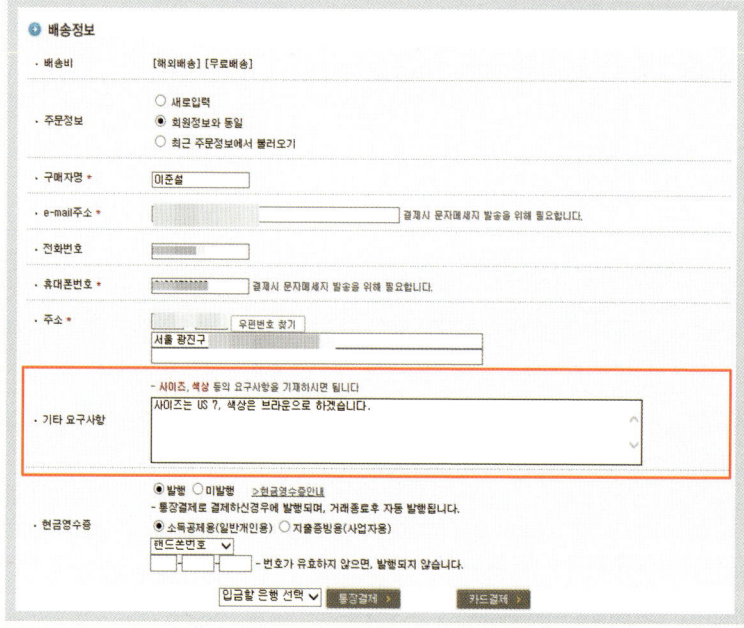

▲ 색상, 사이즈 옵션 등록 예시

아이템에 따라 색상, 컬러 옵션이 있다면 상세설명에 옵션별 재고 현황을 언급하는 것이 좋습니다.

4 주문 처리 및 발송

판매가 이루어지면 곧바로 필웨이에서 고객 주문건을 알리는 문자와 이메일이 도착하고, 메인 페이지에서도 알림 메시지가 뜹니다.

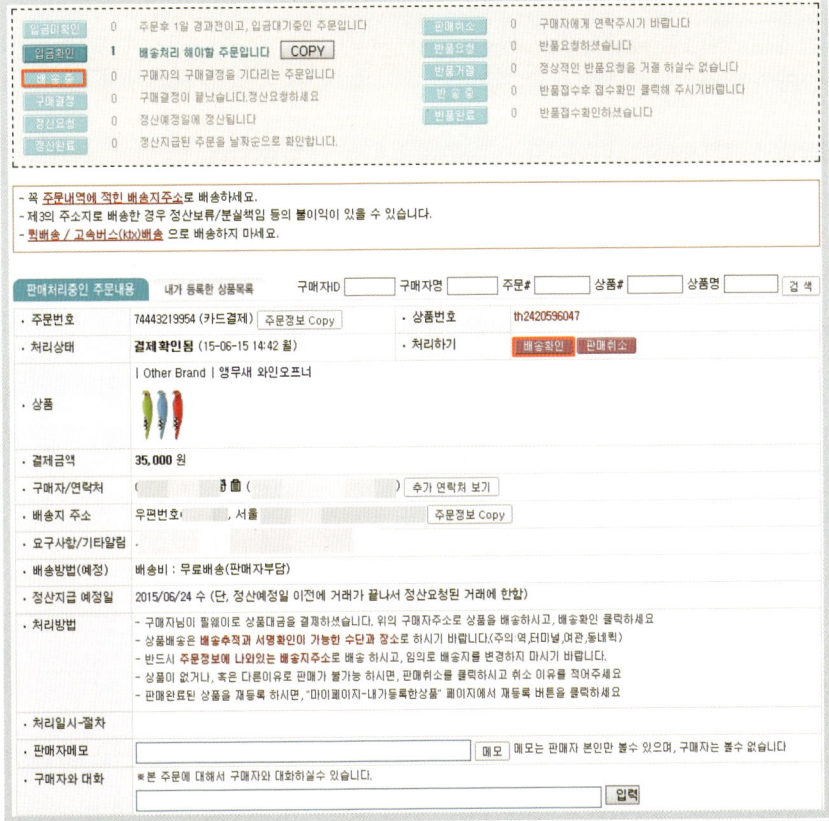

▲ 판매처리중인 주문 내용 확인

'마이페이지 판매정보'의 '판매처리 중인 주문내용'을 클릭하면 입금 확인이 된 상품 및 고객 정보가 뜹니다. 결제된 상품을 직구를 통해 구매한 후, 배송대행지 배송 신청서에 고객 정보를 입력합니다. [배송확인]을 클릭합니다.

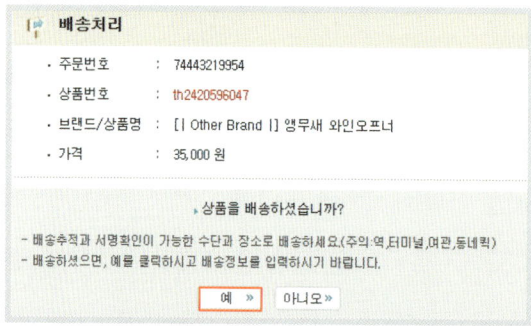

▲ 배송처리 팝업창

'상품을 배송하셨습니까?'라는 질문에 [예]를 클릭합니다.

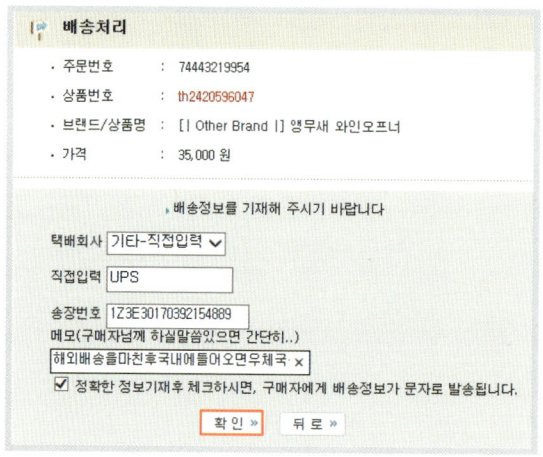

▲ 배송처리 팝업창

배송처리 페이지입니다. 해당 상품은 현재 미국 내에서 배송 중이므로 택배회사를 기타로 처리한 후 미국 택배회사와 미국 내 송장번호를 입력합니다. 메모란에는 국내 공항에 들어온 이후 국내 택배 송장번호로 변경될 예정이라는 메시지를 남겨주면 고객이 안심할 것입니다. [확인]을 누르면 주문 및 발송 처리는 완료되며, 배송대행지 도착 후 국내 송장번호가 나오면 그때 송장을 수정하여 입력하면 됩니다.

 실전강의

고객이 인사말에 명시한 개인통관고유번호를 입력하지 않았을 경우

2015년 3월부터 의무화된 개인통관고유번호를 모르는 구매자들이 많습니다. 예전과 달리 현재에는 관부가세 부과 여부 및 금액, 품목과 무관하게 개인통관고유번호는 의무적으로 기입해야 합니다. 그러므로 누락이 되었을 경우 고객에게 별도의 문자나 쪽지를 전송해서라도 개인통관고유번호 정보를 받도록 합니다.

고객이 결제한 아이템이 해외 쇼핑몰에서 품절인 경우

'배송확인' 우측의 '판매취소'를 눌러서 해외 쇼핑몰 품절이라는 사유를 입력한 후 고객에게 유선으로 연락하여 처리하면 됩니다.

5 정산

필웨이는 구매자가 오전 10시 이전에 결제하면 당일 오후 5~6시 안에 자동으로 정산됩니다.

> 예 1) 2015년 3월 3일 09:30에 정산/환불 요청, 2015년 3월 3일 오후에 지급
> 예 2) 2015년 3월 3일 10:30에 정산/환불 요청, 2015년 3월 4일 오후에 지급

단, 신용카드로 구매한 고객은 결제일로부터 9일이 지나야 지급됩니다. 대부분 고객들은 신용카드로 결제하기 때문에 판매 후 정산 주기는 대략 10일 정도로 예상하면 됩니다.

▲ 주문 처리 절차 확인

정산 과정은 '판매처리중인 주문내용'의 '처리일시-절차'에서 주문건별로 확인이 가능합니다. 고객에게 제품이 도착한 후 고객의 구매결정이 늦어질 때는 '판매중인 주문 처리하기'의 '구매결정 지연시-필웨이에 요청하기'를 누르면 빨리 정산받을 수 있습니다.

▲ 완료된 정산내역 확인

정산이 완료된 내역은 '마이페이지 기타'의 '정산/환급 지불내역'을 누르면 지급일에 따른 주문건별로 확인할 수 있습니다.

▲ 월별 판매내역 확인

'마이페이지 관리하기'의 '월별판매내역'을 누르면 판매 내역을 1달 기준으로 한눈에 파악할 수 있습니다.

6 반품 및 환불 규정

필웨이의 규정상 제품에 하자가 있거나 등록한 내용과 다른 물건을 배송하는 등 판매자에게 귀책사유가 있는 경우, 판매자가 반품 경비를 부담해야 합니다. 그러나 구매자가 변심하여 반품하는 경우, 구매자가 배송/반품에 대한 경비를 부담하게 되어 있습니다. 반품에 따른 경비는 구매자가 판매자에게 물건을 돌려보낼 때 함께 넣어 보냅니다. 반품은 상품 수령 후 7일 이내라면 가능하며, 태그, 비닐 포장, 정품 박스, 더스트백 등이 훼손되거나 폐기되었다면 반품이 불가능합니다.

판매자가 반품을 접수하면 구매자에게 환불 요청 버튼이 생성되고, 이를 클릭하면 근무일 기준으로 익일이나 2일 후(근무일 기준) 자동으로 환불 처리됩니다.

 실전강의

필웨이 반품 및 환불 처리

반품은 '전자상거래에 의한 소비자 보호에 관한 법률'과 필웨이 규정에 의거하여 판매자가 특별한 사유 없이 반품을 거부할 수 없습니다.

반품 기간 및 반품비(전자상거래법 제17조 및 필웨이 규정)

단순 변심인 경우: 물품 수령 후 7일 이내에 반품 가능, 반품비는 구매자 부담

광고 내용과 상이하거나 물품 하자인 경우: 물품 수령 후 3개월 이내, 또는 그 사실을 알거나 알 수 있었던 날로부터 30일 이내에 반품 가능, 반품비는 판매자 부담(단, 물품 하자 여부는 판매자가 입증해야 함)

반품이 불가능한 경우

다음과 같은 경우, 판매자가 승인하지 않은 단순 변심이라면 반품이 불가합니다.

- 소비자의 책임 있는 사유로 물품이 훼손된 경우(판매자가 입증)
- 시간 경과에 의해 재판매가 곤란할 정도로 물품 가치가 현저히 감소한 경우
- 복제가 가능한 물품의 포장이 훼손된 경우에는 판매자의 의사에 반하여 환불 처리 불가(음반 및 CD 등)

02 머스트잇 공략하기

머스트잇 www.mustit.co.kr 은 필웨이에 이어 생긴 또 다른 해외 브랜드 전문 오픈마켓입니다. 명품 말고도 다양한 해외 아이템을 취급하고, 업계 최저 판매수수료를 제공하며, 사이트 디자인과 구성이 깔끔하다는 장점이 있습니다. 마켓 내 모든 상품이 네이버쇼핑에 자동 입점되어 판매율이 비교적 높은 편이며, 상품 판매 처리 절차와 고객과의 소통 시스템이 잘 갖춰져 있습니다. 머스트잇은 여러모로 신규 및 초보 판매자들이 이용하기 편하므로, 처음으로 구매대행 아이템을 판매하기에는 최적의 마켓이라고 볼 수 있습니다.

1 가입 및 인사말 만들기

머스트잇 메인의 우측 상단에 있는 '회원가입'을 누르면 구매이용, 판매이용, 개인정보취급방침 약관이 뜹니다.

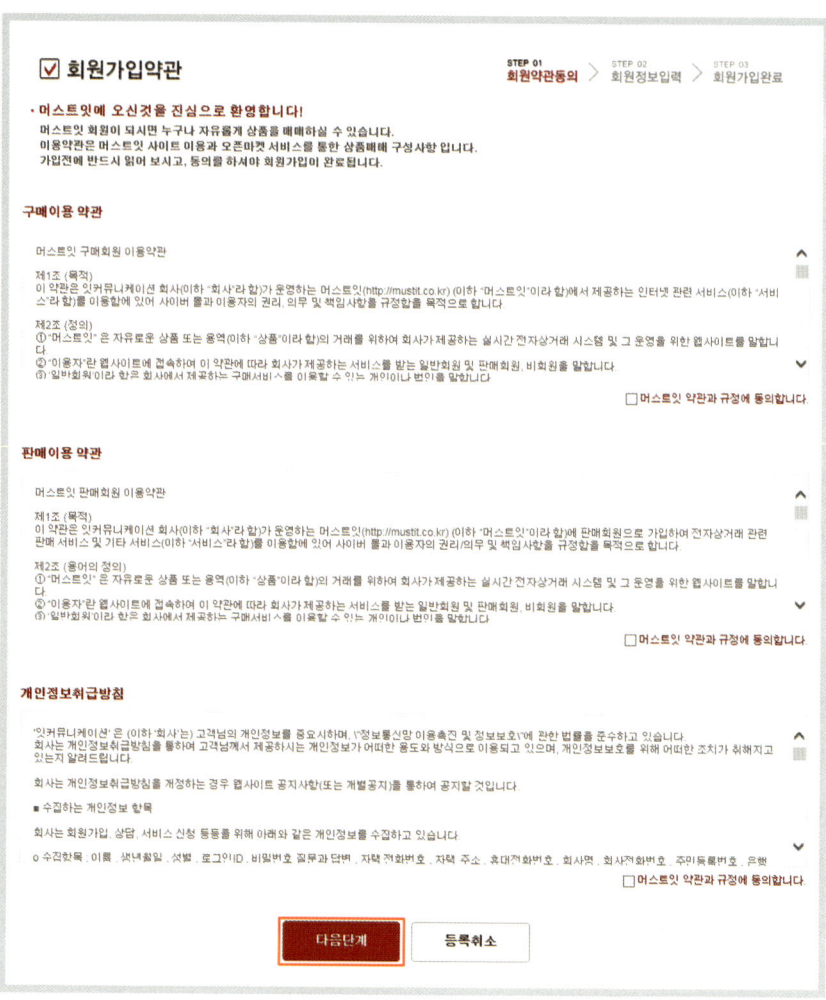

▲ 머스트잇 회원가입 이용약관

모두 읽어본 후 동의에 체크한 다음, 하단의 [다음단계]를 클릭합니다.

▲ 회원정보 입력 페이지

개인정보와 계좌정보를 입력한 후, [회원등록]을 클릭하면 개인 구매 회원으로 가입됩니다.

▲ 셀러 인증하기

04 오픈마켓에 진입하라 175

판매자로 가입하려면 '마이페이지 셀러관리'에 있는 '셀러인증'을 클릭합니다.

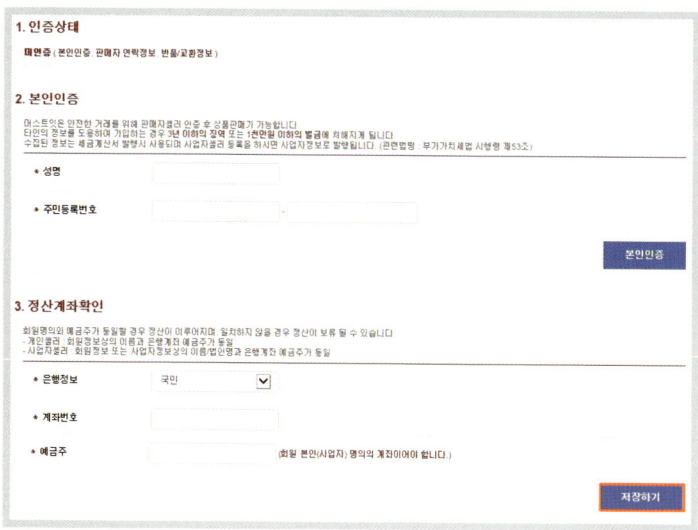

▲ 본인 인증 및 정산계좌 확인

이름과 주민번호를 입력하여 본인인증 절차를 완료합니다. 그리고 정산받을 본인의 계좌 정보를 입력한 후 [저장하기]를 누르면 셀러로 인증됩니다.

▲ 판매자 연락정보 입력하기

전화번호, 연락가능시간, 실제 거주하는 지역을 입력합니다. 기타 안내란에는 해외구매대행 셀러를 소개하는 간단한 멘트를 넣어주고, 이미지에는 자체 로고 혹은 회사 및 회원 사진 등을 첨부한 후 [저장하기]를 클릭합니다.

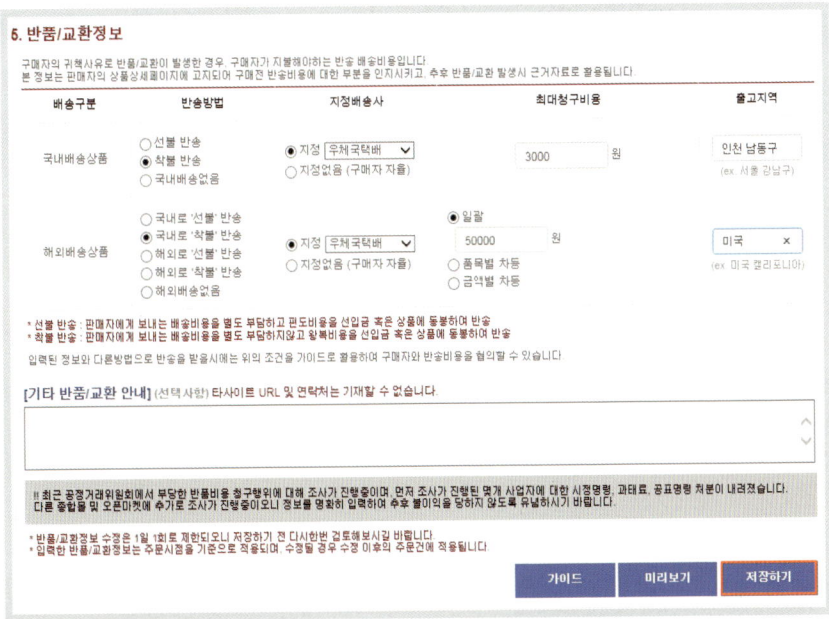

▲ 반품 및 교환 정보 입력하기

반품 및 교환 정보를 입력하는 페이지입니다. 국내배송 및 해외배송 상품에 따른 반송 방법, 지정 배송사, 최대 청구 비용, 출고 지역 등을 입력한 후 '저장하기'를 누릅니다.

 TIP

지정 배송사는 선택한 배송대행업체와 연계된 국내 택배사를 선택하면 됩니다.

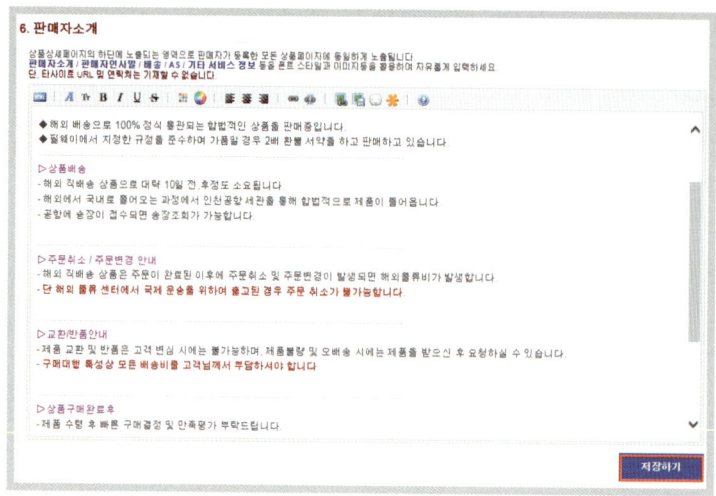

▲ 판매자 소개 인사말 등록하기

판매자를 소개하는 인사말 페이지입니다. 필웨이와 같이 HTML로 인사말을 입력할 필요가 없으므로 보이는 그대로 편하게 작성합니다. [저장하기]를 누르면 개인 판매자로 가입됩니다.

실전강의

사업자 회원 등록하기

개인 판매자에서 사업자 판매자로 전환하는 절차는 간단합니다.

▲ 사업자 회원 등록 누르기

'마이페이지 > 셀러관리 > 사업자셀러등록'을 클릭합니다.

▲ 사업자 등록정보 입력하기

사업자등록번호, 대표자명, 회사명, 업태, 종목, 사업장 주소를 입력하고 사업자등록증의 이미지 파일을 첨부한 다음에 [확인]을 누르면 2~3일간의 심사를 거친 후 사업자 회원으로 가입됩니다.

2 상품 등록하기

회원가입 후 판매자 인사말까지 등록했다면 상품을 등록해보도록 합시다.

▲ 상품 등록하기

머스트잇 메인 페이지의 우측 상단에 있는 '판매하기 > 상품등록'을 클릭합니다.

04 오픈마켓에 진입하라 179

▲ 상품등록약관 페이지

상품등록약관과 판매자 보상각서의 내용을 확인하고 [다음단계]를 클릭하면 상품등록 페이지로 넘어갑니다.

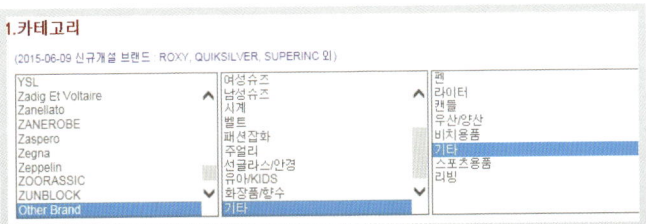

◀ 상품카테고리 선택하기

해당 제품에 맞는 브랜드, 대분류, 소분류를 선택합니다. 찾는 브랜드와 카테고리가 없다면 Other Brand, '기타'를 선택합니다.

▲ 상품기본정보 입력하기

상품의 기본 정보를 입력합니다. 키워드를 고려한 상품명, 원산지, 색상 및 사이즈 옵션, 판매 수량과 가격, 단골회원 할인 금액, 배송 정보 등을 차례대로 기입합니다.

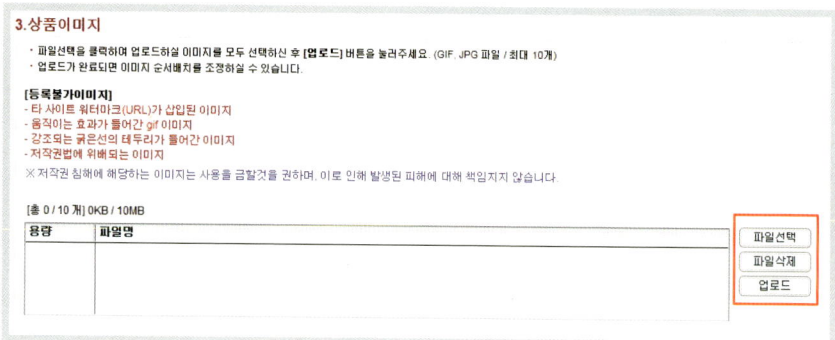
▲ 상품 이미지 등록하기

해외 쇼핑몰에서 캡처한 상품 이미지를 GIF, JPG 파일로 업로드합니다.

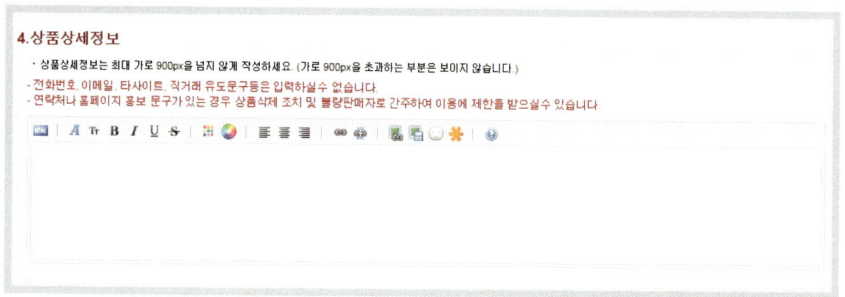
▲ 상품 상세정보 입력하기

상품상세정보 입력 페이지입니다. 해외 쇼핑몰 제품 상세페이지의 내용을 번역하여 항목별로 보기 좋게 입력합니다. 앞서 업로드한 이미지를 첨부해도 좋습니다.

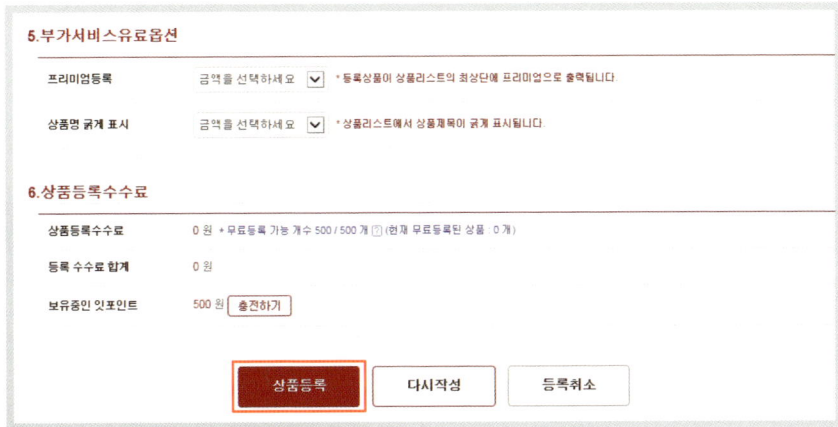

▲ 상품등록 완료

[상품등록]을 클릭하면 등록이 끝납니다.

단골 할인 금액 설정

머스트잇에서는 판매자 정보에 단골회원수를 명시합니다.

▲ 단골회원 확보하기

고객은 상품을 구매할 때 단골회원수가 많은 판매자를 신뢰하는 경향이 있으므로, 잘 팔리는 아이템을 선별하여 단골회원수를 확보한 후 단골할인을 넣어주면 판매가 늘어날 수 있습니다.

3 주문 처리 및 발송

고객이 나의 상품을 결제하면 이메일과 문자가 도착하고, 머스트잇 홈페이지에서 주문을 알리는 메시지가 뜹니다.

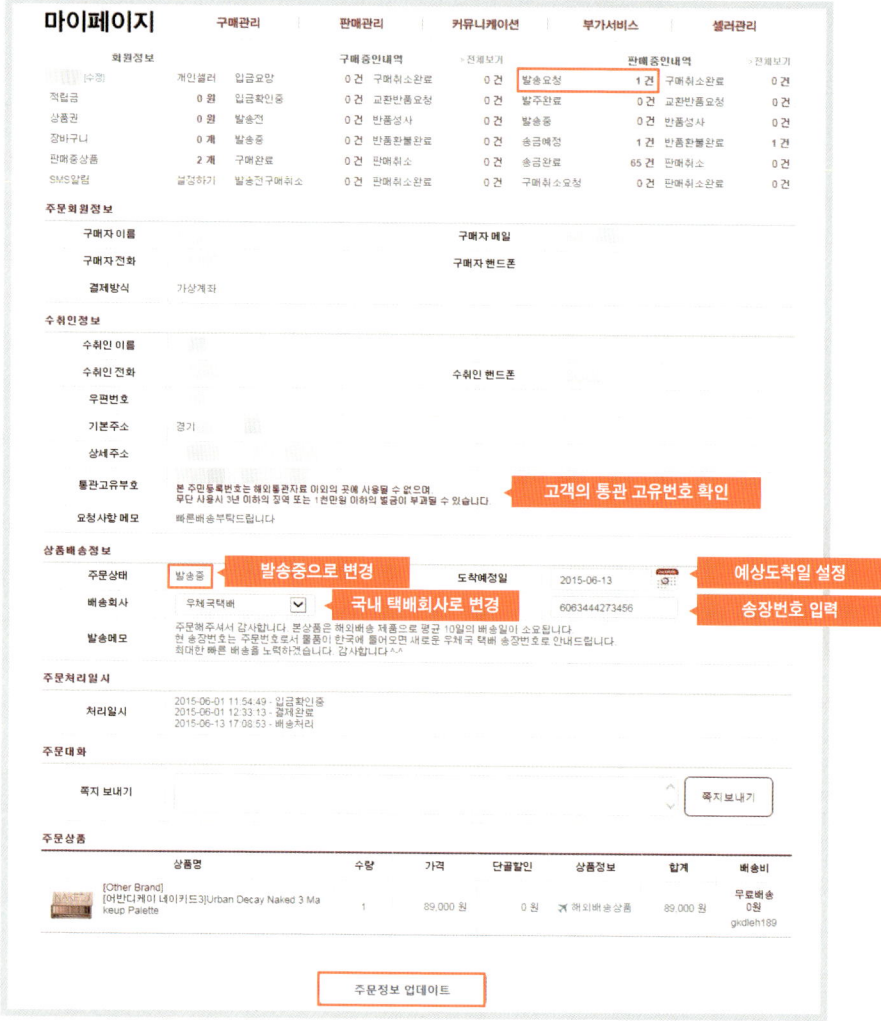

▲ 발송요청 건 확인하기

'마이페이지 판매중인 내역'의 '발송요청'에 주문 건수가 표기되는데, 이를 클릭하면 그림과 같은 주문 창이 뜹니다. 먼저 구매자와 수취인을 확인하고, 곧바로 해당 아이템을 직구로 구매하여 고객의 주소 및 정보로 배송대행지 배송 신청서를 작성합니다. '상품배송정보'의 '주문상태'를 '발송중'으로 변경한 후 도착예정일, 배송회사, 송장번호 등을 입력합니다. '발송메모'에는 평균 배송일을 밝혀주면 좋습니다. 하단의 [주문정보 업데이트]를 클릭하면 주문 발송 처리는 끝납니다.

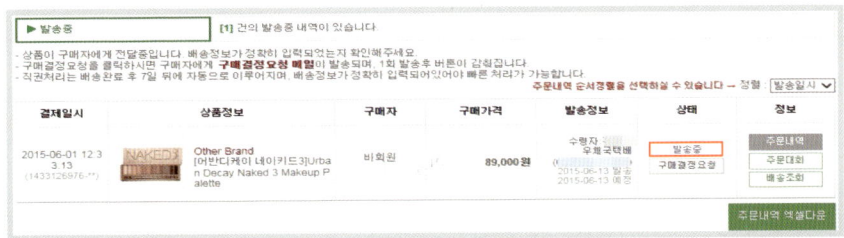

▲ 주문 처리 후 발송중 확인

주문 및 발송 처리를 완료한 후 해당 주문건을 조회하면 '발송중'으로 상태가 변경됩니다. 우측의 '정보' 아래에 있는 [배송조회]를 통해 고객에게 제품이 도착했는지 파악할 수 있습니다.

 TIP

고객의 개인통관고유번호 정보

머스트잇은 주문 과정에서 개인통관고유번호를 고객 스스로 입력할 수 있도록 되어 있습니다. 따라서 판매자가 고객에게 별도로 개인통관고유번호를 요청할 필요가 없습니다. 간혹 주문한 회원과 수취인이 다른 경우가 있습니다. 이때 개인통관고유번호는 주문자가 아닌 수취인의 것이 필요합니다. 그러므로 배송 신청서 작성 시 수취인 정보를 넣어야 합니다.

4 정산

배송조회를 통해 고객에게 제품이 도착하였다는 사실을 파악한 이후부터 판매자는 정산을 받을 수 있는 권리가 생기게 됩니다.

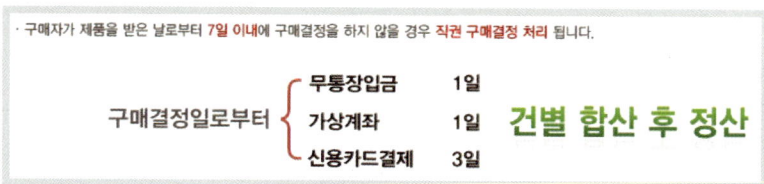

▲ 머스트잇 정산 주기

머스트잇 정산 주기는 고객이 신용카드로 결제했을 경우 구매결정일로부터 3일이 걸리고, 무통장 입금 및 가상계좌로 결제하면 하루 만에 처리됩니다.

▲ 구매결정 요청하기

배송 정보가 정확히 입력되었다면 고객에게 배송 완료 후 '마이페이지 판매중인내역'의 '발송중'건이 '발주완료'로 바뀌고, 고객이 물품을 수령한 후 자발적으로 구매결정을 누르지 않을 때 [구매결정요청]을 누르면 고객에게 메시지가 전달됩니다. 고객이 제품을 받고 7일 이내에 구매결정을 하지 않으면 7일 이후에 자동으로 구매결정으로 처리됩니다.

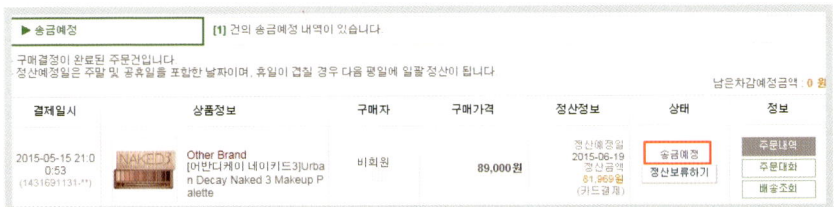

▲ 구매결정 완료 후 송금예정 확인

구매결정이 완료되면 '마이페이지 판매중인내역'에서 '송금예정'으로 바뀌고, 정산 예정일을 파악할 수 있습니다.

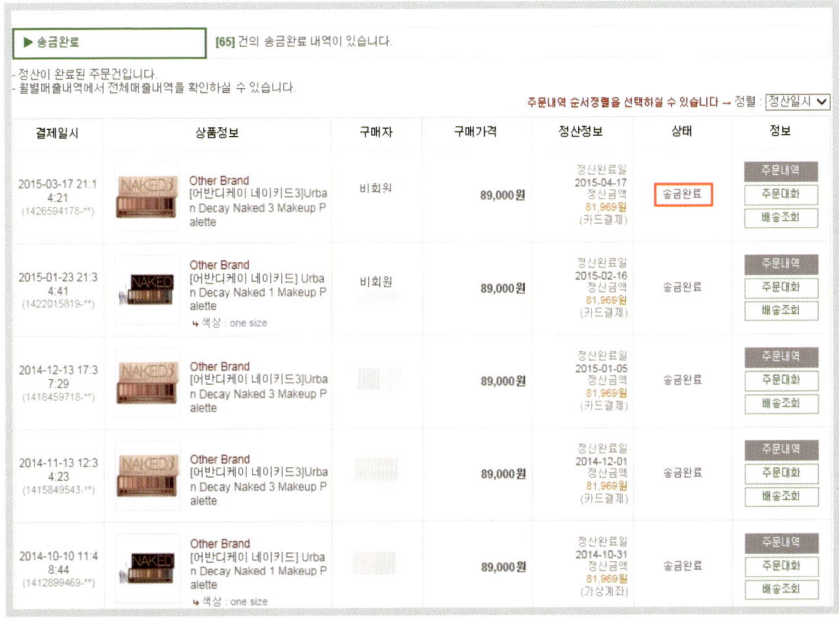

▲ 송금완료 내역 확인하기

머스트잇으로부터 정산이 완료되면 '마이페이지 판매중인내역'에서 '송금완료'를 눌러서 주문건별로 정산된 내역과 금액을 확인할 수 있습니다.

04 오픈마켓에 진입하라 187

5 기타 관리

주문에서 정산까지의 과정 외 고객의 요청 혹은 판매자의 사정에 따라 부가적으로 처리해야 할 기타관리 사항들도 알아두어야 합니다.

구매 취소

상품을 올리고 판매를 진행하다 보면 고객이 결제 후 단순 변심으로 인해 구매 취소를 요청하는 경우가 있습니다.

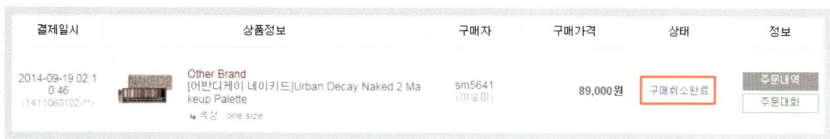

▲ 구매취소완료 예시

다행히 판매자가 해외 쇼핑몰 결제 및 발송 전이라면 '마이페이지 판매중인 내역'의 '구매취소요청'을 클릭하고 '구매취소승인'을 누르면 '구매최소완료'가 됩니다.

교환 및 환불 처리

해외 쇼핑몰에서 구매하여 고객에게 보낸 물품이 오배송, 배송 중 파손 등으로 문제가 생기면 불가피하게 교환 또는 환불해야 할 경우가 있습니다. 발송 후 고객의 변심으로 인한 교환 및 환불은 해외배송비를 구매자가 부담하지만, 잘못된 제품이나 파손 시에는 판매자가 해외배송비를 부담하고 교환 또는 환불해야 합니다.

▲ 반품환불완료 예시

'마이페이지 판매중인내역'의 '교환반품요청'을 클릭하고 '교환반품승인'을 누르면 '반품환불완료'로 표시됩니다. 정산이 예정된 금액은 취소되며, 판매금액은 고객에게 자동으로 환불 처리됩니다.

판매 취소

고객이 주문한 제품이 해외 쇼핑몰에서 품절일 경우 신속히 판매를 취소해야 합니다.

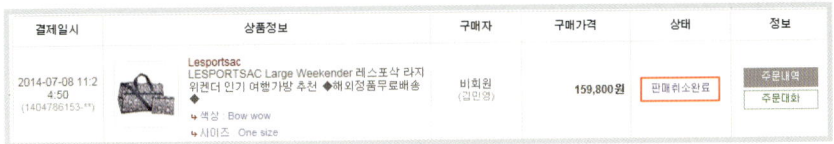

▲ 판매취소완료 예시

우선 고객에게 메시지나 전화를 통해 현지 사정에 따른 품절 상황을 통보합니다. '마이페이지 판매중인내역'의 '판매취소'를 클릭하고 '판매거부'를 누르면 그림과 같이 '판매취소완료'가 됩니다.

03 대형 오픈마켓 공략하기

필웨이와 머스트잇에서 어느 정도 판매했다면 대형 오픈마켓에 진입해도 좋습니다. 3대 오픈마켓으로 불리우는 G마켓, 옥션, 11번가는 이미 국내에 수많은 충성고객을 확보하고 있으며, 중분류 이하 카테고리의 수만 해도 셀 수 없을 정도입니다. 상품 등록과 주문 처리 및 발송 과정도 앞서 살펴본 것과 비슷하기 때문에 아이템만 잘 선정하면 대형 오픈마켓에서도 기대 이상으로 판매할 수 있습니다.

필웨이, 머스트잇의 아이템군이 주로 패션잡화류였다면, 대형 오픈마켓은 아이템군의 제한 없이 판매할 수 있다는 장점이 있습니다. 그로 인해 선정한 아이템이 특수하거나 전문적인 분야라면 대형 오픈마켓은 공략해볼 만한 시장입니다.

1 3대 대형 오픈마켓 현황

직구 열풍과 더불어 구매대행 수요가 늘어남에 따라 오픈마켓에서 활동하는 구매대행 셀러의 활동도 늘어났습니다. 소비자들 역시 배송 기간이 길어도 저렴하거나 국내에 없는 아이템을 검증된 대형 오픈마켓의 구매대행 셀러를 통해 구매하는 것이 보편화되었고, 마켓 내 해외 상품 수 및 판매량도 지속적으로 증가하는 추세입니다.

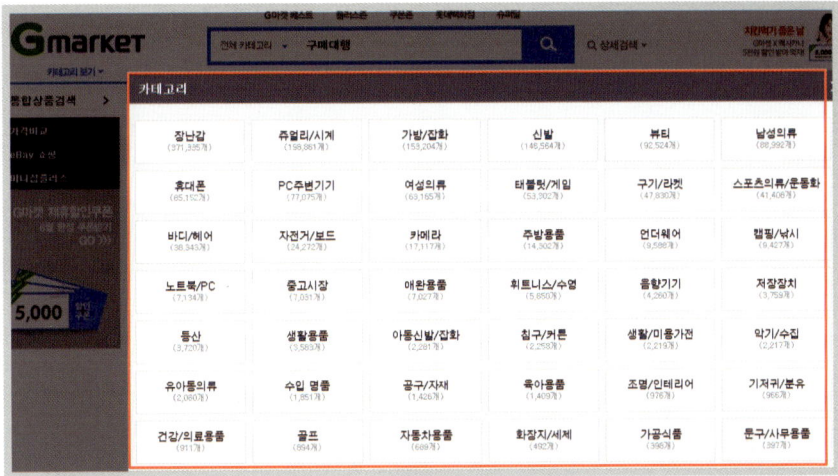

▲ G마켓 구매대행 카테고리

▲ 옥션 구매대행 카테고리

▲ 11번가 구매대행 카테고리

몇 년 전만 해도 패션, 잡화, 명품 등 일부 대분류 카테고리에서만 볼 수 있었던 구매대행 판매 상품이 현재는 중분류, 소분류로 다분화되어 등록되어 있습니다. 앞으로도 판매 상품 수는 계속 증가할 것이며, 그만큼 소비자들의 수요는 물론 구매대행 셀러 간의 경쟁도 늘어날 것으로 예상됩니다.

2 글로벌셀러로 등록하기

각 오픈마켓에서는 해외 상품을 해외배송을 통해 판매하는 '해외직구' 혹은 '해외쇼핑' 카테고리를 별도로 마련하고 있습니다. 소비자들의 입장에서는 해외 상품만 모아놓은 전용 카테고리로 편리하게 이용할 수 있게 되었고, 구매대행 판매자의 입장에서는 판매 활동을 할 수 있는 새로운 장이 열리게 된 셈이지요.

각 오픈마켓에서는 구매대행 판매자를 글로벌셀러라고 부릅니다. 글로벌셀러 판매자가 되려면 국내 판매자가 되는 것과는 조금 다른 절차를 거쳐야 합니다. 등록하기 위한 서류 및 절차는 회사별로 조금씩 다릅니다.

G마켓 글로벌셀러 되기

G마켓의 글로벌셀러가 되려면 기본적으로 사업자여야 합니다. 즉, 사업자등록증을 가지고 있어야 합니다.

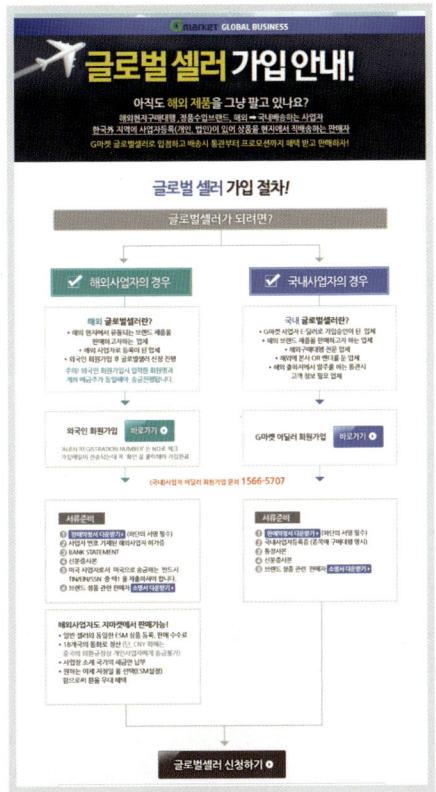

▲G마켓 글로벌셀러 등록 절차

구매대행은 국내 사업자로 등록하면 되는데, 필요한 서류는 G마켓 판매 약정서, 국내 사업자등록증, 통장 사본, 신분증 사본입니다. 브랜드 정품을 판매하는 셀러의 경우, 별도의 소명서를 다운받아 제출해야 합니다. 준비한 서류는 우편으로 보낼 필요 없이 스캔하여 파일로 저장한 후, globalseller@corp.gmarket.co.kr로 글로벌셀러를 신청(아이디/국가/주요 품목)한다는 제목으로 서류 파일을 첨부하여 보내면 됩니다. 메일 발송 후 일주일 내외의 심사 과정을 거치면 사업자 셀러로 등록됩니다.

옥션 글로벌셀러 되기

옥션은 G마켓처럼 개인 셀러로 활동할 수 없으며, 반드시 사업자등록증을 소지해야 합니다.

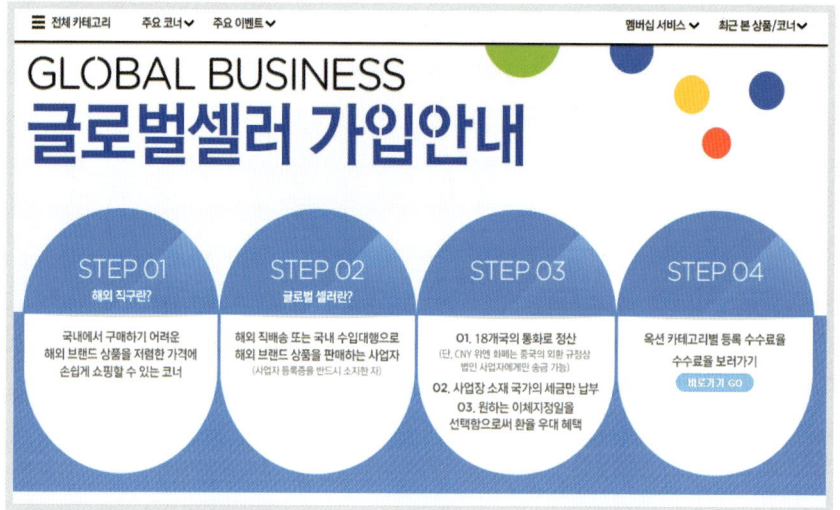

▲옥션 글로벌셀러 등록 절차

필요한 서류는 국내 사업자등록증, 통신판매업 신고증, 신분증 사본, 통장 사본이며, 글로벌셀러 가입 신청 페이지에 스캔 파일을 등록하면 됩니다. 등록 후 심사 과정을 거치면 글로벌셀러로 가입됩니다.

11번가 글로벌셀러 되기

11번가는 G마켓, 옥션과 다르게 사업자등록증 없이 개인도 글로벌셀러가 될 수 있습니다. 개인 셀러와 사업자 셀러의 등록 절차는 아래와 같습니다.

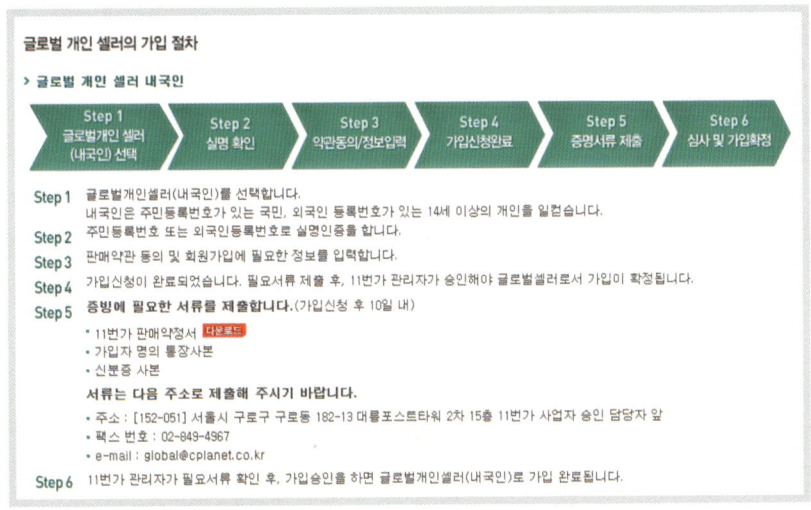

▲ 11번가 글로벌 개인 셀러 등록 절차

글로벌 개인 셀러 가입 페이지에 접속한 후 개인 셀러(내국인) 선택, 실명 확인, 약관 동의 및 정보를 입력하여 웹사이트에서 가입을 신청합니다. 우편으로 11번가 판매 약정서, 가입자 명의 통장 사본, 신분증 사본 등의 증명 서류를 동봉하여 '서울시 구로구 구로동 182-13 대륭포스트타워 2차 15층 11번가 사업자 승인 담당자' 앞으로 보내면 됩니다. 심사 과정을 거치면 글로벌 개인 셀러로 등록됩니다.

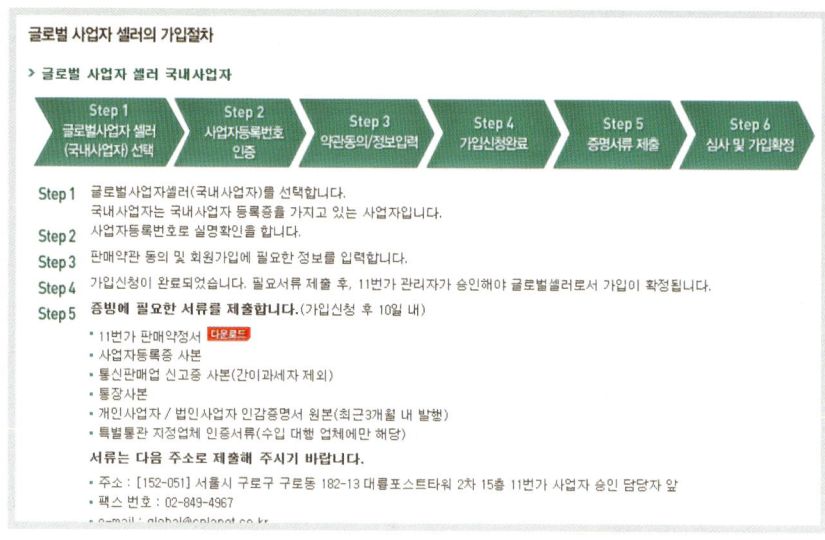

▲ 11번가 글로벌 사업자 셀러 가입 절차

글로벌셀러 가입 페이지에 접속한 후 사업자 선택 및 사업자등록번호 인증, 약관 동의 및 정보 입력을 마치면 가입 신청이 완료되며, 같은 주소로 11번가 판매 약정서, 사업자등록증 사본, 통신판매업 신고증 사본, 통장 사본, 사업자 인감증명서 원본을 비롯하여 특별 통관 지정업체의 경우 인증 서류를 보내면 됩니다.

3 상품 등록 방법

글로벌셀러로 등록이 완료되면 오픈마켓 내 판매자 센터에서 바로 상품을 등록할 수 있습니다. 3대 오픈마켓 중 G마켓과 옥션은 구매자에게는 분리된 오픈마켓의 형태로 보이지만, 이베이와 통합한 후로 판매자 센터를 공동으로 운영하고 있습니다. 이로 인해 판매자의 입장에서는 한 가지 상품을 2군

데 오픈마켓에 동시에 등록할 수 있게 되었습니다. G마켓과 옥션의 해외 상품 카테고리는 다른 오픈마켓에 비해 활성화되어 있으므로 글로벌셀러의 판매율이 높다는 이점이 있습니다. 상품 등록 과정은 앞서 살펴본 필웨이, 머스트잇에 비해 복잡하게 느껴질 수 있습니다. 통합된 옥션, G마켓에서 상품을 등록하는 과정을 알아보도록 하겠습니다.

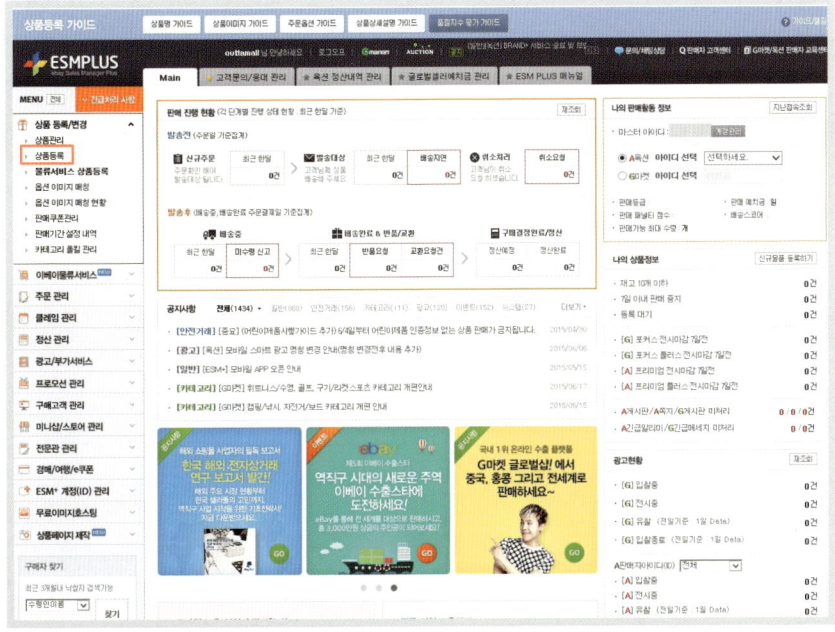

▲ ESM PLUS 메인 상품등록 누르기

글로벌셀러 가입 절차를 마치면, 이베이에서 통합적으로 관리하는 G마켓, 옥션의 판매자 관리 페이지 ESM PLUS www.esmplus.com에 로그인하여 접속할 수 있습니다. 이 페이지에서 상품 관리와 주문 및 클레임, 정산, 광고 서비스 등 판매자가 관리해야 할 모든 서비스를 이용할 수 있으며, 초보 판매자도 쉽게 이용할 수 있게끔 구성되어 있습니다. 오픈마켓에 상품을 등록하기 위해 좌측의 '상품 등록/변경'에 있는 '상품등록'을 클릭합니다.

▲ 상품 기본정보 입력하기

G마켓과 옥션에 모두 상품을 올릴 경우, 등록마켓에서 '두 곳에 등록'을 선택합니다. 카테고리는 G마켓과 옥션의 구성이 다르기 때문에 각각의 대분류, 중분류, 소분류를 선택하면 됩니다. 그리고 키워드를 고려한 상품명을 입

력하고 브랜드와 제조사가 있는 아이템이라면 검색 혹은 직접 입력으로 넣어두면 좋습니다. 필수 영역의 모든 내용을 기입했다면 하단의 [다음단계 펼치기]를 클릭합니다.

▲ 상품 정보 및 이미지 등록

판매기간은 최장 90일로 선택하고, 판매가격은 구입 원가와 수수료를 고려하여 입력합니다. G마켓과 옥션의 판매가를 다르게 설정하려면 우측의 [개별입력]을 누르면 됩니다. 판매수량은 재고가 없는 구매대행의 특성을 고려하여 여유 있게 넣어두고, 색상과 사이즈, 추가 구성품이 있는 아이템이라면 [주문옵션 관리]와 [추가구성 관리]를 눌러 입력하면 됩니다. 상품 이미지는 가로세로 600×600픽셀, 용량 1MB 이하의 JPG, PNG 파일로 첨부합니다.

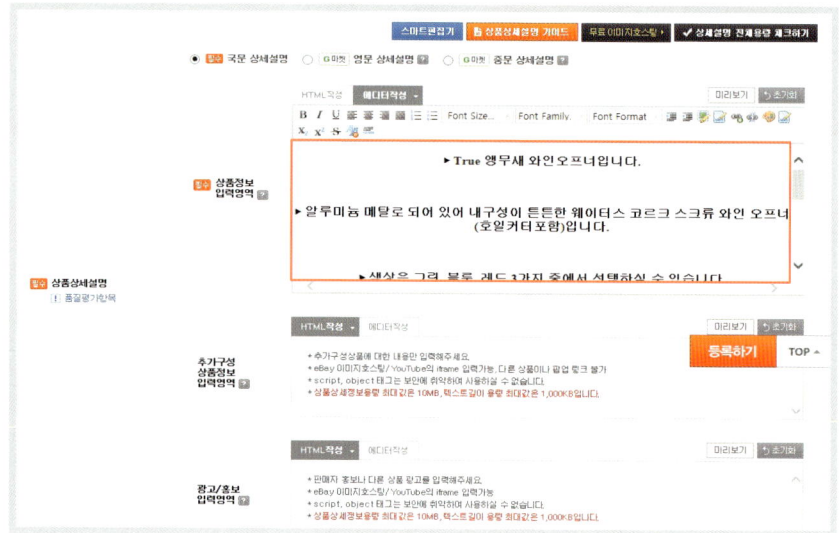

▲ 상품상세설명 입력하기

상품상세설명을 입력하는 단계입니다. 제품의 주요 사항을 텍스트로 입력합니다.

상품상세설명을 이미지로 만들기

상품상세설명 입력란에 보면 텍스트 말고도 이미지를 첨부할 수 있는 기능이 있습니다. 대부분의 대형 오픈마켓 판매자들은 제품 이미지와 설명을 이미지 파일로 만들어 첨부하곤 합니다. 이는 구매자에게 상품과 판매자에 대한 신뢰를 높여주는 효율적인 방법입니다. 하지만 구매대행 아이템을 업로드할 때 모든 아이템의 상세설명을 이미지 파일로 만들어 넣는 것은 비효율적입니다. 그러므로 구매대행의 장점을 살려서 여러 아이템의 판매 추이를 지켜본 다음, 주력 아이템이 정해지면 그때 상세설명을 이미지화해서 올리는 편이 좋습니다.

고정 인사말 입력하기

구매대행 셀러가 명시해야 고정 인사말은 상세설명에 들어갑니다. 기본 내용을 텍스트로 저장해놓은 후 등록할 때마다 붙여넣기를 하는 것도 좋지만, 오픈마켓의 특성상 인사말을 이미지 파일로 만들어놓으면 구매자들에게 신뢰를 줄 수 있습니다.

▲ 구매대행 셀러 인사말 예시

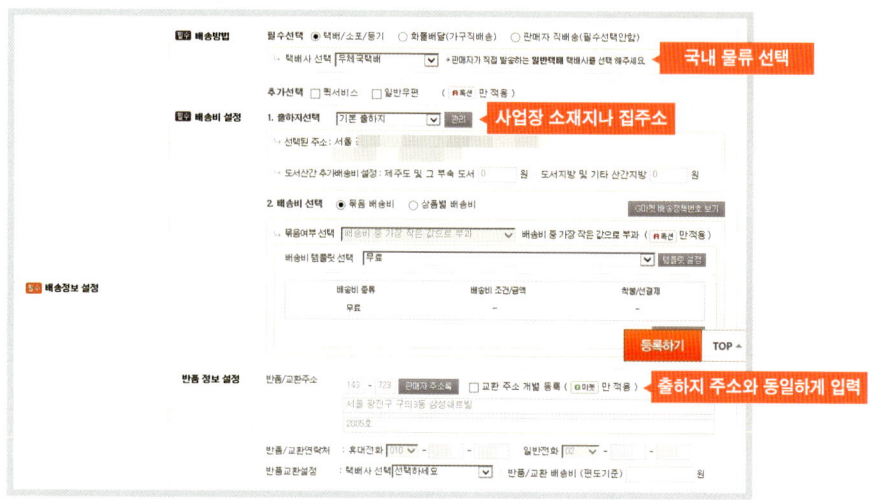

▲ 상품 배송정보 설정하기

배송 정보를 설정하는 단계입니다. 필수선택란에서 '택배/소포/등기'를 선택하고, 택배사는 주로 이용하는 배송대행지와 연계된 택배회사를 선택합니다. '배송비 설정'의 '출하지선택' 및 '반품/교환주소'는 사업장 소재지나 집 주소를 입력하면 됩니다.

▲ 상품군 및 고시사항 선택하기

필수로 입력해야 하는 '상품정보고시'입니다. 상품의 상품군에 맞는 카테고리를 선택한 후 '모든 상품정보 상세정보 별도표기'를 선택합니다.

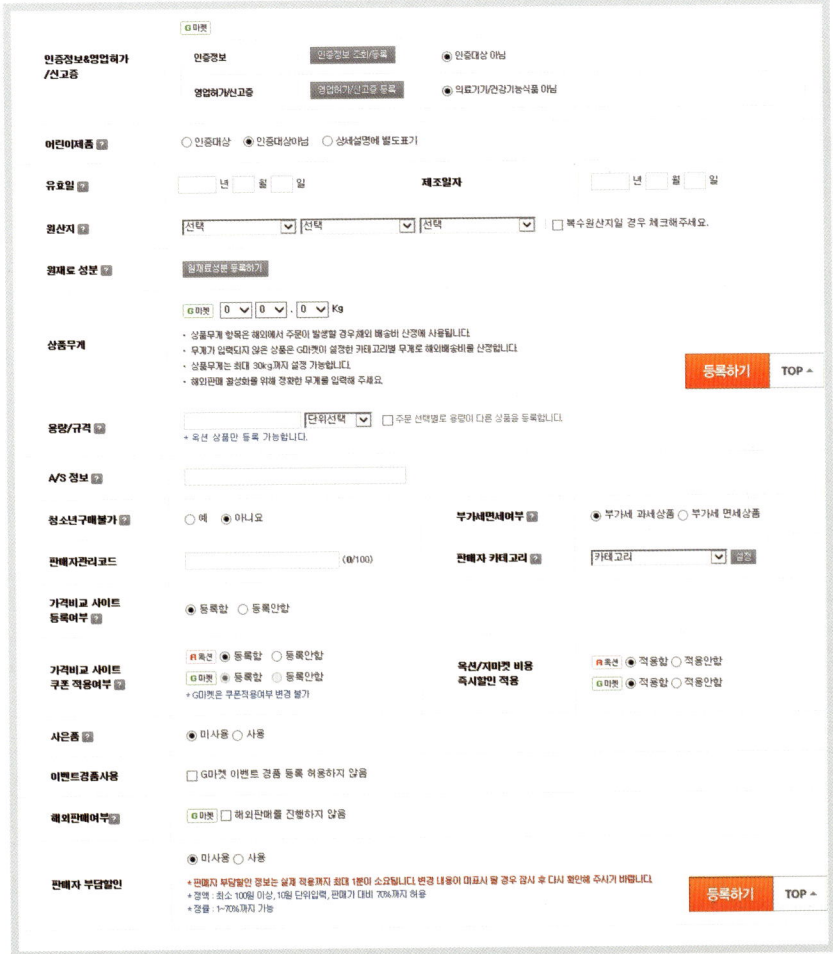

▲ 상품 기타 정보 입력 페이지

상품에 대한 기타 정보를 선택하고 입력합니다. 해당되는 사항이 있는 아이템일 경우 항목별로 입력하고, 가격비교사이트 등록 및 기타 선택 사항은 그대로 둡니다.

▲ 부가서비스 선택 페이지

'고객혜택 서비스'와 '리스팅 부가서비스'는 주력 아이템이 생긴 이후에 판매율을 끌어올리기 위한 수단으로 사용하면 됩니다. 첫 상품을 등록할 때는 넘어가도 됩니다.

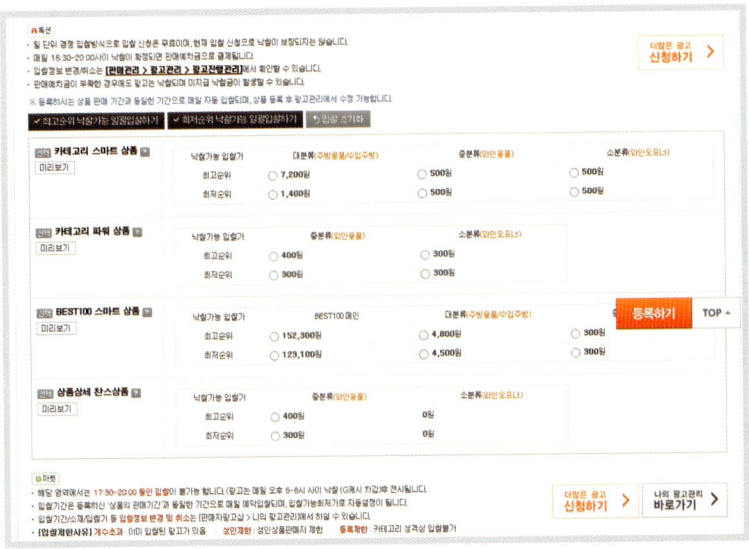

▲ 유료 광고 프로모션 선택 페이지

오픈마켓 내 키워드 광고 서비스는 매일 경쟁 입찰 방식으로 분류별 입찰을 신청하고 낙찰이 확정되면 판매 예치금에서 결제되는 시스템입니다. 분류별 카테고리 내에서 스마트 및 파워 상품으로 상단에 위치하게 되므로, 상품 페이지 유입량을 늘릴 수 있습니다. 초기에 여러 아이템을 올릴 때는 권장하지 않지만, 주력 아이템이 정해진다면 부담스럽지 않은 금액 내에서 시도해볼 만한 서비스입니다.

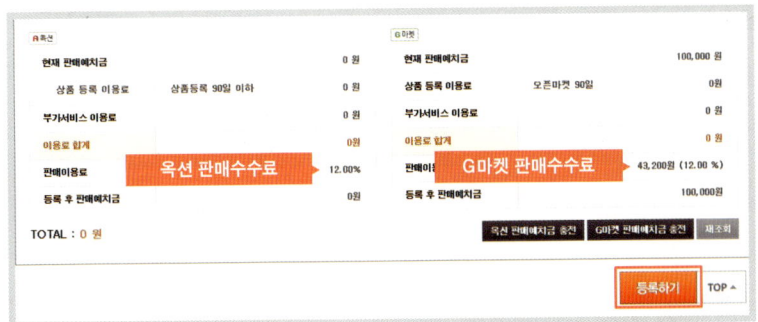

▲ 상품 등록하기 클릭

04 오픈마켓에 진입하라   205

마지막으로 옥션과 G마켓의 판매수수료를 각각 확인한 후 [등록하기]를 클릭합니다. 상품등록이 완료되었다는 메시지가 나옵니다.

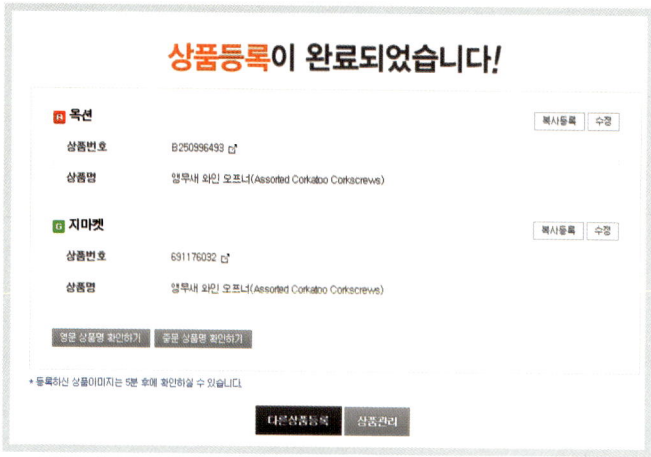

▲ 상품 등록 완료

각각의 상품번호를 누르면 상품등록이 잘되었는지 바로 확인할 수 있습니다.

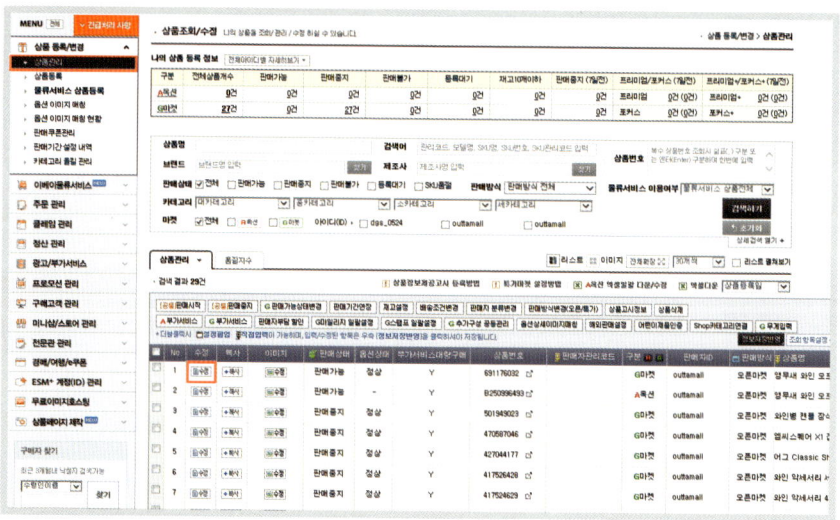

▲ ESM 상품 관리 페이지

'상품 등록/변경 > 상품관리'를 누르면 등록한 상품이 나열되고, 상품별로 [수정]을 클릭하면 수정할 수 있습니다.

▲ 상품 수정 페이지

04 오픈마켓에 진입하라   207

4 주문 처리 및 발송

상품을 등록한 후, '주문 관리 > 신규주문'에서 고객이 주문한 내역을 확인할 수 있습니다.

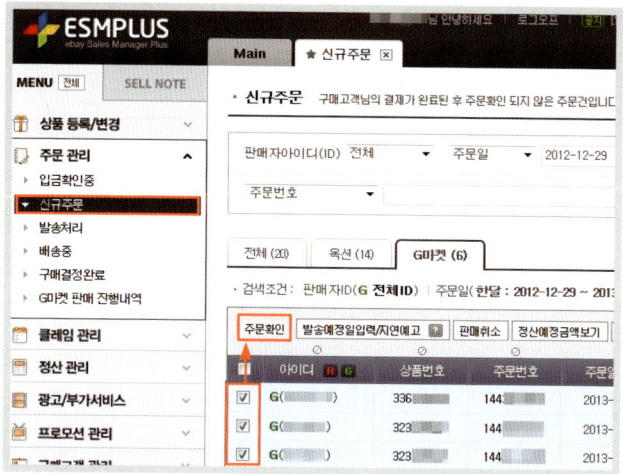

▲ 신규 주문 건 확인하기

주문 내역에 이상이 없다면 체크란에 선택한 후 [주문확인]을 클릭합니다.

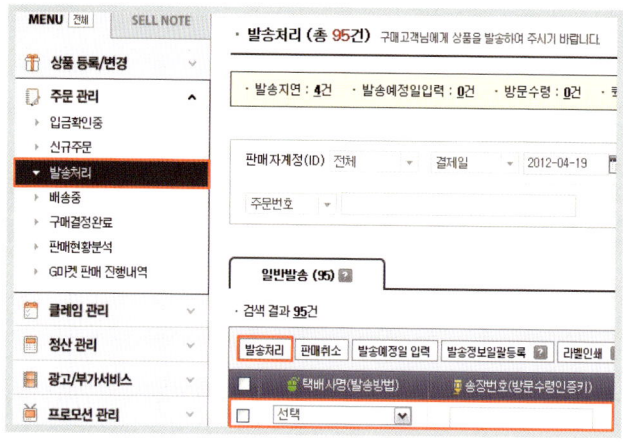

▲ 발송 처리하기

[주문확인]을 누른 주문건은 '주문관리 > 발송처리'로 이동합니다. 해외 쇼핑몰에서 주문한 다음, 주문 목록에 택배사 및 운송장 번호를 입력한 후 [발송처리]를 클릭합니다.

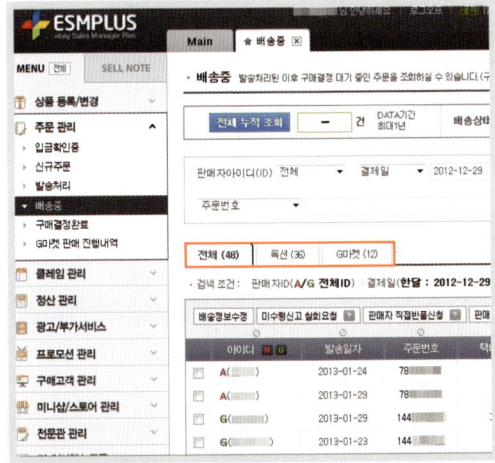

▲ 배송 중 확인하기

'주문 관리'의 '배송중'을 클릭하면 발송 처리한 주문 목록이 뜨며, 판매자 주문 처리 과정은 완료됩니다.

5 정산 관리

제품 배송이 완료된 후, 고객이 자발적으로 구매를 결정하면 다음 날 판매 대금이 정산됩니다. 구매결정을 하지 않을 경우에는 배송 완료일로부터 8일 후 자동으로 정산이 이루어집니다. 정산된 내역은 '정산 관리'에서 일자별로 확인할 수 있습니다.

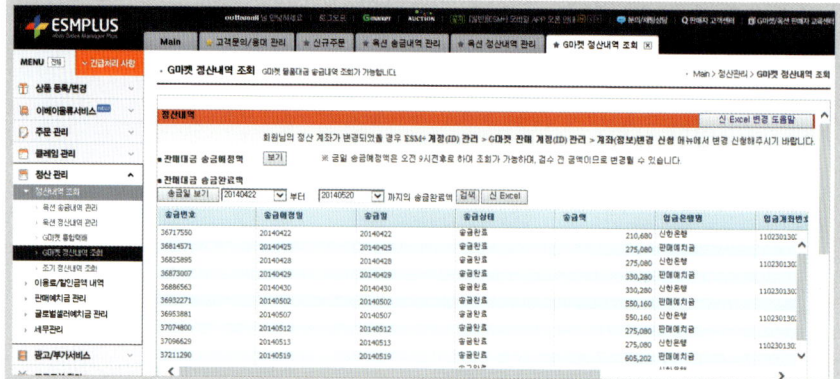

▲ G마켓 정산내역

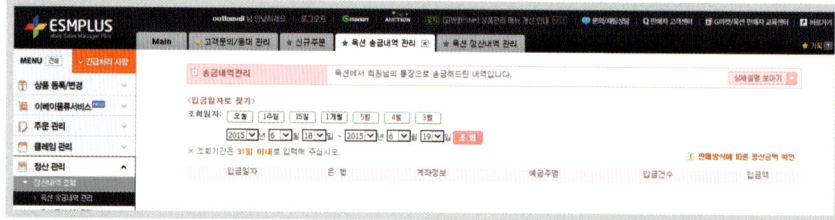

▲ 옥션 정산내역

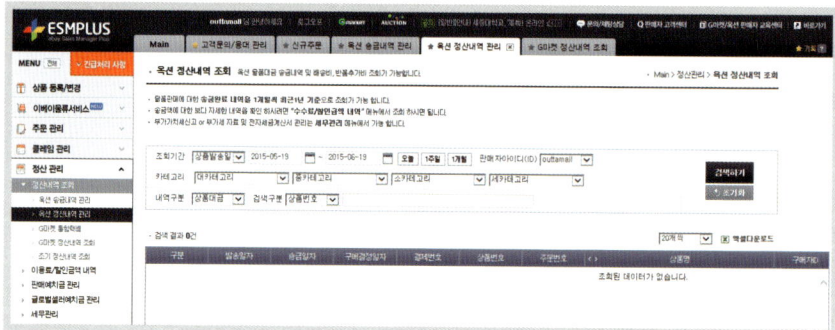

▲ 옥션 정산내역

6 기타 관리

판매를 완료한 이후 고객의 요청에 의한 사후 클레임 관리 역시 매우 중요합니다. 고객으로부터의 구매취소, 반품 및 교환 요청 그리고 판매자의 사정에 의해 불가피하게 판매취소 처리해야 하는 기타 관리에 대해 알아보겠습니다.

구매 취소

제품을 발송한 후 단순 변심으로 인해 고객이 구매를 취소하는 경우가 있습니다. 고객에게 바로 연락해서 구매자가 해외배송비를 부담해야 한다는 사실을 전달하고, 고객이 응할 경우 '클레임 관리 > 취소관리'에서 [취소처리]를 클릭하면 됩니다.

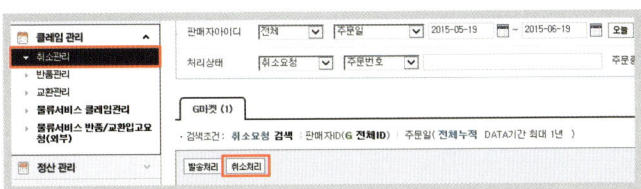

▲ 구매취소 처리

반품/교환 관리

오배송 및 파손으로 인해 고객이 반품을 요청하는 경우가 있습니다.

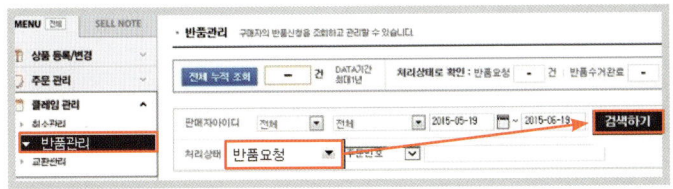

▲ 반품 요청 건 확인하기

'클레임 관리 > 반품관리'에서 '처리상태'를 '반품요청'으로 하여 검색하면 반품요청 내역을 확인할 수 있습니다. 고객의 사이즈 선택 오류나 단순 변심으로 인한 반품인 경우 해외 배송비가 고객 부담입니다.

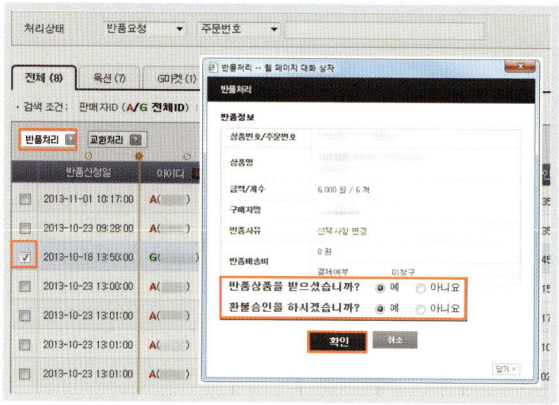

▲ 반품 및 환불 처리

고객과 연락한 후 반품 상품을 받았다면, 해당 주문 건의 [반품처리]를 클릭하여 반품과 환불 승인을 누르면 자동으로 고객에게 환불됩니다.

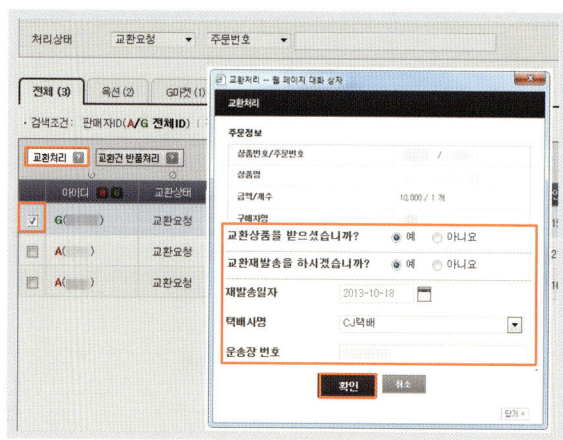

▲ 교환 처리

해외배송으로 시간이 오래 걸리는 구매대행에서는 드문 일이지만, 간혹 교환을 원하는 고객이 있습니다. 반품 처리와 동일한 절차를 거친 후, 고객이 받고 싶어 하는 교환상품의 정보를 받습니다. '클레임 관리'의 [교환처리]에서 상품 수령 및 재발송 여부에 체크한 후 택배사 및 운송장번호를 입력하고[확인]을 누르면 전산 처리가 완료됩니다. 그리고 교환상품을 발송하면 교환처리는 자동으로 완료됩니다.

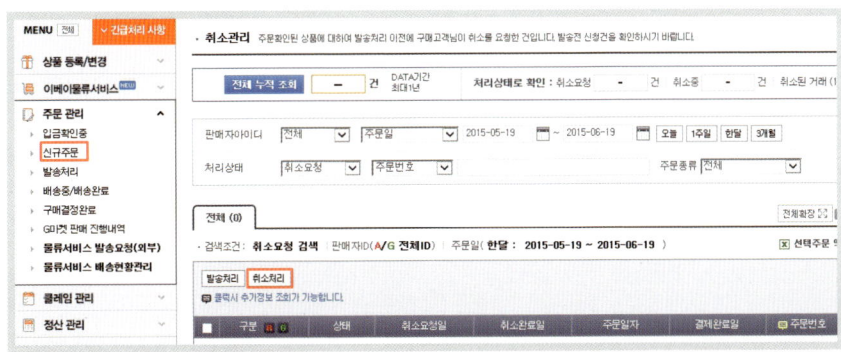

▲ 판매 취소하기

고객이 주문한 제품이 현지 사정상 재고가 없을 경우, 판매자는 최대한 빨리 판매 취소 처리를 해줘야 합니다. '주문 관리 > 신규주문'에서 [취소처리]를 누르면 판매 취소가 완료되며, 메시지나 전화로 고객에게 사과하는 편이 좋습니다.

생초보를 위한
해외 구매대행
가이드

05

나만의 쇼핑몰을 만들어라

오픈마켓에 상품을 올리고 일정량 이상 판매하게 되었다면 나만의 쇼핑몰을 고민해도 좋습니다. 쇼핑몰은 오픈마켓에 비해 판매수수료 부담이 적기 때문에 같은 아이템이라도 더 싼 가격에 판매할 수 있으며, 같은 금액으로 상품을 판매하더라도 높은 수익을 얻을 수 있습니다. 흔히 쇼핑몰은 오픈 시 초도 재고 물량에 대한 자본 부담이 크고 쇼핑몰 제작 비용도 만만치 않은 데다 오픈 후 치열한 경쟁에서 살아남기 힘들 것이라고 생각합니다. 하지만 구매대행 쇼핑몰은 그렇지 않습니다. 앞서 살펴본 것과 같이 재고에 대한 부담이 전혀 없으며, 카페24와 같은 무료 솔루션을 통해 제작 비용 없이도 만들 수 있습니다. 장기적으로 보았을 때 쇼핑몰은 오픈마켓에 비해 유리한 요소가 많으며 나만의 아이템을 찾았다면 쇼핑몰 만들기에 도전해보라고 권하고 싶습니다.

01 쇼핑몰 유형 선택하기

구매대행 쇼핑몰을 구축하기 전에, 아이템에 걸맞은 쇼핑몰 콘셉트를 정해야 합니다. 국내에는 이미 기업과 개인사업자가 운영하는 수많은 구매대행 쇼핑몰이 있습니다. 이를 잘 살펴보면 크게 아이템이 우선인 곳과 시스템에 의존하는 곳으로 나뉩니다.

1 전문몰

특정 고객을 타깃으로 하는 전문몰입니다. 경쟁력 있는 아이템을 보유한 개인사업자가 운영하기에 좋은 형태이며, 중분류 이하의 아이템, 특정 브랜드 및 국가를 콘셉트로 삼으면 좋습니다.

2 대량 등록형 쇼핑몰

불특정다수의 고객을 대상으로 운영하는 대량 등록 쇼핑몰입니다. 일일이 상품을 등록하는 것이 아니라 전문 업체의 솔루션을 통해 다량의 해외 상품 정보를 긁어 올리는 방식으로, 많게는 5만 개의 상품을 단시간에 등록할 수 있습니다. 솔루션업체에 초기 세팅 비용과 월 단위의 관리비를 지불해야 하기 때문에, 개인사업자보다는 자본 부담이 적은 기업에서 주로 선호하는 형태입니다.

3 복합형

전문 분야의 아이템을 솔루션 시스템을 통해 등록하는 복합형 몰입니다. 전문몰로 성공한 개인사업자들이 상품 등록에 드는 시간을 절약하기 위해 운영하는 경우가 대부분이며, 중분류 이하의 아이템이지만 등록할 상품 수가 많은 쇼핑몰에서 이용하기도 합니다.

02 쇼핑몰 이름 및 도메인 정하기

쇼핑몰의 콘셉트에 맞는 이름과 도메인을 정하는 것은 굉장히 중요하면서도 어려운 일이고, 구매대행 쇼핑몰도 예외는 아닙니다. 먼저 이름을 정하고 이름과 관련 있는 도메인을 설정해야 하는데, 한번 정한 이름과 도메인은 바꾸기 어려우니 더욱 신중히 결정해야 합니다.

1 이름 정하는 노하우

쇼핑몰 이름은 아무것도 모르는 고객이 쇼핑몰의 이미지를 떠올리는 첫 번째 요소입니다. 아무리 좋은 아이템을 제공해도 이름에서 부정적인 의미가 떠오르면 선입견을 가질 수 있습니다.

■ 한글로 3~5자 이내로 만들어라

구매대행 쇼핑몰이라는 이유로 쇼핑몰 이름을 근사한 영문명으로 짓는 사람도 있습니다. 하지만 한국인들은 온라인에서 영문이 아닌 한글 키워드로 검색하는 데 익숙하고, 영문을 한글로 변환하여 검색하는 편입니다. 영문으로 된 이름은 기억에 오래 남지 않을뿐더러 쇼핑몰명으로 유입되는 고객의 수가 현저히 적을 수밖에 없습니다. 쇼핑몰 이름은 꼭 한글로 정하되, 글자 수는 3글자 이상 5글자 이하로 하기를 권장합니다.

■ 아이템과 관련 있는 이름을 지어라

아이템을 직간접적으로 표현할 수 있는 이름이면 더욱 좋습니다. 직접적으로 제품군이 들어간 이름이거나 간접적으로라도 제품을 연상시키는 단어가 포함된 이름이면 전문몰로 신뢰할 수 있습니다. '구매대행' 키워드는 오히려 반감을 불러일으킬 수 있으므로 아이템에 초점을 맞추어 이름 짓기를 권장합니다.

■ 감성적인 이름을 지어라

요즘은 감성이 중요시되는 시대입니다. 감성을 자극시키는 이름은 고객의 기억에 더욱 오래 남고, 때로는 신뢰감을 느끼게도 해줍니다. 해외 아이템을 취급하는 구매대행의 특성상 럭셔리한 쇼핑몰 이름이 어울린다고 생각할 수 있지만, 고급스러움보다는 감성에 초점을 두고 이름 짓기를 권장합니다. 유아 패션 쇼핑몰 '베이비샤워', 프랑스 구매대행 전문몰 '리틀프랑스' 등이 대표적인 예입니다.

■ 경쟁 구매대행 쇼핑몰 이름 분석하기

포털사이트 검색을 통해 동종 아이템을 판매하는 구매대행 쇼핑몰의 사이트명을 찾아봅니다. 연관 있는 쇼핑몰에 접속하여 판매가 잘 이루어지는지 파악한 후 잘나가는 업체의 이름을 분석해보면 쇼핑몰 이름을 짓는 데 도움이 될 것입니다.

 실전강의

쇼핑몰 부제목 선정의 중요성

사이트	사이트 검색등록
엠돌핀 mdolphin.co.kr 신청자 작성 워터스포츠 브랜드 전문샵, 실내수영복, 전신슈트, 래쉬가드, 보드숏,…	

▲ 쇼핑몰 부제목 예시

쇼핑몰 이름을 정하고 나서도, 포털사이트 검색 등록 시 입력하는 부제목은 매우 중요합니다. 간단히 쇼핑몰을 소개하는 문구를 넣은 후 키워드 검색량이 높은 취급 품목을 함께 넣어주면 검색을 통한 쇼핑몰 유입을 극대화시킬 수 있습니다.

2 도메인 정하는 노하우

도메인은 고객들이 쇼핑몰을 찾기 위한 인터넷 주소이므로, 쉽게 찾을 수 있고 기억하기 쉬운 도메인을 선택해야 합니다. 쇼핑몰 이름을 정하면 도메인을 정하는 것은 어렵지 않으니, 아래의 유의 사항을 참고한다면 멋진 도메인을 만들 수 있을 것입니다.

■ 쇼핑몰 이름을 영문으로 변환하라

한글로 된 쇼핑몰 이름을 영문으로 변환하여 도메인을 정하는 것을 기본 원칙으로 합니다. 쇼핑몰 이름과 도메인은 일관성이 있어야 하며, 의미보다는 발음에 초점을 맞추기를 권합니다.

■ **일반 명사는 가급적 피하라**

국내 소비자에게 알려지지 않은 아이템이라면 주력 제품을 표현하는 일반 명사를 넣는 것이 효과적일 수 있습니다. 하지만 이미 알려진 일반 명사가 도메인으로 들어갈 경우 쇼핑몰의 정체성을 잃을 수 있습니다. 고유명사로 된 브랜드와 아이템은 넣어도 좋습니다.

■ **숫자와 기호를 넣지 마라**

고객들이 헷갈릴 수 있는 이원적 표기법은 가급적 피하는 편이 좋습니다. 주소창에 직접 입력하기에 번거로운 숫자와 기호는 넣지 않도록 합니다.

■ **짧고 간결하게 하라**

상위를 차지하는 업체의 평균 도메인 알파벳 숫자는 10개 미만인 경우가 대부분입니다. 짧고 쉬운 도메인은 오래 기억에 남는 장점이 있습니다. 7자리 미만의 알파벳으로 된 도메인은 이미 등록되어 있을 확률이 높지만, 조합된 단어, 순우리말을 차용한 단어를 떠올려보면 쇼핑몰 이름과 연관된 10자리 미만의 영문 알파벳을 찾을 수 있을 것입니다.

03 기본 운영 관리

쇼핑몰의 기본 운영 방식은 오픈마켓과 매우 유사합니다. 쇼핑몰 관리자 페이지에서 상품 등록, 주문 처리 및 발송, 기타 사후관리 등을 관리할 수 있으며, 구매대행 시스템으로 운영되는 쇼핑몰도 예외는 아닙니다. 오픈마켓은 수많은 충성고객을 보유하고 있으며 오랜 기간 형성된 신뢰감을 바탕으로 하므로 판매자로서는 경쟁력 있는 아이템을 찾아서 판매하는 데만 초점에 두면 됩니다. 그러나 쇼핑몰은 다릅니다. 아이템도 중요하지만 처음 방문하는 고객에게 신뢰감을 주어야 하며, 구매를 이끌어내야 하고, 재방문을 유도하도록 운영해야 합니다.

1 인사말 만들기

모든 상품의 상세페이지에 실릴 인사말을 만들어야 합니다. 인사말에는 구매대행 시스템으로 운영되는 쇼핑몰로서 고객들에게 알려주어야 할 중요 내용을 명시해야 하며, 이미지 파일로 만들어놓으면 좋습니다. 인사말에 들어가야 하는 내용을 살펴보겠습니다.

▲ 쇼핑몰 인사말 예시

위는 '구매시 필독사항 안내'라는 제목으로 실은 인사말입니다. 우선 고객에게 신뢰를 주기 위해 100% 정품이라는 문구를 넣고, 개인통관고유번호 수집 의무화에 대한 내용을 보기 쉽게 상단에 명시해둡니다. 그리고 아래에는 필수로 안내해야 할 항목과 설명을 넣어줍니다.

■ **개인통관고유번호**

취급하는 아이템이 일반 통관 품목이거나 200달러를 넘는 목록 통관일 경우 명기하도록 합니다.

■ **배송 기간**

해외배송 기간은 빠르면 7일, 늦으면 20일까지로 명시해두어야 합니다. 간혹 해외 현지의 기상 악화, 물류 상황에 따라 배송 기간이 14일 넘게 소요되는 경우가 있습니다. 쇼핑몰은 고객과의 신뢰가 우선이므로 늦을 경우에 대비하여 배송 기간을 여유 있게 설정하는 편이 낫습니다.

■ **배송비**

배송비는 구매대행 쇼핑몰 운영자로서 고민해야 하는 사항입니다. 오픈마켓은 재고를 둔 일반 판매자들이 무료배송으로 판매하는 경우가 주를 이루고 있기 때문에, 구매대행 판매자들 역시 제품가에 배송비를 포함시켜 무료 배송을 적용하는 경우가 많습니다. 그러나 구매대행 쇼핑몰은 일괄 배송비를 적용해도 고객들이 해외배송으로 운영되는 쇼핑몰이라는 점을 감안하여 배송비를 당연하게 여기는 편입니다. 그리고 네이버쇼핑에 입점하게 되면 같은 아이템이라도 낮은 가격으로 노출될 수 있다는 장점이 있습니다.

물론 무료배송을 선호하는 고객이 많다는 점을 무시할 수는 없습니다. 부피와 무게가 일정하지 않은 아이템을 판매할 경우에는 제품가에 배송비를 포함하여 판매하는 편이 나을 때가 있습니다. 동종 제품 경쟁 업체의 수가 많거나 부피나 무게가 일정한 아이템이라면 별도 배송비를 부과하고, 경쟁 업체 수가 적거나 부피나 무게가 일정치 않다면 배송비를 제품가에 포함시키도록 합니다.

■ 관부가세

배송비에 포함된 관부가세 관련 안내 사항입니다. 한 명의 고객이 관세 부과 범위를 초과하는 금액으로 주문할 경우 평균 판매가의 20~25%의 관세와 부가세를 추가로 납부할 수 있다는 내용을 명시합니다.

■ 교환/환불

오픈마켓과 마찬가지로 상품의 제조 결함, 배송 중 파손으로 인한 교환 및 환불은 해주어야겠지만, 고객의 단순 변심, 판단 착오로 인한 교환 및 환불의 경우 고객이 국제배송비를 부담해야 한다는 내용을 반드시 명시해줍니다.

■ 품절

구매대행의 특성상 해외 쇼핑몰의 재고 부족으로 판매 취소가 이루어질 수 있다는 점을 명시해줍니다.

■ A/S

선정한 아이템이 브랜드 상품이거나 A/S를 필요로 하는 제품이라면 국내 A/S 가능 여부를 명시해주면 좋습니다.

■ 고객센터

고객과 소통할 수 있는 고객센터를 명시해두면 고객에게 신뢰감을 줄 수 있습니다.

■ 사이즈 안내

사이즈가 있는 의류, 신발을 판매할 경우, 구매대행의 특성상 실측 안내가 어렵기 때문에 구매 전 신중한 선택을 요한다는 내용을 명시해줍니다.

2 상품 등록하기

상품을 등록하는 과정은 오픈마켓과 유사한 방식으로 이루어집니다. 카페24에서 필수로 입력해야 하는 항목을 위주로 하여 상품 등록 과정을 살펴보겠습니다.

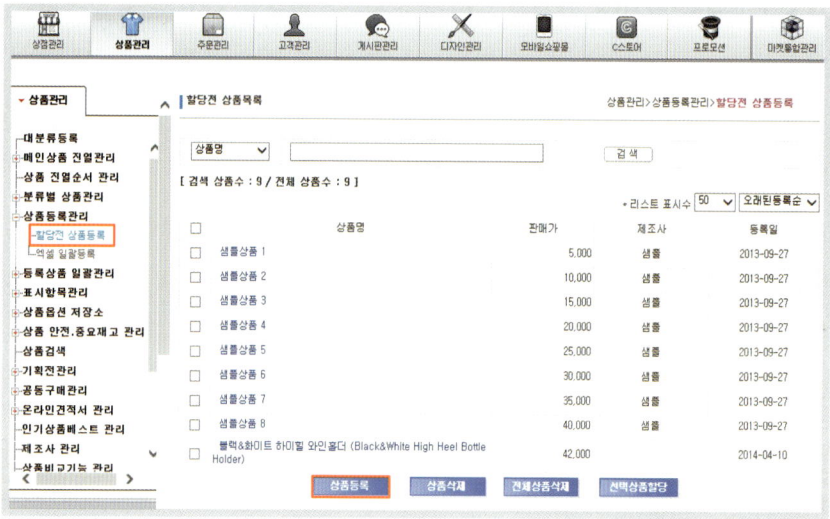

▲ 쇼핑몰 상품등록 하기

쇼핑몰 관리자 페이지에 접속한 후 [상품관리] 탭을 클릭합니다. '상품등록관리 > 할당전 상품등록'을 누른 후, 하단의 [상품등록]을 클릭합니다.

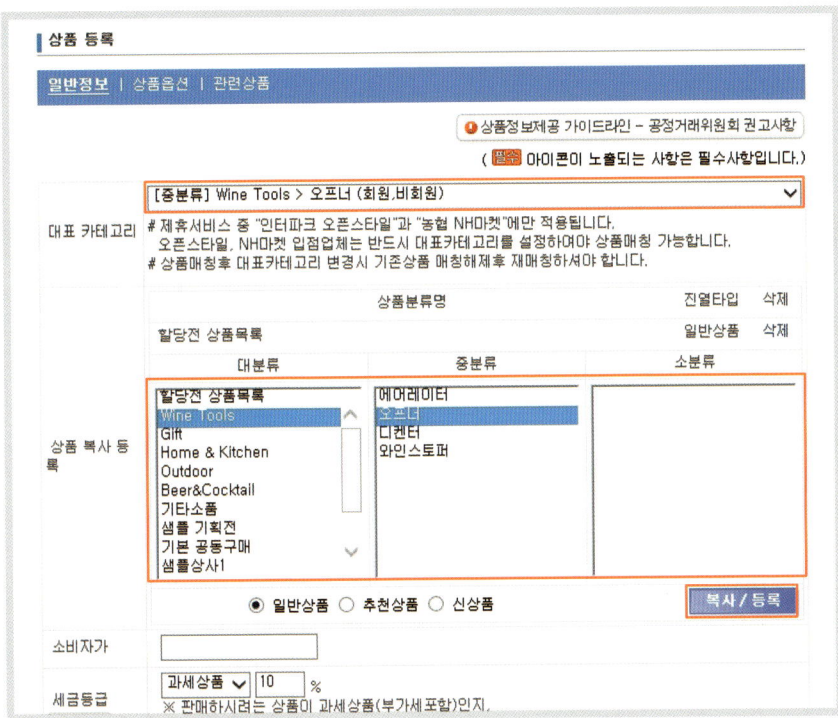

▲ 상품 카테고리 선택하기

상품을 등록하는 창입니다. 선택한 제품에 해당되는 대표 카테고리를 선택한 후 아래에 대분류, 중분류, 소분류까지 세부 카테고리를 선택합니다. [복사/등록]을 클릭합니다.

> TIP
>
> **복사/등록 기능**
>
> 상품 등록 시 대분류 이하 세부 카테고리까지 지정한 후 복사/등록을 눌러야 하나의 상품이 모든 카테고리 영역에 노출됩니다. 그러므로 복사/등록 기능은 필히 이용하도록 합니다.

▲ 판매가 및 상품병, 배송 설정

구입 원가를 고려하여 판매금액을 입력합니다. 쇼핑몰은 오픈마켓과 달리 별도의 판매수수료를 부과하지 않습니다. 그러나 고객이 카드로 결제하면 판매가의 약 3~4%의 카드 수수료가 나가므로, 여유 있게 4% 정도로 수수료를 고려하여 판매금액을 설정해둡니다. 상품명은 네이버쇼핑에 입점할 계획이라면 오픈마켓과 같이 키워드 조회수를 고려하여 입력합니다. '국내/해외배송 설정'은 '국내배송'으로 선택합니다.

> **TIP**
>
> **국내/해외배송 설정 시 유의 사항**
>
> 카페24에서 제시하는 해외배송은 우체국 EMS 직배송 시스템을 이용하는 경우에 사용되는 메뉴이므로, 구매대행 쇼핑몰은 국내배송으로 선택합니다.

▲ 원산지, 브랜드 명, 공급원가 입력하기

'원산지' 및 '브랜드 명'을 입력합니다. '공급원가'는 직구로 구매한 원가를 입력해두면 좋습니다.

▲ 상품 진열 및 태그 설정하기

05 나만의 쇼핑몰을 만들어라   229

'상품검색 태그'에는 쇼핑몰 내 검색창에서 고객이 찾을 키워드를 고려하여 입력합니다. 제품을 안내하는 해외 동영상 링크가 있다면 링크를 복사하여 삽입합니다.

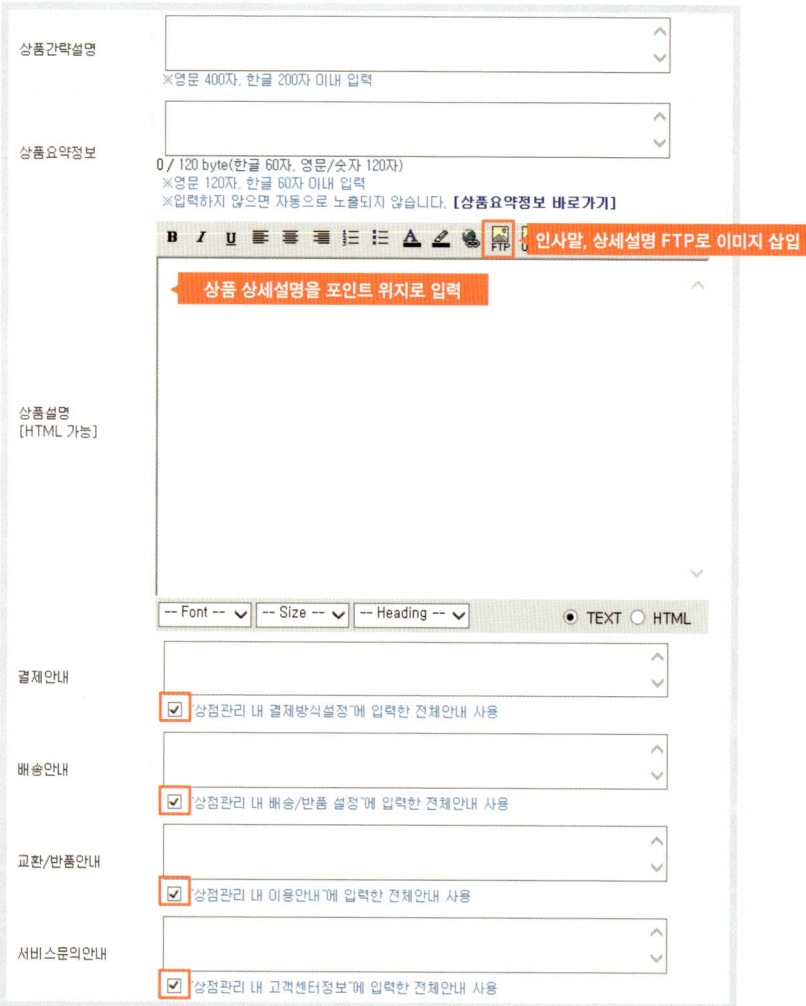

▲ 상품 상세설명 입력하기

상품 상세설명에 제품의 주요 사항을 텍스트로 넣거나 이미지로 만든 파일을 FTP 기능을 이용하여 삽입합니다. 결제, 배송, 교환/반품, 서비스 문의는 '상점관리'의 '고객센터정보'에 별도로 입력하여 일괄적으로 적용하는 것이 편리합니다.

▲ 제품 이미지 첨부하기

해외 쇼핑몰에서 캡처한 제품 이미지를 [찾아보기]를 눌러 첨부하고 등록합니다. 추가할 이미지가 있을 경우 이미지 수를 선택하여 첨부합니다. 필요하다면 아이콘을 선택하고, 하단의 [등록]을 클릭합니다.

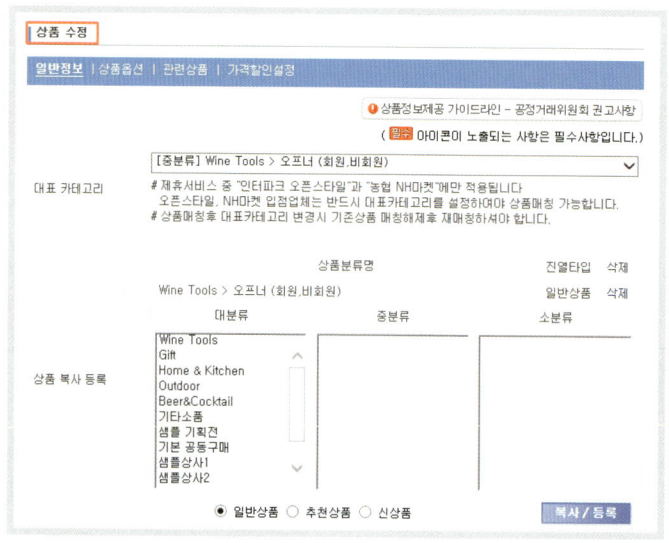

▲ 상품 등록 완료 확인

'상품 수정' 페이지가 뜨면 등록된 것입니다.

▲ 등록된 상품 쇼핑몰에서 확인하기

등록한 상품은 쇼핑몰 카테고리에서 볼 수 있으며, 각 상품을 클릭하면 문제 없이 등록되었는지 확인할 수 있습니다.

3 PG사 연동

대다수의 고객은 쇼핑몰에서 결제할 때 무통장 입금이나 계좌이체보다는 신용카드를 주로 이용합니다. 그러므로 카드 결제를 대행해주는 전자결제 시스템을 연동해야 하는데, 이를 PG라 합니다. 국내에는 많은 쇼핑몰 운영자들이 이용하는 검증된 PG사가 있는데, 각 PG사별 수수료와 혜택을 비교하여 선택한 후 쇼핑몰과 연동하는 작업을 진행합니다.

쇼핑몰 준비 사항

PG사마다 쇼핑몰을 심사하는 기준이 있는데, 이를 위해 쇼핑몰이 기본적으로 준비해야 할 사항이 있습니다.

- 쇼핑몰 하단에 업체 정보가 명시되어 있어야 합니다.
- 쇼핑몰의 디자인 작업 및 상품 등록이 어느 정도 이루어져야 합니다.
- 상품이 등록되지 않은 빈 카테고리는 없는 편이 낫습니다.
- 상품 가격이 0원으로 되어 있는 상품은 꼭 수정해서 판매가를 표기합니다.

PG사 선정 및 신청

'상점관리 > 결제관리 > 카드/계좌이체 결제 서비스 > 서비스소개'를 클릭하면 다음 화면이 나옵니다.

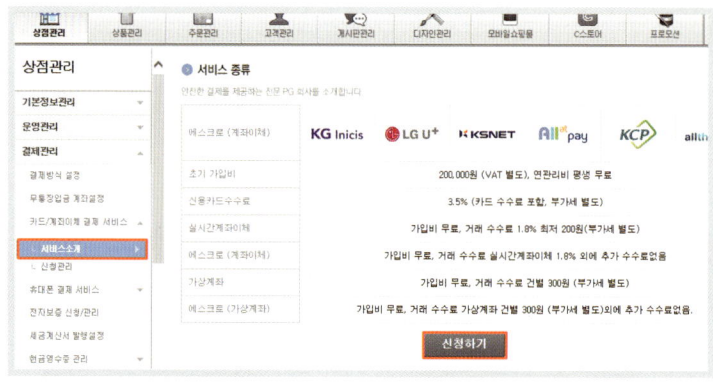

▲ PG 등록 신청하기

[신청하기]를 누르고 PG사별 계약서와 지원 범위를 확인한 후 PG사를 선택합니다. 신청서를 작성한 후 부가세를 포함하여 가입비 22만 원을 PG사에 납부 결제합니다.

계약 서류 발송

PG연동을 위해 개인사업자가 갖추어야 할 계약서류를 준비하여야 합니다.

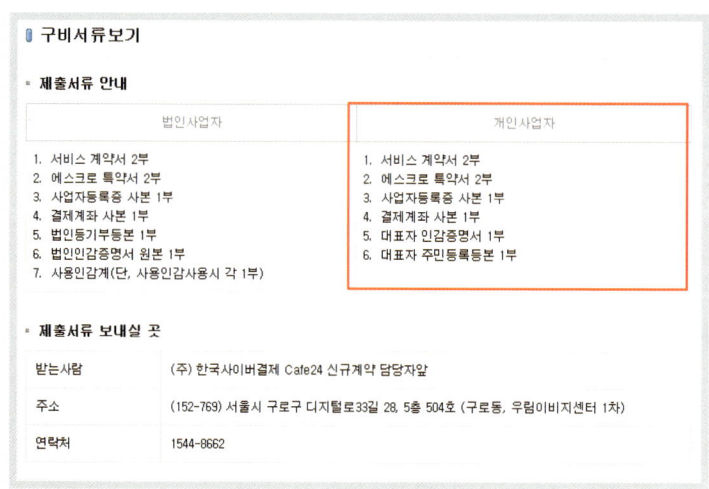

▲ PG 신청 등록을 위한 구비서류

가입비를 결제한 후, PG사별로 명시하는 개인사업자 구비서류를 우편으로 발송합니다.

심사 완료 후 쇼핑몰 설정하기

PG사 측에 구비 서류를 우편으로 발송한 후 심사가 완료되면 쇼핑몰과 연동하는 과정을 진행합니다.

▲ 신청관리 페이지

PG사의 심사는 평균 1~15일 이내이며, 심사 완료 후 카페24 관리자 페이지의 '카드/계좌이체 결제 서비스 > 신청관리'에서 그 내용을 확인할 수 있습니다.

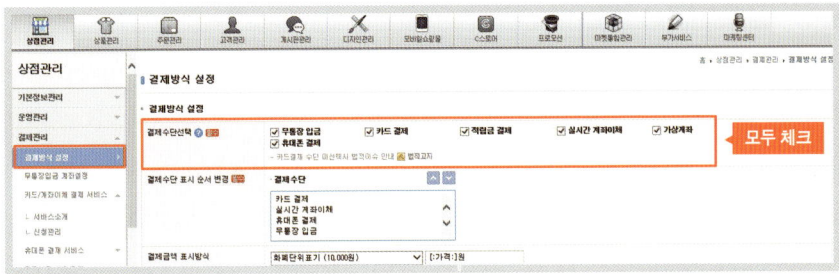

▲ 결제수단 선택하기

05 나만의 쇼핑몰을 만들어라   235

'결제관리 > 결제방식 설정'에서 결제 수단의 모든 항목을 체크하면 고객은 카드 및 가상계좌, 휴대폰 결제를 이용할 수 있습니다.

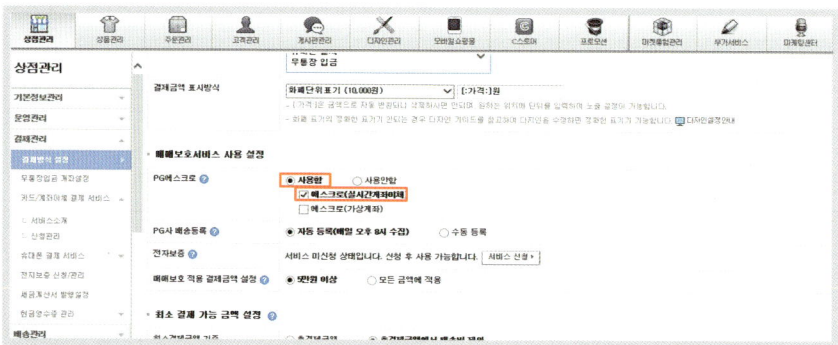

▲ 매매보호서비스 사용 설정

'매매보호서비스 사용 설정'에서 PG에스크로를 '사용함'으로 선택하고 에스크로를 체크합니다.

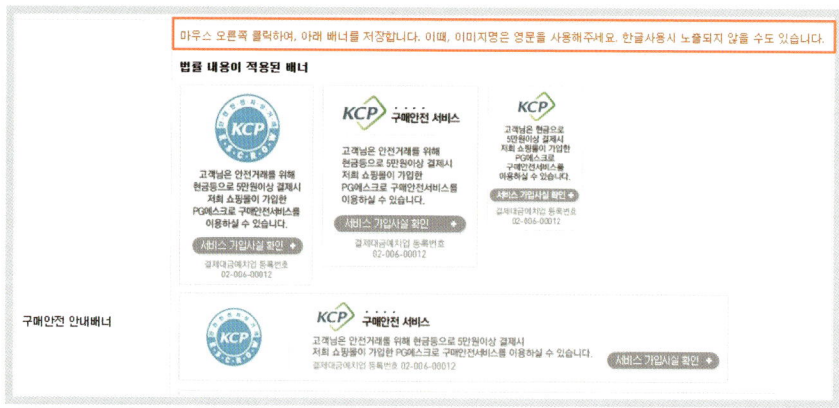

▲ 구매안전 배너 이미지 다운받기

마지막으로 '구매안전 안내배너' 이미지를 영문으로 다운받은 후 쇼핑몰 하단에 디자인 이미지 편집 기능을 이용하여 넣어주면 PG 등록과 관련된 모든 과정이 완료됩니다.

4 주문 처리 및 발송

쇼핑몰 내에서 이루어지는 주문 처리 및 발송과정 절차는 오픈마켓 관리자에서의 주문 처리 과정과 유사합니다.

▲ 쇼핑몰 관리자 주문관리

모든 주문 처리 및 발송 과정은 관리자 페이지의 '주문관리'에서 이루어집니다. 일자별 주문 금액 및 판매 건수와 오늘 해야 할 일 및 처리한 일이 요약됩니다.

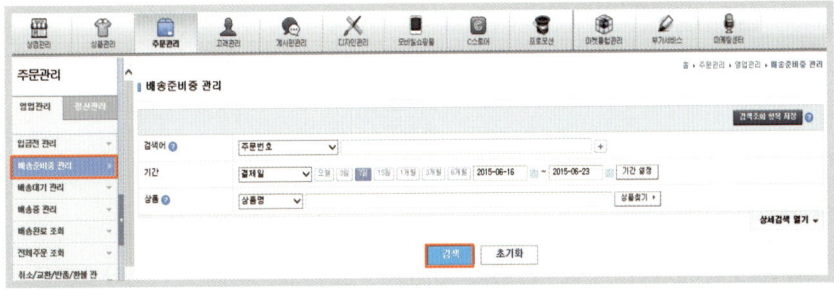

▲ 입금 완료된 주문내역 확인하기

'주문관리 > 영업관리 > 배송준비중 관리'를 누르고 [검색]을 클릭하면 입금

05 나만의 쇼핑몰을 만들어라 237

이 완료된 주문 내역을 확인할 수 있습니다.

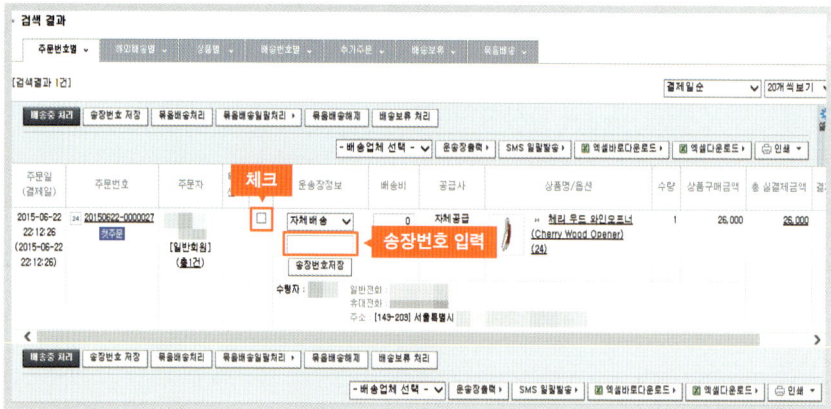

▲ 주문 발송 처리

해당 상품을 해외 쇼핑몰에서 결제한 후, 주문 내역의 고객 주소 및 정보를 배송대행지 배송 신청서에 입력합니다. 송장번호를 입력한 후 [배송중 처리]를 클릭하면 고객은 주문한 물품의 배송이 시작되었음을 알 수 있습니다.

▲ 배송처리 주문내역 확인하기

'주문관리 > 영업관리배송중 관리'를 누르면 처리한 배송 중인 상품을 일괄적으로 확인할 수 있습니다.

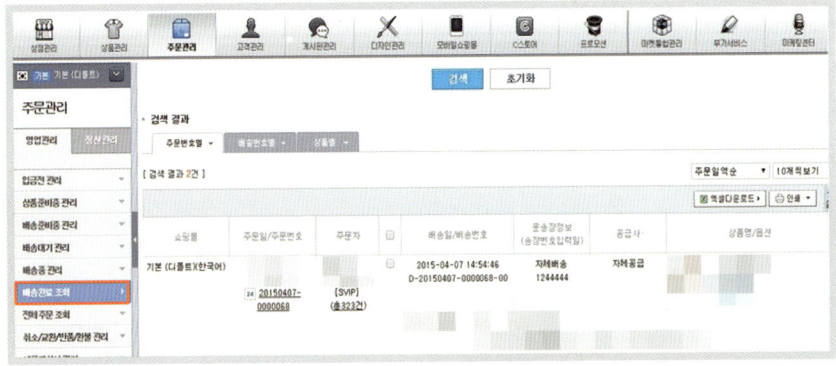

▲ 배송완료 조회하기

고객에게 배송이 완료된 상품은 '배송완료 조회'에서 확인할 수 있습니다.

5 기타 관리

구매대행 쇼핑몰은 일반 쇼핑몰과 달리 모든 상품이 해외배송을 거치므로 고객이 결제 후 구매를 취소할 확률이 적은 편입니다. 인사말에서 명시했듯, 단순 변심으로 인한 취소 및 반품, 교환 시 고객이 해외배송비를 부담해야 하기 때문입니다. 그러나 여러 고객을 상대하는 한, 구매 취소 및 환불 요청은 언제든지 들어올 수 있습니다. 카페24에서 구매 취소와 환불 과정을 자세히 알아본 후, 반품 및 교환, 정산 내역 확인 등 기타 관리 사항을 간단히 살펴보도록 하겠습니다.

구매 취소

쇼핑몰을 운영하다 보면 간혹 특정 이유로 인해 고객이 구매 취소 요청을 하는 경우를 접하게 됩니다. 고객이 구매를 취소한 이유에 대해 보다 신속히 파악할 필요가 있습니다.

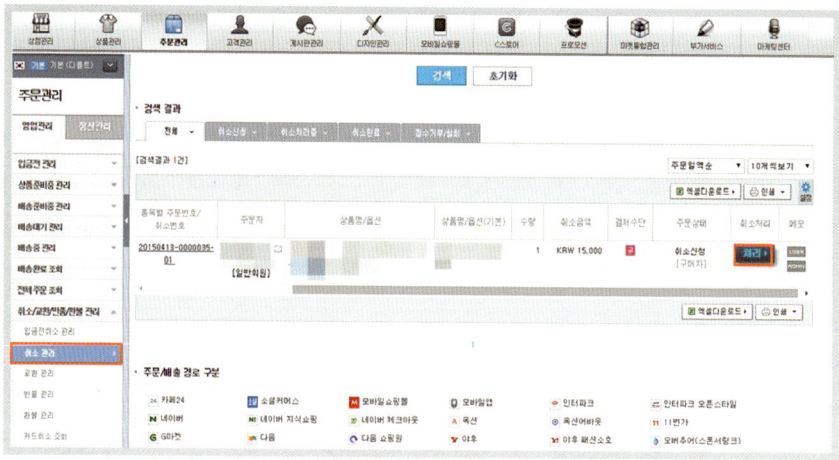

▲ 주문 취소 처리

고객이 주문을 취소할 경우 '주문관리 > 취소/교환/반품/환불 관리 > 취소관리'에서 내역을 확인할 수 있습니다. 주문 취소에 대한 사유와 처리 방안을 고객과 이야기한 후 정당하다고 판단될 경우 [처리]를 클릭합니다.

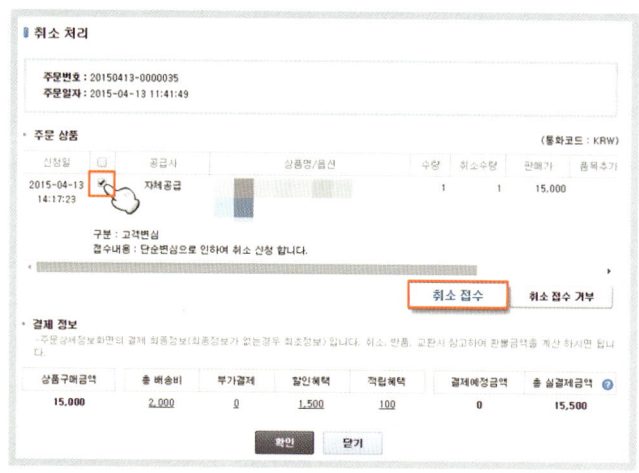

▲ 주문 취소 접수 클릭

취소 처리 단계입니다. 주문건을 체크한 후 [취소 접수]를 클릭합니다.

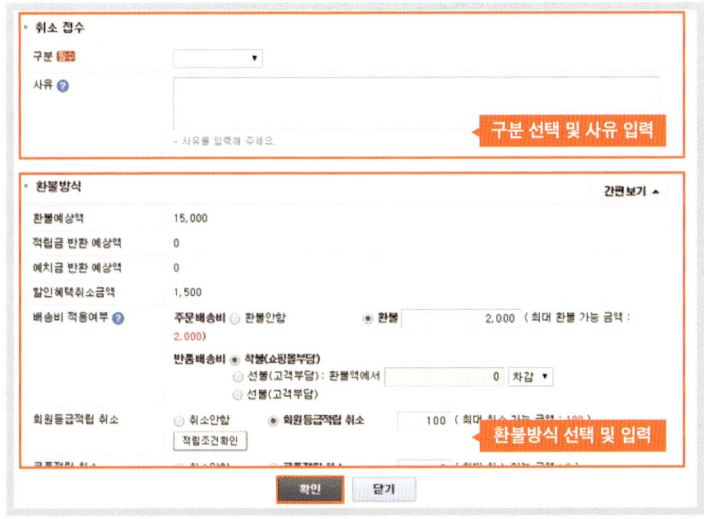

▲ 취소 사유 및 환불방법 선택하기

창을 아래로 내려서 '취소 접수'의 '구분'을 선택한 후, 간단히 사유를 입력하고 '환불방식'을 선택 및 입력합니다.

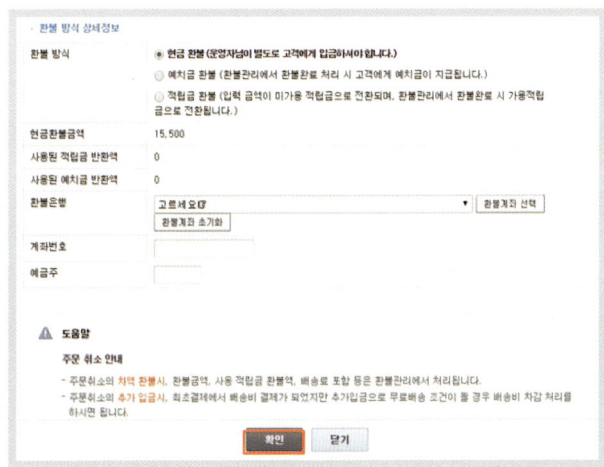

▲ 구매취소 최종 확인

05 나만의 쇼핑몰을 만들어라   241

모든 환불 내용에 이상이 없는지 체크한 후 [확인]을 클릭합니다.

환불 처리

고객의 주문은 취소되었으나, 아직 전산상으로는 환불이 이루어지지 않은 상태입니다.

▲ 환불 관리 선택

고객에게 환불하려면 '환불 관리'를 누른 후 [검색]을 클릭합니다. 하단에 환불 처리 여부가 나옵니다.

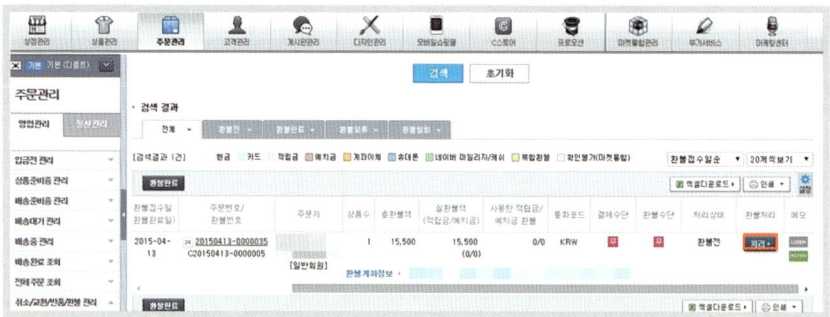

▲ 환불 처리 여부 확인하기

취소 처리한 주문 건이 아직 환불 전임을 알 수 있습니다. '환불처리' 아래의 [처리]를 클릭하면 환불 상품 정보가 나옵니다.

▲ 환불 상품 정보 확인

환불 처리 단계입니다. 취소를 요청한 주문건에 대한 '환불 상품 정보'를 확인합니다.

▲ 환불 처리 완료하기

하단의 '환불 처리'에서 '환불처리일'을 선택한 후 "주문 취소 건 환불 처리합니다"라는 내용을 입력합니다. 하단의 [환불완료처리]를 클릭합니다.

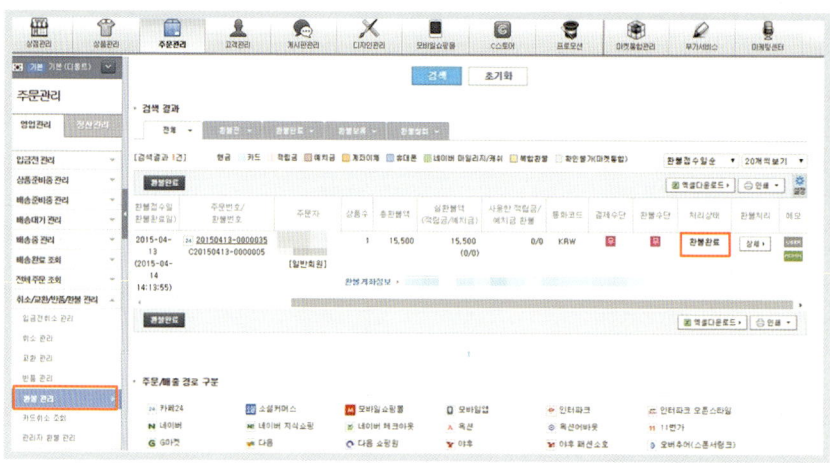

▲ 환불완료 확인하기

관리자 페이지의 '환불 관리'에서 '처리상태'가 '환불완료'로 되면 모든 환불 과정이 완료된 것으로, 구매한 주문 금액이 자동으로 환불 처리됩니다. 구매 취소와 환불은 동시에 처리되는 것이 아니므로, 즉시 환불 처리를 하는 습관을 들일 필요가 있습니다.

반품, 교환 처리

쇼핑몰 운영 시 고객이 요청한 반품 및 교환 처리 역시 구매취소 시와 마찬가지로 신속한 확인 및 대처가 필요합니다.

다음은 반품 관리 선택 페이지입니다.

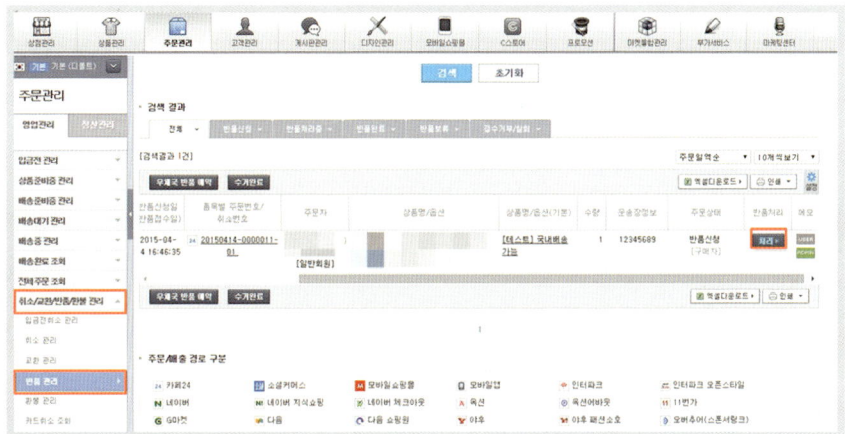

▲ 반품 관리 선택

고객이 반품을 요청하면 '취소/교환/반품/환불 관리'의 '반품 관리'에서 반품 주문건에 대한 내용을 확인할 수 있으며, [처리]를 클릭하면 구매 취소와 비슷한 과정을 거쳐 처리가 완료됩니다. 이후 동일한 환불 절차를 거치면 됩니다.

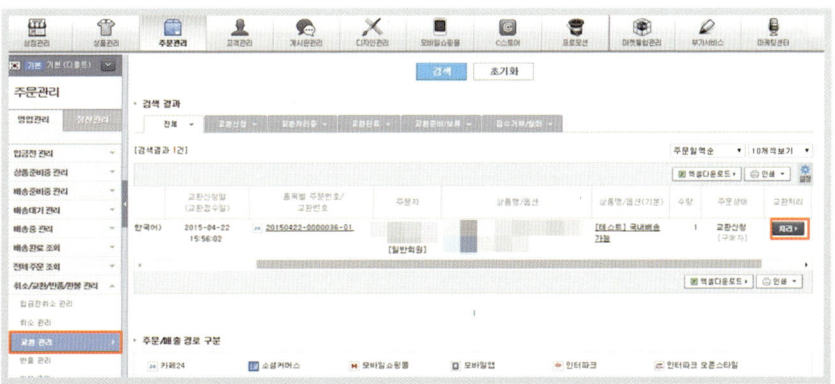

▲ 교환 관리 선택

고객이 교환을 요청하면 '교환 관리'에서 교환 요청 내역을 바로 확인할 수 있습니다. [처리]를 클릭합니다.

▲ 교환 상품 확인 및 접수

교환 처리 단계입니다. 고객이 처음 주문한 상품과 교환을 원하는 새 상품을 확인한 후 [교환접수]를 클릭합니다.

▲ 교환 처리 완료 확인

결제 차액에 대한 정보를 체크한 후 [확인]을 클릭하면 교환 처리는 완료됩니다. 이후 환불 과정을 거치면 차액에 따른 환불 처리까지 모두 완료됩니다.

정산

주문 처리 이후 배송이 완료된 주문건은 관리자 페이지에서 쉽게 확인할 수 있습니다.

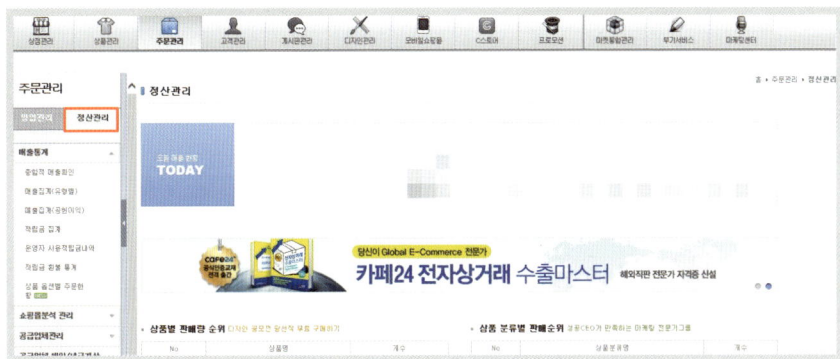

▲ 일자 별 정산 내역 확인

'주문관리'의 '정산관리'를 클릭하면 일자별 매출 현황을 확인할 수 있습니다.

▲ 종합 매출 확인하기

'매출통계'의 '종합적 매출 확인'을 누르면 기간별로 매출을 파악할 수 있고, 특정 기간의 총 주문, 입금 전 취소, 배송 전 취소, 배송 완료 및 취소/환불에 의한 순매출을 알 수 있습니다.

04 효율적인 쇼핑몰 사후관리

쇼핑몰은 항상 주인의식을 가지고 운영해야 합니다. 장기적으로 보고 모자란 부분을 차근차근 채워나간다는 마음으로 끈기 있게 관리해야 합니다. 고객 한 명이라도 소중히 생각해야 하며, 불미스러운 클레임이 발생하지 않도록 사후관리도 철저해야 합니다. 구매대행 쇼핑몰은 주로 해외배송을 거치므로, 일반 쇼핑몰에 비해 배송 기간이 오래 걸리므로 고객의 불안감이 클 수밖에 없습니다. 그러므로 항상 고객과 소통해야 하고, 쇼핑몰의 신뢰도를 쌓아야 합니다. 아이템이 좋으면 고객은 자발적으로 쇼핑몰로 오지만, 그보다 중요한 것이 재방문을 유도하고 충성고객을 만드는 것입니다. 구매대행 쇼핑몰을 운영하면서 필요한 사후관리 사항을 짚어보도록 하겠습니다.

1 고객의 문의 유형 및 대처 방법

구매대행 쇼핑몰을 운영하면서 가장 많이 받는 문의는 몇 가지로 요약됩니다. 고객의 성향은 매우 다양하기 때문에 때로는 상대하기 어려운 고객을 접할 수도 있습니다. 하지만 쇼핑몰을 운영할 때는 감정적으로 대처해서는 안

됩니다. 문의 유형에 따라 고객을 응대하는 나름의 규칙이 있으면 당황하지 않고 유연하게 대처할 수 있을 것입니다.

배송 기간

구매 전 안내 사항과 인사말에 구매대행의 특성상 해외배송이 길다는 점을 명시했더라도, 고객들은 결제한 후 배송 기간이 일주일을 넘어가면 불안해할 수 있습니다. 구매대행에 익숙하지 않은 국내 소비자들은 배송 기간을 7~20일로 명시하면 일주일 후에 제품이 도착하리라고 생각하기도 합니다. 그러니 이러한 고객의 심리를 충분히 이해해야 합니다. 배송 기간에 대한 고객 문의에 대한 가장 효과적인 대처 방법은 상품의 배송 상황 및 도착 예정일을 구체적으로 설명해주는 것입니다.

> 안녕하세요. ○○○ 고객님. ×××쇼핑몰 운영자입니다. 저희 쇼핑몰을 이용해주셔서 대단히 감사합니다. 고객님께서 배송 기간에 대해 문의하신 내용은 확인했습니다. 방금 해외 현지의 배송 상황을 추적한 결과, 고객님께서 주문하신 제품은 △월 △일 미국 물류창고를 출발하여 어제 국제배송을 마친 상황입니다. 현재 국내 공항에 도착하여 통관 절차를 밟고 있으며, 통관을 마치면 국내배송을 거쳐 빠르면 2일, 늦어도 4일 내로 고객님께 도착할 것으로 예상됩니다. 해외배송이다 보니 시간이 오래 걸린 점, 이해해주시길 바랍니다. 마지막까지 안전하게 배송되도록 최선을 다하겠습니다. 즐거운 하루 보내십시오.

고객의 문의는 주로 쇼핑몰 내 게시판이나 쪽지로 전달됩니다. 고객에게 해외배송 상황을 꼼꼼히 알려주고, 며칠 내로 고객에게 제품이 도착할 것이라는 내용을 알려주면 좋습니다. 답변 내용을 메모장에 복사해두고 문의가 올 때마다 빼먹는 내용 없이 답변한다면, 고객의 불안감도 해소되고 친절한 답변에 고마워할 것입니다. 요즘과 같이 스마트폰이 필수인 시대에는 고객에게 카카오톡으로 빠르게 답변하는 방식이 효과적일 수도 있습니다.

100% 정품 여부

브랜드 상품이 주 아이템일 경우 많이 받는 질문입니다. 구매 안내 사항에 100% 정품만을 취급한다는 문구가 명시되어 있는데도, 고객들은 처음 접한 쇼핑몰에서 고가의 브랜드 상품을 구매하는 것을 불안해할 수 있습니다. 그래서 구매하기 전에 문의 게시판에 정품 여부를 묻곤 합니다. 이러한 경우 필웨이와 같이 100% 정품이 아닐 시 2배로 보상하겠다고 답변해주는 것이 좋습니다. 그리고 언제든지 고객센터를 통해 고객과 전화로 소통할 수 있다는 점을 강조하여, 가품을 판매하지 않는 정직한 쇼핑몰이라는 이미지를 심어주는 것도 좋습니다.

> 안녕하세요. ○○○ 고객님. ×××쇼핑몰 운영자입니다. 정품 여부에 대한 문의 내용 확인했습니다. 구매대행 쇼핑몰이다 보니 간혹 고객님들로부터 이런 문의를 받곤 합니다만 전혀 걱정하지 않으셔도 됩니다. 100% 정품이 아닌 제품이면 고객님에게 판매가의 2배를 보상해드립니다. 모든 상품은 해외 현지의 검증된 쇼핑몰에서 구매하고 있습니다. 혹시라도 발생할 수 있는 오배송, 배송 중 파손 시에는 100% 환불해드리고 있습니다. 고객님께 올바른 제품이 가지 않을 경우 ×××쇼핑몰에서 모든 것을 책임지고 보상해드리며, 필요하시면 언제든지 고객센터에 연락해주시면 친절하게 상담해드리도록 하겠습니다. 감사합니다.

해외 사이즈

의류와 신발 등 사이즈가 있는 아이템을 판매할 경우, 해외 사이즈에 대한 문의가 많습니다. 사이즈가 있는 상품은 상품 등록 시 상세설명에 사이즈 표를 첨부해두면 문의가 많이 줄어듭니다. 그러나 사이즈가 애매할 경우에는 따로 묻는 경우가 있는데, 이럴 때 쇼핑몰 운영자가 명확히 답변하는 것은 좋지 않습니다. 사이즈는 미세한 차이가 있으므로 국내에 있는 상품이라면 오프라인에서 직접 입어보고 결정하도록 권하고, 국내에 없다면 '상품명 구매 후기' 키워드로 온라인 검색을 통해 실제로 구매한 고객들의 후기를 꼼꼼히 살펴보고 구매하도록 하는 것이 좋습니다.

교환 및 반품/환불

간혹 고객이 제품을 받은 후 단순 변심, 판단 착오로 인해 교환 및 반품, 환불을 요구할 때가 있습니다. 답변을 할 때는 안내 사항에 명시된 내용에 따라 해외배송비를 고객이 부담해야 한다는 내용을 완곡히 전달하고, 게시판보다는 전화로 고객과 직접 통화도록 합니다. 그러나 고객이 충분히 판단 착오를 일으킬 만한 제품이거나, 반품을 받아 재고로 가지고 있어도 곧 팔릴 만한 제품일 경우에는 고객의 요구를 들어주는 유연성을 발휘하는 것도 좋습니다.

개인통관고유번호 관련

주문을 접수한 후 고객에게서 수집하는 개인통관고유번호에 대한 문의입니다. 구매대행과 직구를 처음 접하는 고객들은 개인통관고유번호를 발급받지 않은 경우가 대부분이기 때문에 고유번호가 무엇인지, 어떻게 발급받아야 하는지 궁금해할 수 있습니다. 개인통관고유번호는 개인정보보호법이 시행됨에 따라 개인정보 유출 방지를 위해 기존에 수집하던 주민번호를 대체하는 번호이며, 공인인증서만 있으면 누구나 3분 안에 온라인으로 발급받을 수 있고, 포털사이트에서 검색하면 쉽게 찾을 수 있다고 전해주는 것이 좋습니다.

> **TIP**
>
> **쇼핑몰 게시판에 FAQ 만들기**
>
> 구매대행 쇼핑몰에서 자주 받는 문의는 '자주 묻는 질문(FAQ)'으로 만들어놓으면 좋습니다. 고객들이 문의하기 전에 FAQ를 찾아보면 문의 업무를 간소화할 수 있고, 처음 구매하는 고객들은 믿을 만한 쇼핑몰이라고 인식할 수 있습니다.

2 CS 관리의 중요성

CS는 Customer Satisfaction의 약자로, 고객 만족을 위한 서비스를 말합니다. 쇼핑몰을 운영할 때 CS는 장기적인 측면에서 필수입니다. 개인사업자가 운영하는 구매대행 쇼핑몰은 운영자의 실수로 인해 CS가 좋지 않다는 평가를 받기 쉽습니다. 기본적으로 알아두면 좋은 쇼핑몰 CS의 핵심을 살펴보겠습니다.

고객의 전화는 벨이 세 번 울리기 전에 받아라

쇼핑몰을 운영하다 보면 고객센터로 전화 문의를 하는 고객을 수도 없이 접하게 됩니다. 쇼핑몰 운영자도 사람이기 때문에 고객을 응대하는 일이 항상 즐거울 수만은 없지만, 모르는 번호로 전화가 오면 고객일 수도 있다고 생각하고 벨이 3번 울리기 전에 받는 습관을 가질 필요가 있습니다. 고객들은 발 빠르게 응대해주는 쇼핑몰을 더욱 신뢰하며, 이러한 응대가 쌓이다 보면 자연스레 충성고객이 늘어나는 효과를 볼 수 있습니다.

교환 및 반품을 요청한 고객에게 먼저 전화하라

단순 변심으로 인한 교환 및 반품 시 해외배송비를 고객이 부담하는 것을 기본 원칙으로 하는 구매대행 쇼핑몰은 일반 쇼핑몰에 비해 교환이나 반품이 적은 편입니다. 그러나 교환과 반품을 요청하는 고객은 해외배송비를 부담할 만한 사정이 있을 것입니다. 그러므로 교환이나 반품 문의가 들어올 경우, 먼저 고객에게 전화를 걸어 고객의 선택과 상황에 대해 끝까지 이야기를 들어줍니다. 앞서 살펴보았듯이, 고객에게 특별하게 혜택을 주는 듯한 뉘앙스로 유연하게 처리할 수 있는 별도의 방안을 마련해두면 더욱 좋습니다. 한발

다가서는 CS는 고객들에게 감동을 주며, 쇼핑몰의 장기적 운영에 큰 밑거름이 될 수 있습니다.

밝은 톤의 목소리로 올바른 경어를 사용하라

원래 목소리 톤이 낮더라도 평소보다 높은 톤의 상냥한 말투를 유지하도록 노력합니다. 고객의 클레임 문의는 물론이거니와 일반 문의 시에도 "감사합니다. ×××쇼핑몰입니다. 무엇을 도와드릴까요?"라며 밝게 인사하도록 합니다. 같은 표현이라도 고객을 최우선시하는 것이 느껴지게끔 완곡한 어법을 사용합니다. 그리고 올바른 경어 표현을 쓰면 쇼핑몰에 대해 긍정적으로 바라보게 됩니다.

단골고객 유치를 위한 적립 행사를 진행하라

구매대행 쇼핑몰에서 판매되는 아이템은 구입 원가에 국제배송비가 부과되고 해외 현지 브랜드 제품을 주로 취급하기 때문에 일반 쇼핑몰의 아이템에 비해 제품가가 비싼 편입니다. 그러므로 고객에게 구매 금액의 일정 퍼센트를 적립금으로 주는 혜택을 제공하면 고객의 입장에서는 한 번 구매 후 얻게 되는 적립금이 그만큼 크게 느껴질 것입니다. 오픈마켓과 달리 쇼핑몰은 장기적인 관점에서 고객의 재방문을 유도해야 합니다. 단기적으로 마진이 줄어드는 것을 걱정하지 말고, 단골고객 유치를 위한 적립 혜택은 상시 진행하기를 권장합니다.

3 상품 리뷰를 유도하라

잘나가는 쇼핑몰인지 빠르게 파악하는 방법은 상품 리뷰 및 구매 후기 게시판을 확인하는 것입니다. 판매가 잘 이루어지는 쇼핑몰이라면 당연히 구매 후기가 많을 것이라고 생각합니다. 쇼핑몰은 판매가 목적이므로 커뮤니티성이 상대적으로 떨어질 수밖에 없습니다. 그래서 처음 방문한 고객은 믿을 만한 쇼핑몰인지 판단하기 위해 포토 후기, 상품 후기 게시판을 살펴보곤 합니다. 그만큼 쇼핑몰 커뮤니티의 활성화는 고객에게 신뢰를 준다는 면에서 중요합니다. 그러려면 구매 후 상품 후기를 남기는 고객에게 상시로 추가 혜택을 주는 편이 좋습니다.

4 고객을 이끄는 이벤트, 프로모션

쇼핑몰은 오프라인의 상점과 마찬가지로 일정 기간 동안 이벤트와 프로모션을 제공함으로써 더 많은 고객을 끌어들일 수 있습니다. 상시 적립 혜택도 이벤트에 해당되지만, 특정 기간에 많은 고객을 끌어들이는 색다른 이벤트와 프로모션을 진행한다면 쇼핑몰의 매출을 극대화할 수 있을 것입니다. 구매 대행 쇼핑몰은 모든 아이템을 해외 쇼핑몰에서 가져오기 때문에 해외의 대형 세일 기간을 이벤트와 프로모션에 활용할 수 있습니다. 블랙프라이데이, 사이버먼데이 등 해외의 세일은 연중 수시로 진행되며, 이 기간 동안 여러 아이템을 더 저렴하게 구매할 수 있다는 장점을 살려야 합니다. 쇼핑몰 내에서 자체적인 △△데이, 특정 기간 대박 세일 등의 형태로 고객의 구매욕을 일으키는 이벤트를 진행하는 것도 좋은 방법입니다. 이러한 이벤트는 기존 고객은 물론 신규 고객에게도 충분히 알려야 하므로, 블로그, 카페, 카카오스토리, 페이스북 등의 온라인 매체를 통해 바이럴로 전파하면 좋습니다.

5 쇼핑몰에 생명을 불어넣는 노하우

쇼핑몰은 웹페이지이지만 그 안에서 보여줄 수 있는 것은 생각보다 많습니다. 쇼핑몰에 처음 접속한 고객에게 바쁘게 돌아가는 오프라인 점포와 같은 생동감을 느끼게 해주면 관리가 잘되고 있다는 긍정적인 첫인상을 심어줄 수 있으며, 이로 인해 고객들은 믿음을 가지게 되고 높은 판매율로 이어질 수 있습니다.

쇼핑몰에 접속하면 바로 보이는 메인 상단에 공지사항 및 이벤트 게시판을 배치하고, 새 글을 알리는 New라는 표시를 지속적으로 보이게 하는 것이 중요합니다. 쇼핑몰 운영자가 직접 올리는 글이라면 쇼핑몰이 더 생동감 있어 보이는 동시에 고객이 더욱 신뢰하게 됩니다.

생초보를 위한
해외 구매대행
가이드

06

매출을 높이는
마케팅 기법

아무리 좋은 아이템을 선정했더라도 고객들이 알지 못하면 결국 판매로 이어지지 않습니다. 오프라인 점포는 좋은 곳에 목을 잡고 장사를 시작하면 알아서 고객들이 찾아오지만, 온라인은 그렇지 않습니다. 이미 온라인 판매자들은 치열한 경쟁 속에서 보이지 않는 전쟁을 치르고 있습니다. 그래서 나의 아이템 및 쇼핑몰을 알리고 판매 및 매출 목표를 달성하려면 여러 마케팅 수단을 활용해야 합니다. 온라인 구매대행 시장도 점점 경쟁이 과열되고 있습니다. 그러므로 소자본으로 누구나 할 수 있는 온라인 마케팅 기법을 알아보도록 하겠습니다.

01 사이트 무료 등록하기

쇼핑몰을 운영할 때 포털사이트 등록은 필수입니다. 나의 쇼핑몰명을 포털 사이트 검색창에 검색하면 사이트 영역에 쇼핑몰 이름과 소개 문구가 뜨고, 이름과 문구를 잘 지으면 검색을 통해 고객이 유입되기도 합니다. 네이버의 심사를 거친 사이트라는 인식은 쇼핑몰의 신뢰도에도 좋은 영향을 끼칠 수 있습니다.

▲ 위즈위드 검색 시

쇼핑몰 등록을 위해서는 네이버 웹마스터도구 webmastertool.naver.com 와 쇼핑몰 메인 페이지 HTML문서의 HEAD에 설명문구를 삽입해야 합니다.

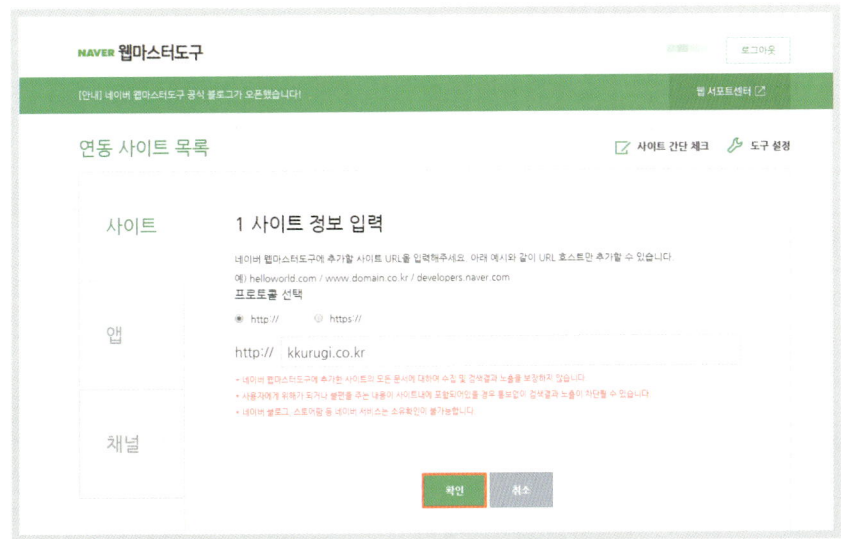

▲ 쇼핑몰 사이트 등록하기

먼저 웹마스터도구에 들어가서 네이버 아이디로 로그인합니다. '사이트 추가+ > 1 사이트 정보 입력'에서 쇼핑몰 주소를 등록합니다. '2 사이트 소유확인'을 보면 카페24 쇼핑몰을 사용하고 있다면 HTML태그를 사용하면 편리합니다.

쇼핑몰을 등록한 후 쇼핑몰 사이트의 index 문서의 헤드 태그에 쇼핑몰 설명과 판매 아이템 등을 삽입하면 됩니다. 카페24의 경우 '상점관리 > 운영관리 > 검색엔진 최적화(SEO)' 메뉴에서 수행할 수 있습니다.

02 블로그 마케팅

우리나라에서 70%가 넘는 포털사이트 검색 점유율을 차지하고 있는 네이버는 특정 키워드로 검색하면 블로그 영역을 앞에 띄워줍니다.

▲ 정보성 키워드 검색 시

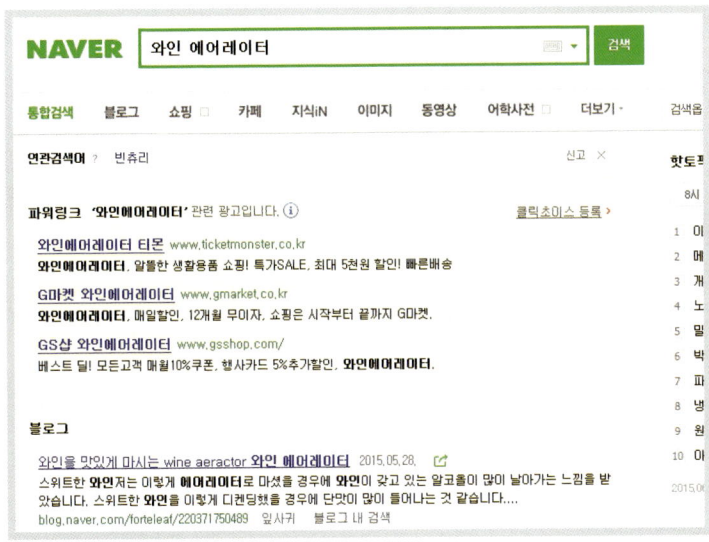

▲ 특정 제품군 검색 시

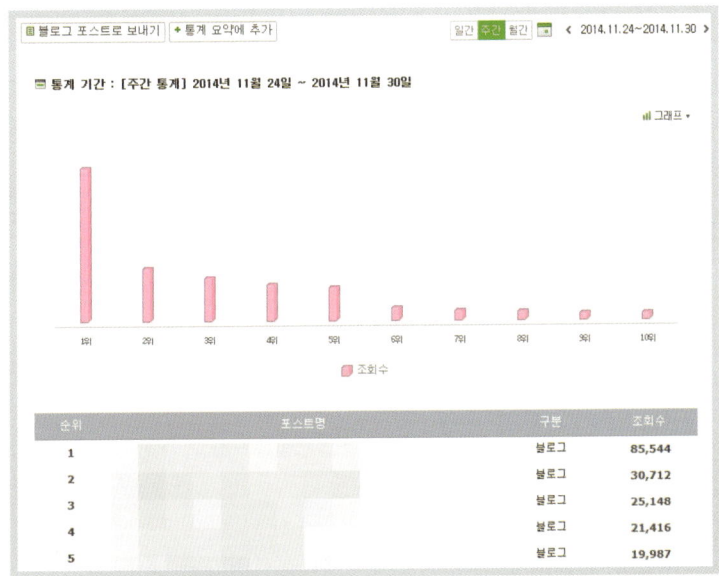

▲ 필자가 운영하는 개인 블로그의 7일간 방문자 통계

그만큼 블로그의 키워드 장악력은 온라인마케팅에서 상당한 힘을 발휘하므로, 구매대행 사업을 진행할 때 이를 적극적으로 활용할 필요가 있습니다. 블로그를 만드는 과정에는 돈이 들어가지 않고, 빠르면 2달 내로 원하는 키워드를 상위에 노출시킬 수 있습니다. 블로그를 활용하여 고객을 유입시킬 수 있는 구매대행 제품 및 카테고리, 아이템과 관련된 정보 등 직간접적인 키워드를 선점한다면, 이를 쇼핑몰로 연계하여 매출로 이어지게 할 수 있습니다.

1 블로그 최적화시키기

블로그를 운영하는 것은 누구나 할 수 있지만 상위노출이 가능한 최적화 블로그를 만드는 데는 꾸준한 노력과 노하우가 필요합니다. 네이버 블로그를 기준으로 최적화를 위해 알아두면 좋은 운영 팁은 다음과 같습니다.

- 하루 1개 이상의 포스팅을 꾸준히 올린다.
- 댓글로 이웃과 꾸준히 소통한다.
- 일상과 정보가 담긴 포스팅이면 더욱 좋다.
- 본문에 들어가는 제목 키워드를 5개 이상 넣지 않는다.
- 쇼핑몰 URL 등의 외부 링크를 자주 넣지 않는다.
- 본문에 복사하여 붙여넣기 기능을 사용하지 않는다.
- 제목에 실시간 검색어에 뜨는 등의 이슈성 키워드는 가급적 피한다.
- 동일한 IP로 여러 개의 블로그를 운영하면 위험할 수 있으므로 1개의 IP를 이용한다.
- 타인의 포스팅을 과도하게 스크랩하면 블로그에 안 좋은 영향을 끼칠 수 있다.

위 운영 팁을 참고하여 블로그를 운영하다 보면 빠르면 2달 내로 최적화가 이루어지며, 최신에 쓴 글이 상위로 올라오면 최적화된 것으로 볼 수 있습니다. 최적화와 동시에 방문자 수가 급증할 것이며, 이 시점부터 불특정다수의 고객을 쇼핑몰로 유입시키는 블로그 마케팅에 활용할 수 있습니다.

2 최적화 이후 운영 방안

원하는 키워드를 상위에 노출시킬 수 있다고 해서 처음부터 블로그를 쇼핑몰을 홍보하는 마케팅의 수단으로만 이용해서는 안 됩니다. 네이버는 여러 가지 요인을 자체적으로 분석하여 상업적인 블로그를 지속적으로 걸러내고 있으며, 소통과 정보 공유라는 네이버 블로그의 운영 목적에서 벗어나는 블로거들을 통제하기도 합니다. 결국 힘들게 최적화시킨 블로그가 일순간에 초기화되어 경쟁력을 잃게 될 수 있으며, 이를 다시 회복시키는 일은 최적화시키는 과정보다 어렵습니다. 그러므로 최적화되었다고 방심하지 말고 아래의 운영 팁을 참고하기 바랍니다.

- 구매대행이라는 단어가 들어간 키워드의 제목은 가급적 피한다. ××대행이라는 키워드는 상업적 키워드로 인식될 위험이 높다. 실제로 고객에게 견적을 받아 구매를 대행해주는 시스템이 아니기 때문에 구매대행 키워드는 실판매 전환으로 유입되는 효과가 낮다. 일반 쇼핑몰과 같이 아이템 및 제품 관련 키워드를 통해 블로그에서 쇼핑몰로 유입되도록 마케팅을 진행하는 것이 좋다.
- 쇼핑몰 홍보를 위한 글을 쓰다 보면 자신도 모르게 반복되는 키워드의 제목이 들어갈 수 있는데, 이는 매우 위험하다. 동일한 키워드의 제목은 5~7일 정도 기간을 두는 것이 좋다.
- 쇼핑몰의 특정 아이템을 홍보하는 글을 쓰는 과정에서 본의 아니게 상업적인 블로그로 오인받는 키워드가 제목에 들어갈 수 있다. 통합검색 시 파워링크가 상단에 보이는 키워드를 제목으로 쓰면 상업적인 블로거로 오해받을 수 있으므로 자제하도록 한다.
- 통합검색 시 블로그 영역이 안 보이거나 하단에 보이는 키워드는 상위노출이 되더라도 방문자의 유입 효과를 누릴 수 없다. 가급적 블로그 영역이 상위에 있는 키워드를 선별하여 포스팅을 쓰도록 한다.

- 최적화된 이후에도 쇼핑몰 홍보와 무관한 주제의 일상 포스팅 비중을 절반 이상으로 유지한다. 마케팅을 위한 상업적 키워드가 들어간 포스팅은 일주일에 2번 정도가 안전하다.
- 방문자와 이웃 수가 증가했더라도 이웃과의 소통을 게을리 해서는 안 된다. 네이버는 블로그의 소통 지수를 중요시 한다. 매일 이웃 블로그에 방문하여 댓글을 남기는 습관을 가지도록 한다.
- 제품과 연관된 정보성 포스팅을 작성하면 좋다.

▲ 네이버에서 '와인오프너 사용법' 검색 시

와인오프너를 홍보할 경우, '와인오프너 사용법'과 같은 키워드를 제목으로 하여 정보를 제공하고 동시에 쇼핑몰을 간접적으로 홍보하는 방법이 있습니다. 이와 같은 키워드로 포스팅을 작성하면 블로그 지수에도 좋은 영향을 끼치고, 정보를 얻으려 유입된 방문자는 자연스럽게 고객으로 전환될 수 있습니다.

 실전강의

구매대행 블로그의 좋은 예 #1

네이버는 블로그 포스팅에 외부 링크가 들어가는 것을 좋아하지 않으며, 동일한 쇼핑몰 URL이 반복되면 상업적인 블로거로 오해받기 쉽습니다.

▲ 수영용품 전문몰 '엠돌핀' 블로그 예시

그러므로 위 블로그와 같이 쇼핑몰 링크를 위젯으로 설치하여 방문을 유도하는 것이 좋습니다. 아이템 및 수영 정보 위주의 포스팅을 작성하여 수영용품을 전문적으로 취급하는 구매대행 블로그 혹은 쇼핑몰이라는 신뢰감을 주고 있으며, 페이스북 위젯을 설치하여 블로그를 활용한 바이럴 마케팅 효과를 톡톡히 누리고 있습니다.

구매대행 블로그의 좋은 예 #2

다음은 일상적인 포스팅을 꾸준히 쓰면서 구매대행을 홍보하는 블로그입니다.
같이 운영하는 구매대행 카페 위젯을 통해 방문 및 판매를 유도하고 있으며, 카카오톡 상담 위젯을 달아 고객과의 소통을 중시하는 긍정적인 분위기를 형성하고 있습니다. 주로 실사 제품 이미지를 넣어 포스팅하기 때문에 예비 고객이 더욱 공감하게 함으로써 판매율을 높이는 좋은 사례입니다.

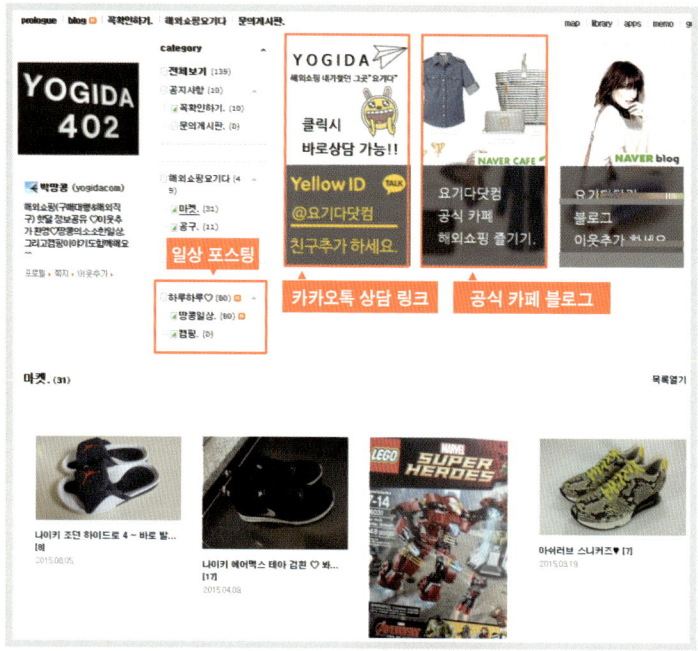

▲ 구매대행 업체 '요기다닷컴' 블로그 예시

03 카페 마케팅

통합검색 시 블로그 다음으로 상위에 많이 노출되는 영역이 카페입니다. 카페도 블로그처럼 꾸준히 운영하면 카페 영역에서 상위노출이 가능합니다. 회원 수가 늘어나면 소통과 정보 공유를 통해 경쟁력 있는 카페로 성장할 수 있으며, 쇼핑몰의 구매를 촉진하는 마케팅 용도로 활용할 수 있습니다. 그러나 쇼핑몰과 카페를 동시에 운영하는 일은 상당한 노력과 시간이 필요하므로 현실적으로 쉽지만은 않습니다. 카페는 쇼핑몰과 같이 직접적인 판매를 이루어내는 매개체이자 소통의 장이 될 수 있으며, 실제로 전문 분야의 아이템을 선정한 사업자가 쇼핑몰 대신 구매대행 카페를 통해 판매하기도 합니다. 그러므로 구매대행 전문 카페를 운영해보는 것도 좋습니다. 이왕 카페를 운영하기로 마음먹었다면 철저히 준비하고 시작하기를 권합니다.

기존에 활성화된 카페를 이용하는 것도 좋지만, 주된 마케팅 수단으로써는 아쉬울 것입니다. 그 예로 공동구매를 부탁하려면 카페 운영지기와 별도로 협의해야 하고, 홍보성 글을 쓸 경우 강퇴당할 수 있습니다. 카페를 운영할 때 시간이 많이 드는 것은 사실이지만, 구매대행업을 주 목적으로 카페로 운영할 경우에는 장점이 많습니다.

1 카페 운영 포인트

카페를 직접 운영하기로 결정하였다면 많은 준비와 노력이 필요할 것입니다. 경쟁력 있는 카페를 만들기 위해 숙지해야 할 몇 가지 포인트를 알아보겠습니다.

■ 경쟁 카페를 벤치마킹하라

카페를 시작하기 전에 동종 분야의 아이템을 판매하는 구매대행 카페를 벤치마킹해봅니다. 나의 아이템과 부합하는 주요 카페에 가입하여 카페 내에서 가장 활성화된 게시판을 분석해봅니다.

▲ 네이버 카페 '유아용품 구매대행' 검색 시

회원가입 게시판을 읽어보면 가입 목적과 주요 고객층을 파악할 수 있습니다. 그리고 나의 아이템과 경쟁하게 될 제품 키워드를 찾아내어 게시판 조회수와 답글 수 및 내용을 통해 회원의 관심도를 추측해봅니다. 각 카페가 가지고 있는 장점을 벤치마킹하여 카페 운영에 활용하고, 나의 아이템과 관련하여 차별화된 운영 방안을 세웁니다.

■ 카페명과 카페 소개 글을 신중히 정하라

네이버 사이트 검색등록에서 살펴본 것처럼, 카페 이름과 소개 글도 검색 영역에 포함됩니다. 그러므로 검색으로 유입될 수 있는 회원을 고려하여 구매 대행 및 주요 아이템을 소개하는 키워드를 고르고 카페명과 소개 글을 등록합니다.

■ 카페 회원 수를 늘려라

카페의 등급을 올리는 데 가장 중요한 요소는 회원 수입니다. 운영 초기에 회원 수를 늘리기 위해서는 기본적으로 양질의 정보성 글이 축적되어야 합니다. 유아용품을 판매한다면 육아 상식에 대한 정보를 올리고, 캠핑용품을 판매한다면 캠핑 준비물 목록처럼 사람들이 얻고 싶어 하는 기초 정보를 카페에 꾸준히 올립니다. 정보성 글이 어느 정도 축적되었다면, 경쟁 카페와 블로그에서 공통된 주제로 소통 및 정보 공유를 원하는 회원들을 지속적으로 나의 카페로 유입시킵니다. 단기간에 회원 수를 대폭 늘리기 위해서는 특별 증정 이벤트 및 공동구매를 진행하는 것도 좋습니다.

■ 회원들 간의 소통을 유도하라

카페는 회원 수 다음으로 카페 내 활동 지수가 매우 중요합니다. 쇼핑몰 운영자가 매일 여러 개의 글을 쓰고 답글을 달며 카페 활동을 하는 데는 한계가 있습니다. 정보 공유 게시판, 사진 후기, Q&A, 직거래 장터 등 회원들이 자발적으로 글을 쓰고 회원 간의 소통을 유도하는 카테고리를 구성하여 활성화시키면 카페 내 활동 지수가 올라갑니다. 또한 정보가 축적되면서 더 많은 신규 회원이 가입할 수 있습니다.

 실전강의

쇼핑몰로 유입시키기

- 블로그와 같이 쇼핑몰 URL을 넣은 위젯 배너를 만들어 카페 메인에 배치합니다. 쇼핑몰 이벤트를 진행할 때는 카페에 공지한 후 위젯을 클릭하여 쇼핑몰로 접속하도록 함으로써 구매를 이끌어냅니다.
- 카페 등급이 올라가면 카페 영역에서의 상위노출이 가능해집니다. 아이템 및 아이템 관련 정보, 이벤트 키워드의 카페 글을 꾸준히 작성하여 검색 유입을 통해 지속적으로 신규 회원이 가입하도록 합니다.
- 카페 내 히트 이벤트, 개근 이벤트를 진행합니다. 이벤트 당첨자에게 쇼핑몰 아이템을 증정한 후 구매 후기 작성을 유도하는 등 쇼핑몰과 관련된 간접 마케팅으로 활용하면 좋습니다.

구매대행 카페의 좋은 예

중분류 아이템군인 수영용품을 전문적으로 다루는 카페입니다.

◀ 수영용품 전문몰 〈엠돌핀〉 카페 예시

'모두가 즐거운 수영'이라는 주제로 초보자들을 위한 각종 수영 정보를 제공하고 있으며, 8천여 명의 회원 수를 확보하고 있습니다.

▲ 양질의 정보성 카테고리

수영에 대한 기초 정보를 상세하게 알려주고 있습니다. 양질의 콘텐츠를 지속적으로 올려서 회원 간의 소통 및 자발적인 정보 공유라는 카페의 기본 성격을 잘 살린 사례입니다.

▲ 카페 내 쇼핑몰 위젯 설치

정보를 제공하는 동시에 쇼핑몰 위젯을 메인에 크게 배치하여 수영에 관심 있는 예비 고객이 쇼핑몰로 자연스럽게 유입되도록 합니다. 회원 수가 많은 활성화된 카페는 그 자체로 신뢰감을 주기 때문에, 쇼핑몰 유입 후 구매율이 더욱 높아지는 효과를 누릴 수 있습니다.

04 효율적인 키워드 광고

네이버에서 특정 키워드로 검색하면 파워링크가 최상단에 뜨는 것을 종종 볼 수 있습니다.

▲ 네이버 '유모차 구매대행' 검색 시

파워링크는 네이버에서 이용자가 검색창에 키워드를 검색할 때 특정 사이트로 연결될 수 있도록 하는 일종의 광고 서비스입니다.

CPC(사용자들의 클릭수에 따라 비용을 부과) 방식으로, 네이버에 키워드 단위 비용을 지불하고 네이버는 비용을 지불한 업체의 정보를 파워링크로 최상단에 띄워줍니다.

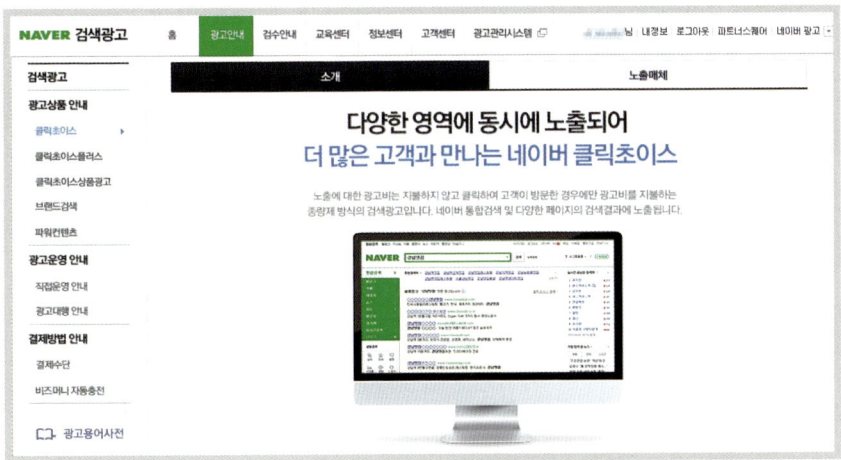

▲ 네이버 검색 광고 메인

3장에서 살펴봤듯이, 네이버 광고 서비스에 무료로 가입하면 키워드당 월평균 예상 비용을 파악할 수 있습니다. 즉, 키워드 단위로 부과될 광고비를 미리 예측할 수 있기 때문에 아이템과 관련된 여러 키워드를 추출해보면 키워드 광고에 드는 금액을 산출할 수 있습니다.

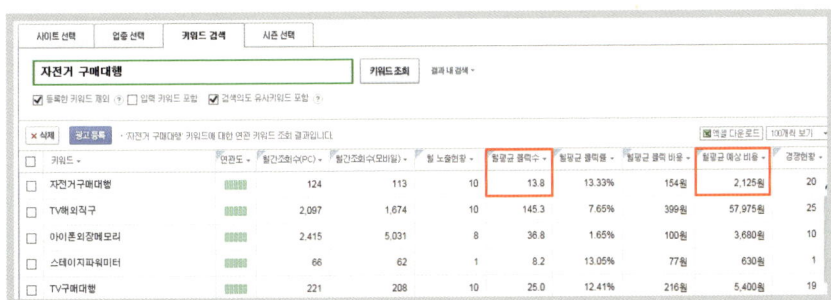

▲ 세부 키워드 월평균 예상 비용 파악하기

구매대행 쇼핑몰은 '주력 아이템군 + 구매대행' 키워드로 검색하면 쇼핑몰 유입 후의 구매율을 높일 수 있습니다. 자전거와 같이 개당 판매 마진이 높은 품목을 구매대행을 넣어 검색해본 결과, 월평균 클릭 수 13.8에 예상 비용은 2125원이었습니다. 그렇다면 키워드 광고를 통해 3달간 1명의 고객이 자전거를 구매해도 투자 대비 수익 면에서 이득입니다. 이와 같이 아이템 단위로 키워드를 세분화하여 검색한 후 판매 마진, 쇼핑몰 유입 후 전환율, 월 평균 클릭수 대비 예상 비용을 분석하면 광고대행사를 거치지 않고도 효과적으로 키워드 광고를 진행할 수 있습니다. 구매대행 쇼핑몰 운영 초기에는 가급적 월 10만 원 미만으로 키워드 광고에 투자하기를 권합니다. 이후 몇 달간 파워링크를 통한 쇼핑몰 유입 통계를 분석하면 구매율 및 투자 대비 수익이 어느 정도인지 감을 잡을 수 있습니다. 투자 대비 효과가 있다면 키워드를 다분화하여 네이버 키워드 광고에 투자하는 것도 좋습니다.

05 네이버쇼핑 입점

네이버 통합검색 시 제품과 관련된 대부분의 키워드는 '네이버 네이버쇼핑' 영역에서 검색됩니다. 우리나라의 소비자들은 온라인 쇼핑 시 가격을 비교하기 위해 네이버 네이버쇼핑을 가장 많이 이용하며, 판매율 또한 상당합니다.

▲ 네이버쇼핑 입점 사이트

네이버쇼핑은 불특정다수의 고객에게 경쟁력 있는 구매대행 주력 아이템을 내세워 쇼핑몰 유입을 유도하는 마케팅 수단으로 매우 효과가 큽니다. 오픈마켓 대부분은 네이버쇼핑에 입점되어 있어서 판매자들의 상품을 네이버쇼핑에서 접할 수 있지만, 구매대행 쇼핑몰을 비롯한 개인 쇼핑몰은 그렇지 않습니다.

네이버 네이버쇼핑 입점 사이트에 접속하여 쇼핑몰 입점 절차를 거쳐야 합니다. 쇼핑몰의 입점 방식은 크게 CPC와 CPS로 나뉘는데, CPS는 매월 고정비와 상품 수수료를 내는 방식이라 쇼핑몰 운영 초기에는 금액이 부담스러울 수 있습니다. 그러므로 클릭당 과금이 부과되는 CPC로 입점하는 것을 권장하며, 클릭에 따른 수수료는 다음과 같습니다.

클릭당 단가 : 상품 가격대 / 카테고리별 CPC수수료 + 10원 (최저수수료)

가격비교 상품군

상품가격대	수수료율
1만원 이하	0.2 %
1만원 초과 ~ 5만원 이하	0.01 %
5만원 초과 ~ 20만원 이하	0.001 %
20만원 초과 ~ 50만원 이하	0.0001 %
50만원 초과 ~ 100만원 이하	0 %
100만원 초과	0 %

일반 상품군

상품가격대	수수료율
1만원 이하	0.15 %
1만원 초과 ~ 3만원 이하	0.1 %
3만원 초과 ~ 4만원 이하	0.02 %
4만원 초과 ~ 6만원 이하	0.01 %
6만원 초과 ~ 10만원 이하	0.01 %
10만원 초과 ~ 100만원 이하	0 %
100만원 초과	0 %

100만원 초과의 상품은 100만원까지는 위의 요율로 적용되며, 그 초과의 금액구간에 대해서는 0%를 적용합니다.

▲ 네이버쇼핑 CPC 입점 수수료

크게 가격 비교 상품군과 일반 상품군으로 나누어 상품 가격대에 따른 수수료율이 정해지며, 가전/컴퓨터, 분유/기저귀/물티슈, 국내/수입화장품, 향수/바디/헤어를 제외한 모든 품목군은 일반 상품군으로 분류됩니다.

입점절차				
STEP 01 입점신청서 작성	STEP 02 입점심사	STEP 03 상품 DB URL 등록	STEP 04 상품등록	STEP 05 서비스 시작
광고주	NAVER	광고주	광고주	NAVER

▲ 네이버 네이버쇼핑 입점 절차

네이버쇼핑 입점 join.shopping.naver.com 에 접속한 후 절차에 따라 입점 신청을 마치면 하루 만에 쇼핑몰 심사가 완료됩니다. 이후 원하는 상품을 등록할 수 있습니다. 등록하면 바로 등록한 상품이 검색되며, 네이버쇼핑에서 유입된 고객의 통계 및 투자 비용 대비 수익을 분석할 수 있습니다.

06 기타 마케팅

마케팅 수단은 다양할수록 좋습니다. 요즘은 인스타그램, 페이스북, 트위터, 카카오스토리 등 다양한 SNS 매체를 통한 마케팅이 주효한 시대로, 그 파급력은 어마어마합니다. 라이프스타일로 자리 잡은 SNS는 시간과 공간의 제약을 받지 않으며 언제 어디서든 정보를 빠르게 공유하는 전파력을 갖고 있어서, 이미 수많은 업체에서 SNS를 마케팅의 보조 수단으로 활용하고 있습니다. 구매대행 쇼핑몰의 마케팅 수단으로 활용할 수 있는 주요 SNS에 대해 알아보겠습니다.

1 인스타그램

인스타그램은 이미지 기반의 SNS로, 시각적인 효과를 통해 정보를 공유하는 매체입니다. 현재 국내에서는 가장 핫한 SNS로 거듭나고 있으며, 생겨난 지 얼마 되지 않았는데 벌써 세계적으로 3억 명이 이용할 정도로 대단한 파급력을 자랑하고 있습니다. 주력 아이템을 이미지로 표현하여 자연스럽게 구매대행 쇼핑몰로 유입시키는 효과를 기대할 수 있으며, 현재 많은 구매대행업자들이 인스타그램을 통한 이미지 마케팅을 하고 있습니다.

▲ 구매대행 업체 프로필 및 제품 소개 예시

인스타그램은 기본 프로필에 메인 사진과 자기소개를 작성하게 되어 있습니다. 구매대행 쇼핑몰업체는 주로 쇼핑몰 로고를 프로필에 넣고 자기소개란에 쇼핑몰 소개와 URL 주소를 넣는 방식으로 고객 유입을 유도하고 있습니다. 쇼핑몰의 주력 아이템을 직접 찍은 사진이나 잘 꾸며진 이미지로 공유할 수 있습니다. 이미지를 업로드할 때마다 해시태그 키워드를 다양하게 배치하면 많은 사람들이 나의 제품 사진을 보게 됩니다. 해시태그에 간접적으로 쇼핑몰명을 언급하여 '네이버에서 ×××'와 같이 쇼핑몰 이름 검색 및 방문을 유도할 수 있습니다. 해시태그는 띄어쓰기를 하지 않아야 하고, 사람들의 관심을 끌 만한 제품 이미지와 적절한 해시태그를 지속적으로 넣어주면 팔로워가 늘어나면서 쇼핑몰 홍보 효과를 톡톡히 누릴 것입니다.

2 페이스북

누구나 페이스북 계정 하나는 가지고 있을 것입니다. 페이스북은 주로 인맥으로 시작되지만 '좋아요'를 통한 전파 효과는 매우 큽니다. 구매대행 아이템을 소개한 글에 팔로워가 수천 명이 넘는 지인이 '좋아요'를 눌러주면 지인의 친구들이 페이스북을 통해 나의 아이템을 볼 수 있고, 그의 친구들을 통해 또 다른 '좋아요'가 파생될 수 있습니다. 많은 이들의 관심을 이끌어낼 수 있는 이슈성 아이템이라면 효과와 파급력은 예상 밖으로 커질 수도 있습니다. 대부분의 페이스북 마케팅은 주변 인맥에서 시작하지만, 불특정다수의 사람들에게도 나의 아이템과 쇼핑몰을 자연스럽게 알릴 수 있는 강력한 마케팅 수단이 될 수 있다는 점을 간과해서는 안 됩니다. 그러므로 페이스북 친구가 많거나 페이스북 친구가 많은 지인이 있다면 이를 적극적으로 활용하는 것이 좋습니다.

▲ 기업 페이스북 페이지 예시

또한 개인 계정 외에 쇼핑몰용 기업 페이스북 페이지를 만들고 지속적으로 제품을 업데이트하거나 '좋아요'를 유도하는 작업을 진행하면 페이스북상에서 인지도를 얻을 수 있으며, 이로 인해 쇼핑몰을 직접적으로 홍보하는 마케팅 효과도 누릴 수 있습니다.

3 카카오스토리

대한민국의 할머니, 할아버지도 카카오톡 계정은 가지고 있습니다. 그만큼 국내에서 카카오톡 회원 수는 절대적이며, 이와 연동된 카카오스토리와 스토리 채널은 쇼핑몰을 알리는 또 하나의 마케팅 수단으로 활용할 수 있습니다. 개인의 카카오스토리는 소소한 일상을 소개하는 미니홈피와 같은 역할을 한다면, 스토리 채널은 브랜드와 비즈니스를 알리는 앱으로 출시되었기 때문에 쇼핑몰을 직접적으로 홍보할 수 있습니다. 근래에는 카카오톡 채팅방에서 대화 도중에 해시태그로 포털 키워드를 검색할 수 있는 서비스가 제공되고 있습니다. 이로 인해 모바일 검색 시장에서의 다음카카오 점유율은 더욱 높아질 것으로 예상됩니다.

또한 네이버의 블로그, 카페와 달리 구독자 수를 빠르게 확보할 수 있고 게시글 작성 및 반영에 대한 제약이 적다는 장점 역시 갖추고 있습니다. 무엇보다 언제 어디서든 구독자를 통해 강력한 모바일 전파 효과가 이루어진다는 점에서 스마트폰이 필수인 시대의 흐름에 맞는 마케팅이라 할 수 있습니다.

실전강의

카카오스토리 마케팅의 좋은 예

카카오스토리 채널이 출시된 지 얼마 안 된 현재에는 대기업을 제외한 중소기업 및 구매대행업체의 스토리 채널 마케팅은 아직 두각을 드러내지 못하고 있습니다. 그래서 필자는 '글로벌 마케팅 마켓 협회'의 대표들과 함께 대기업 못지않은 스토리 채널을 만들기 위해 '정보왕k'라는 채널을 신설했습니다.

▲ 카카오스토리 '정보왕K' 구독자 늘리기

▲ 정보성 콘텐츠 제공하기

초기에는 구매대행의 주요 타깃 고객인 30~40대 주부들이 공감할 수 있는 요리 레시피와 같은 정보성 콘텐츠를 하루에 1~2개씩 꾸준히 올리는 것으로 시작했습니다. 채널을 신설하고 보름이 지났을 때 193명의 구독자를 보유하고 있었습니다.

콘텐츠가 쌓이면서 약 3주 후에는 카카오스토리 태그 검색창에 '정보왕k'라는 채널명이 자동검색어로 뜨기 시작했고, 이때부터 구독자 수가 점차 늘어났습니다.

이후 블로그와 연계하여 신설한 지 한 달이 안 된 9월 12일에는 3600여 명의 구독자를 확보하고 있습니다. 3개월 내로 구독자수를 수만 명으로 늘리는 것이 목표이며, 그 시점부터 구매대행 아이템을 적극적으로 홍보할 계획입니다.

현재는 레시피에 이어 유아 상식 정보를 꾸준히 제공하고 있습니다. 이와 같이 카카오스토리 채널 운영은 초창기부터 직접적으로 구매대행 아이템을 홍보하기보다는 주요 고객 타깃이 좋아할 만한 정보성 콘텐츠를 올려야 합니다. 대기업과 같은 대형 이벤트를 제공하지 않는 이상, 초반부터 구매대행 쇼핑몰 및 아이템을 알리는 직접적인 마케팅으로는 구독자 수를 늘리기가 쉽지 않을 것입니다.

재미있는 글도 좋고, 정보를 제공하는 글도 좋습니다. 꾸준한 콘텐츠 제공을 통해 1만 명의 구독자가 생긴다면, 구독자의 니즈에 맞는 구매대행 아이템을 소개하는 글 혹은 쇼핑몰 이벤트를 홍보하는 내용을 공유할 경우 카카오스토리 알림 창에 뜨는 내용을 자연스럽게 접하게 될 것이고, 이는 구독자들의 카카오톡 친구에게도 보이게 될 것입니다.

07 마케팅 채널도 판매루트가 된다

여러 구매대행 아이템을 소싱하고 판매하다 보면 주력 아이템이 생길 것입니다. 많은 제품을 판매하는 과정에서 여러 고객을 상대하면서 아이템을 바라보는 시야가 넓어지게 됩니다. 언제든지 판매가 이루어질 법한 아이템은 미리 다량을 사입해둔 후 국내배송을 통해 고객에게 판매하면 구입 원가가 절감되어 더 큰 수익을 얻을 수 있습니다. 구매대행의 장점을 살려 해외 대형 세일 기간에 특정 아이템을 대량으로 구매하여 판매하는 것도 좋은 방법입니다. 사입한 재고를 단기간에 판매할 수 있는 또 다른 루트에 대해 알아보겠습니다.

1 블로그, 카페를 통한 공동구매

온라인상의 공동구매는 공구라고도 하는데, 특정 상품을 필요로 하는 구매자들이 대량 구매의 장점을 살리는 구매 방식을 뜻합니다. 소비자들은 공동구매로 원하는 상품을 싸게 구매할 수 있다고 생각하며, 언제 재고가 소진될지 모른다는 강박감 때문에 발 빠르게 구매하는 경향이 있습니다. 또한 '공동구매는 합리적 소비'라는 인식이 확산되면서 충동구매로 이어지는 경우를 종종 볼 수 있습니다. 경쟁력 있는 아이템을 소싱하여 다량의 재고를 보유하고 있다면, 이러한 소비자들의 심리를 이용하여 단기간에 많은 양을 판매할 수 있는 공동구매를 시도해보는 것도 좋습니다. 대개 공동구매는 블로그 혹은 카페를 통해 활발하게 이루어지고 있으며, 둘 중에 하나라도 운영하고 있다면 곧바로 실행할 수 있습니다.

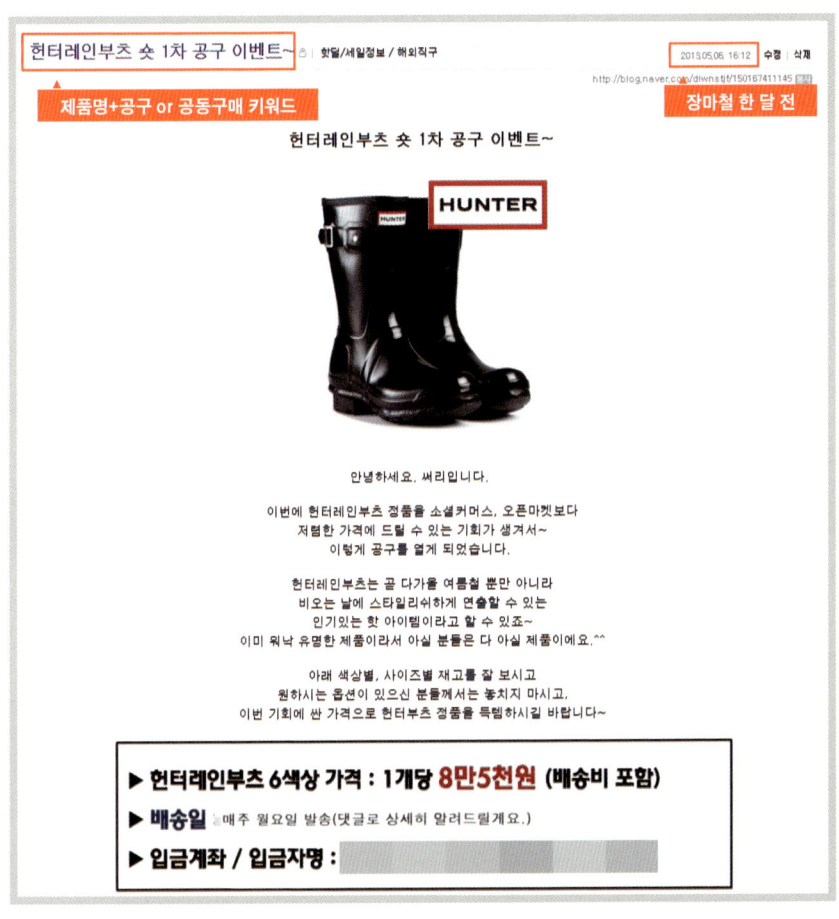

▲ 블로그 공동구매 예시

필자가 한창 구매대행업을 하던 시기에 헌터레인부츠의 재고가 생겨서 진행한 공동구매 사례입니다. 헌터부츠라는 아이템이 국내 여성에게 인기를 끌고 있고 장마가 시작되기 1~2달 전부터 판매가 활성화된다는 사실을 네이버 키워드 및 트렌드 조회를 통해 알 수 있었습니다. 그리하여 준비를 마친 후 부푼 마음으로 5월 초 '헌터레인부츠'라는 키워드를 상위에 노출시켜 공동구매를 진행했습니다.

> **TIP**
> - 공동구매는 주로 무통장 입금이므로 별도의 수수료가 나가지 않는다는 장점이 있습니다.
> - 공구 아이템에 따라 사이즈와 색상이 있다면 재고 현황을 명시하는 것이 좋습니다.

결국 일주일 내로 비인기 사이즈를 제외한 120여 개의 레인부츠를 모두 판매하는 성과를 거두었으며, 재고 소진 후에도 비밀 덧글이 계속 달렸습니다. 순식간에 달리는 여러 덧글에 일일이 답변하는 것은 결코 만만치 않았지만 단기간 내에 큰 성과를 낸 좋은 경험이었습니다.

공동구매 시 유의 사항

- 근래에는 무분별하게 공동구매를 진행하는 블로그와 카페를 네이버에서 단속하고 있는 추세입니다. 그러므로 공동구매와 공구라는 제목의 포스팅을 지나치게 자주 올리는 것은 피하도록 합니다.
- 2015년부터 블로그나 카페를 통해 상업적 활동을 하는 경우, 통신판매업 신고를 하고 신고 내용을 표시해야 합니다. 공개하는 정보는 상호, 대표자 이름, 주소, 전화번호, 이메일, 사업자등록번호, 통신판매업 신고번호로, 사업자정보 위젯을 통해 명시해놓을 수 있습니다.

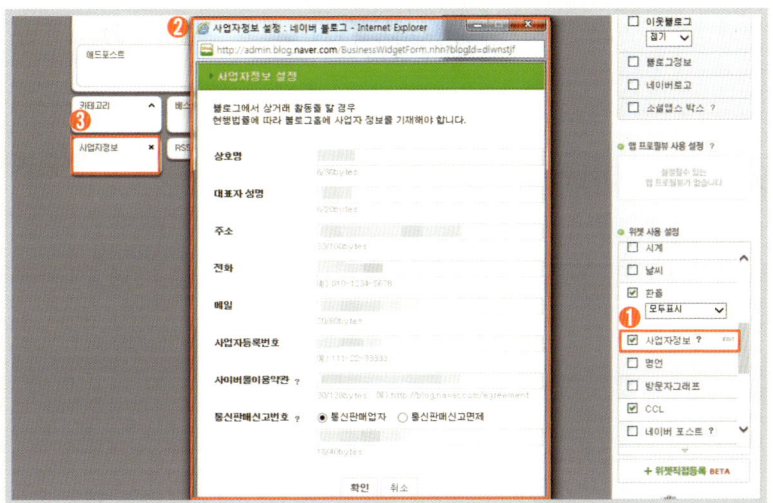

▲ 사업자 위젯 설치하기

❶ 레이아웃 위젯 설정에 들어간 후 사업자정보 위젯을 선택하여 ❷ 사업자정보를 등록한 후 ❸ 블로그 내 위치를 배정합니다.

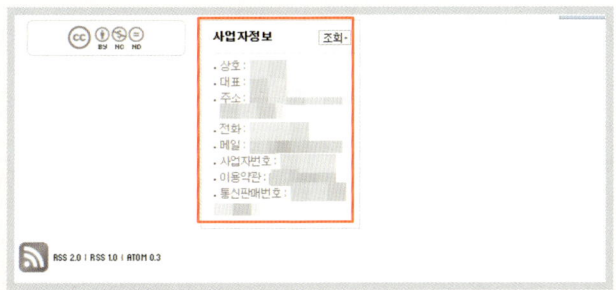

▲ 사업자 위젯 등록 확인

사업자정보 위젯을 블로그에 띄워놓으면 신원정보를 매번 공개할 필요 없이 상업적인 활동을 할 수 있습니다.

2 소셜커머스

소셜커머스 역시 짧은 기간 내에 특정 아이템을 판매할 수 있는 좋은 판로입니다. 공동구매는 희소성보다는 가격 경쟁력이 있는 아이템을 판매하기에 적합하다면, 소셜커머스는 가격보다는 희소가치가 있는 아이템을 선정하여 판매하는 것이 좋습니다. 구매대행을 통해 국내 어디에도 없는 경쟁력 있는 아이템을 선정했다면, 대량의 재고를 사입하기 이전에 샘플을 가지고 소셜커머스 MD와 협의한 후 입점 여부를 결정짓는 것이 안전합니다. 입점이 결정되면 판매 시기를 조율하여 해외로부터 대량의 재고를 사입한 후 판매하면 됩니다. 소셜커머스 입점 시에는 수수료를 약 10~20%가량 내야 하는데, 판매 품목군과 회사에 따라 다릅니다. 그러므로 MD와 협의할 때 입점 수수료를 감안하여 수익을 챙겨야 합니다. 희소가치가 있어서 국내에서는 가격 비교가 어려운 아이템을 선정했다면 오픈마켓에 해당 아이템을 더 비싼 가격으로 올려서 현재 국내 평균가로 보여주면, MD와의 협상 시 유리합니다. 희소가치가 떨어지더라도 시즌과 유행을 타는 아이템을 저렴하게 사입할 수 있는 기회가 있다면 소셜커머스에 입점을 고려해보는 것도 좋습니다.

생초보를 위한
해외 구매대행
가이드

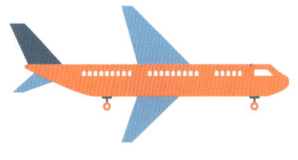

07

사업자 준비 사항

구매대행업을 진행할 때 쇼핑몰 운영 및 글로벌셀러 오픈마켓 판매자로 활동하기 위해서는 사업자등록증과 통신판매업 신고증을 필수로 가지고 있어야 합니다. 인터넷이 발달하면서 모두 온라인으로 신청할 수 있으며, 발급 절차 역시 어렵지 않습니다. 사업자가 되면 매출에 따라 세금 신고를 해야 하는데, 구매대행으로 판매하는 경우 부가가치세를 신고하는 기준이 조금 다릅니다. 사업자로서 준비해야 할 사항 및 세금 신고 방법에 대해 알아보도록 하겠습니다.

01 사업자등록 신청

사업자등록을 위한 준비물은 신분증과 임대차계약서입니다. 구매대행업은 재고를 보유할 일이 없기 때문에 별도의 사무 공간이 없다면 거주하고 있는 집을 사업장 소재지로 설정하면 되며, 이때는 임대차계약서가 없어도 됩니다.

1 오프라인 신청 및 발급 방법

- 준비물을 지참한 후 관할 세무서의 민원 봉사실에 방문한다.
- 개인사업자등록 신청서를 작성한다.
- 인적사항에 상호명과 성명, 주민등록번호, 휴대전화, 사업장 소재지 주소를 적는다.
- 주 업태는 서비스, 주 종목은 구매대행업으로 작성한다.
- 과세 여부를 결정한다. 구매대행업을 시작할 때는 일반과세보다는 부가세율이 낮은 간이과세로 시작하는 편이 좋다. 간이과세자로 시작하여 연간 매출 4800만 원 이상이 되면 자동으로 일반과세자로 전환된다.
- 번호표 발급 기계에서 사업자등록-신규 사업자등록-신청서 제출을 선택하여 번호표를 발급받은 후, 준비한 서류와 함께 세무서 직원에게 제출하면 사업자등록은 완료된다.

2 온라인 신청 및 발급 방법

국세청 홈텍스에서 사업자등록증을 인터넷으로 신청하고 발급받는 방법입니다.

▲ 국세청 홈텍스 메인

회원가입을 마친 후 공인인증서로 로그인한 다음, 메인에서 '신청/제출'을 클릭하면 신청이 완료됩니다.

02 통신판매업 신고

사업자등록증을 발급받은 후 곧바로 통신판매업 신고를 할 수 있습니다. 통신판매업은 전자상거래에서 소비자를 보호하기 위해 만든 법률로, 온라인 판매 시 필수로 신고해야 하며 구매대행으로 판매하는 경우도 예외는 아닙니다.

1 오프라인으로 신고하기

통신판매업 신고 시 필요한 구비서류는 신분증, 사업자등록증 사본, 구매안전서비스 확인증입니다. 구비서류를 가지고 각 관할 시청 및 구청 지역경제과에 방문하여 제출하면 즉시 신고할 수 있습니다.

 실전강의

구매안전서비스 확인증 준비하기

구매안전서비스 확인증이란 인터넷에서 불가피하게 발생할 수 있는 소비자 피해를 막고 더 안전하게 인터넷쇼핑을 할 수 있도록 만든 안전장치입니다. 주거래 은행의 에스크로 서비스 혹은 사업자 판매자로 등록된 모든 오픈마켓에서 받을 수 있습니다. 옥션 오픈마켓에서 받는 방법을 알아보겠습니다. 발급받은 사업자 등록 정보를 입력하여 사업자 판매자로 가입한 후 '마이옥션'의 '회원정보'를 클릭합니다.

▲ 구매안전서비스 확인증 발급받기 클릭

▲ 구매안전서비스 확인증 캡처하기

'구매안전서비스 이용증 발급받기'를 클릭하면 구매안전서비스 이용 확인증 창이 뜹니다. 이 창을 그대로 캡처하여 이미지 파일로 저장한 후 출력하여 통신판매업 신고 시 제출하면 됩니다.

2 온라인으로 신고하기

민원24에 접속하여 로그인한 후 검색창에 통신판매를 입력하여 '통신판매업 신고'의 '신청'을 클릭합니다.

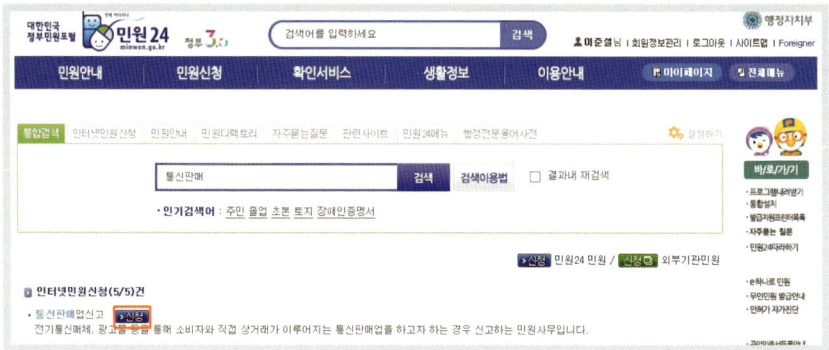

▲ 민원 24 메인 페이지

통신판매업 신고서 입력 창에서 사업자등록증을 참고하여 신고인 정보를 입력합니다. 구비서류로는 이미지 파일로 저장한 구매안전서비스 확인증을 첨부하면 됩니다. 모든 필수 영역에 입력한 후 '민원 신청하기'를 클릭하면 민원 접수가 완료되며, 3~4일 안으로 관할 구청에 방문하여 수령하면 됩니다.

03 구매대행 세금 신고 가이드

구매대행업도 부가가치세를 납부할 의무가 있습니다. 일반과세자는 1년을 기준으로 상반기, 하반기에 2번 신고해야 하고, 간이과세자는 1년에 1회만 신고하면 됩니다. 구매대행업의 세금 신고는 일반 사업자와는 기준이 다르므로 가급적 구매대행 전문 세무사를 거쳐 신고하는 편이 좋습니다.

1 부가가치세 이해하기

부가가치세란 대표적인 간접세로, 상품의 거래나 서비스 제공 과정에서 얻은 이윤에 대해 부과되는 세금입니다. 모든 상품에는 부가가치세가 포함되어 있기 때문에 부가가치세를 내는 것은 최종 소비자인 셈이며, 최종 소비자가 부가세가 포함되어 있는 상품을 구매하면 사업자가 부가가치세를 세무서에 대신 납부한다고 생각하면 됩니다. 일반적으로 사업자가 납부하는 부가가치세는 매출세액에서 매입세액을 차감하여 계산하며, 일반 온라인 쇼핑몰의 부가가치세를 계산하는 기준은 물건 값에 포함되는 모든 금액으로 최종 소비자가 부담하는 금액, 즉 판매 매출을 기준으로 합니다. 보통 일반과세자는 10%, 간이과세자는 1.5%의 세율을 적용합니다.

2 구매대행업의 부가가치세

구매대행의 경우 고객에게 받는 가격은 물품가, 국제배송비, 관부가세, 구매대행 수수료가 포함됩니다. 하지만 구매대행업은 부가가치세 신고 시 과세표준이 매출 전체 금액이 아니라 구매대행 수수료만을 기준으로 합니다. 이러한 기준을 적용받기 위해서는 사업자등록증 상의 업태에 서비스, 종목에 구매대행이 명시되어 있어야 하고, 해외직배송, 재고 미보유 등의 요건을 갖추고 있어야 합니다. 수수료만 부가가치세로 신고하면 국세청으로부터 소명을 위한 자료를 요청받을 수 있습니다. 그러므로 소명의 근거가 되는 구매대행 매입 자료를 준비해놓을 필요가 있습니다.

> **TIP**
>
> **여기서 뜻하는 해외직배송이란?**
> 해외 쇼핑몰에서 결제한 후 고객에게 직접 배송하는 것을 의미합니다. 즉, 해외 결제는 판매자가 하더라도 수취인은 고객이므로 말 그대로 구매대행 요건에 부합한다고 판단하는 것입니다. 만약 판매자가 해외 쇼핑몰에서 다량의 상품을 구입한 후 국내배송으로 고객에게 보내준다면 직배송에 해당되지 않으며, 재고를 사입하여 판매하는 소매로 인정되어 구매대행 부가가치세 신고 후 소명 시에 인정받을 수 없습니다.
>
> **구매대행 매입 자료 준비하기**
> 구매대행 쇼핑몰은 매출액이 곧 수수료이기 때문에 부가가치세 신고 시 불가피하게 소명 문제가 발생합니다. 소명의 근거로 해외 결제 신용카드 매입 자료와 배송 대행지 결제 내역을 월 단위로 정리해놓는 편이 좋습니다.

생초보를 위한
해외 구매대행
가이드

08

더 큰 사업으로
비전을 꿈꿔라

어떤 일이든지 비전을 가지고 시작하느냐 아니냐는 결과로 이어지는 매우 중요한 요소입니다. 특히 사업을 진행하는 과정에 있어서 비전의 유무는 성공이냐 실패냐 혹은 중도에 포기하느냐 롱런하느냐를 판가름하는 척도가 될 수 있습니다. 초기부터 홀로 모든 업무를 처리해야 하는 구매대행업의 특성상 동종 분야의 성공 사례들을 꾸준히 벤치마킹하여 단기적 목표를 설정하고, 또 시대의 변화에 따라 파생될 관련 사업 분야를 전망 및 분석하여 장기적 비전을 설계한다면 더 큰 성공으로 가는 지름길이 될 것입니다.

01 구매대행 창업 성공 사례

부푼 마음으로 구매대행업을 시작했지만 자신만의 경쟁력 있는 아이템을 찾지 못해 도중에 그만두거나, 누구나 관심을 가지는 아이템만 쫓다가 경쟁에 밀려 어쩔 수 없이 포기하는 사람들을 종종 보게 됩니다. 이러한 치열한 경쟁 속에서도 꾸준히 노력하여 구매대행업을 성공으로 이끈 사례를 살펴보도록 하겠습니다.

1 잘나가는 구매대행 쇼핑몰

엠돌핀샵 mdolphin.co.kr

수영 강사가 오픈한 수영용품 전문 쇼핑몰입니다. 자신의 직업을 구매대행과 연계하여 성공한 사례입니다. 국내 소비자들이 관심 있어 하는 수영용품과 브랜드를 잘 파악하여 상품을 등록했고, 블로그와 카페, 카카오스토리, 페이스북을 활용하여 관심을 가진 사람들이 쇼핑몰로 유입되게끔 마케팅함으로써 꾸준히 매출을 유지하고 있습니다. 최저가보다는 배송 및 사후관리 등의 서비스 질에 초점을 두고 장기적인 안목으로 운영하여 수많은 단골을 확보했습니다. 이러한 성공 전략을 바탕으로 추후 '엠돌핀'을 브랜드화하겠다는 멋진 비전을 가지고 있습니다.

인도장터 www.indiagoods.co.kr

인도와의 무역업 경험이 있는 대표가 본인의 경험을 살려 운영하는 인도용품 구매대행 쇼핑몰입니다. 히말라야, 바이오티크, 샤나즈, 화장품, 인도 영화, 전통용품, 액세서리 등의 인도용품이 주력 상품이며, 주문 직후 다음 날로 현지 직배송이 시작되어 한국 도착까지 7일 이내로 빠르게 배송합니다. 누구나 찾는 흔한 아이템보다는 한국에서 구하기 힘든 인도용품을 국내 소비자들에게 제공한다는 사명감으로 쇼핑몰을 운영하고 있습니다. 인도와 한국을 드나들며 다양한 카테고리의 신규 아이템을 꾸준히 발굴하고 있으며, 인도용품을 알리는 선두주자로 자리매김했습니다.

리틀프랑스153 www.littlefrance153.com

프랑스 구매대행 전문몰입니다. 프랑스에서 검증된 약국 화장품, 유기농 화장품 등을 주로 취급하고 있으며, 국내 수요가 많은 주요 브랜드를 잘 파악하여 여성들에게 지속적으로 사랑받고 있습니다. 스킨케어, 바디케어, 헤어케어, 위생용품, 베이비케어, 남성케어 등 일상에서 필요한 용품의 카테고리를 보기 좋게 구성했고, 쇼핑몰 이름과 디자인을 감성적으로 표현했습니다. 시즌별 할인 및 묶음상품 프로모션을 진행하고, 콘셉트별 대표 브랜드를 잘 구성하여 높은 구매율 및 매출을 달성하고 있습니다.

2 구매대행 쇼핑몰 대표들이 조언하는 운영 팁

현재 성공적으로 구매대행 쇼핑몰을 운영하고 있는 대표와의 인터뷰를 통해 얻은 노하우와 경험을 정리해보았습니다.

배송대행지 선정 시 저렴한 배송요율보다 사후관리가 중요하다

구매대행 시 배송대행지 배송요율은 주문건당 구입 원가에 포함되므로 중요한 것은 사실입니다. 하지만 배송요율이 저렴하다고 해서 사후관리 및 물류 서비스가 검증되지 않은 배송대행지를 섣불리 이용하는 것은 피해야 합니다. 배송 문제로 인한 고객 클레임이 발생하면 1차적인 책임은 당연히 판매자에게 있습니다. 특히 쇼핑몰을 운영 중이라면 쇼핑몰 이미지에 부정적인 영향을 미치므로 장기적으로 큰 문제가 발생할 것입니다. 그러므로 배송대행지 선정 시 제품 하나도 꼼꼼히 검수해주는 곳인지, 배송 중 파손의 우려가 없는지 우선적으로 고려해야 합니다.

최저가보다는 서비스의 질을 우선시하라

최저가에 치중해서 쇼핑몰을 운영할 경우 이른바 진상으로 불리는 악성 고객을 많이 접하게 됩니다. 그만큼 가격에 민감하면서도 까다로운 성향을 가진 고객이 방문할 가능성이 높다는 이야기입니다. 최저가라는 말 자체가 본의 아니게 제품에 부정적인 문제가 있을 것이라고 인식하게 하므로, 사소한 이유로 인해 예상치 못한 클레임이 발생하기도 합니다. 최저가를 유지하여 가격 경쟁력의 우위를 차지하는 것은 단기적 판매 성과에는 도움이 되겠지만, 쇼핑몰은 다소 가격이 비싸더라도 고객 서비스의 질을 우선시해야 합니다. 그래야 장기적으로 매출도 상승하고 정신적으로도 부담이 덜합니다.

구매 전 안내 사항은 최대한 보기 쉬운 곳에 배치하라

쇼핑몰을 운영하면서 가장 힘든 부분이 고객의 클레임입니다. 분명히 이용 안내 사항에 미리 명시해두었는데도 고객들은 해당 안내 사항을 보지 못했다는 이유로 배송 기간, 사이즈, 반품 및 교환에 대해 강하게 클레임을 제기할 수 있습니다. 그러므로 제품 상세페이지와 쇼핑몰 메인 등 고객이 보기 쉬운 위치에 구매 전 안내 사항을 배치하여 차후 고객이 제기할 수 있는 클레임을 조금이나마 예방해야 합니다.

유아용품 자율안전인증검사에 대한 오해

병행수입 혹은 정식수입으로 들여오는 모든 유아용품은 자율안전인증검사를 받아야만 판매할 수 있으며, 검사 비용도 만만치 않습니다. 하지만 구매대행으로 판매되는 유아용품은 자가 사용 목적으로 들여오는 것이기 때문에, 별도의 자율안전인증검사를 받을 필요 없이 곧바로 판매할 수 있습니다. 단, 쇼핑몰 이용 약관 및 오픈마켓 제품 상세페이지에 '구매대행'으로 판매한다는 문구를 명시하지 않으면 인증검사를 받지 않은 수입업자로 오해받아 제품이 판매 중지될 수 있다는 점을 유념하기 바랍니다.

인력을 효율적으로 운영하라

사업 초기에는 혼자서도 구매대행 쇼핑몰을 운영할 수 있지만, 판매가 활성화되어 주문 건수가 늘어나면 이야기는 달라집니다. 주문 즉시 해외 쇼핑몰에 결제해야 하고, 배송 신청서를 작성하는 업무에도 생각보다 많은 시간이 걸립니다. 이로 인해 가장 중요한 아이템 서칭 및 상품 등록, 고객 사후관리와 마케팅 업무에 소홀해질 수 있습니다. 그러므로 매출이 상승하면 단순하면서 시간이 많이 드는 해외 결제 및 배송신청 업무는 아르바이트에게 맡기고, 본인은 중요한 업무에 시간을 투자하는 등 효율적으로 인력을 운영할 필요가 있습니다.

다량의 제품 재고 사입은 신중히 결정하라

구매대행 판매 경험이 늘어나면서 아이템을 보는 눈이 생기면 재고를 다량으로 사입하고픈 욕심이 생깁니다. 하지만 자본이 넉넉하지 않다면 특정 기간을 노리는 시즌성 제품의 사입은 매우 신중하게 결정해야 합니다. 시즌을 타는 아이템을 국내에서 가장 먼저 사입했다가, 뒤늦게 대량으로 병행수입하여 들여오는 업체와 가격 경쟁에서 밀려 재고만 떠안게 되는 불상사가 일어날 수 있기 때문입니다. 특히 유행을 타는 패션잡화, 유아용품일수록 이런 위험이 크므로, 재고를 들여오기 전에는 자본과 국내 시장의 흐름을 신중하게 고려한 후 결정하기 바랍니다.

쇼핑몰 디자인보다는 제품 및 카테고리에 신경 써라

누구나 처음부터 예쁘고 완벽한 디자인의 쇼핑몰을 만들고 싶어 합니다. 그래서 오픈 전부터 쇼핑몰 이미지 작업에 많은 시간과 비용을 들이곤 합니다. 그러나 정작 중요한 것은 디자인보다 제품과 카테고리 구성입니다. 디자인은 점차 개선해도 되므로, 초기에는 판매와 직결되는 제품 및 카테고리 구성에 많은 시간을 투자하기를 권합니다.

안정된 구매대행 시스템을 구축해야 오래간다

재고에 대한 부담 없이 소자본으로 누구나 시작할 수 있다고 해서 결코 쉽게 보아서는 안 됩니다. 그만큼 끈기가 필요합니다. 실제로 이 업계에는 쉽게 시작한 만큼 쉽게 포기하는 사람이 많습니다. 나만의 아이템을 찾았더라도 배송 및 사후관리 서비스가 준비되지 않는다면 구매대행업을 오래 유지할 수 없을 것입니다. 그러므로 창업을 성공으로 이끌고 싶다면 고객이 만족할 만큼 안정된 구매대행 시스템을 갖추는 것이 우선입니다.

02 사업 확장하기

소자본으로 시작한 구매대행업을 통해 나만의 아이템을 찾고 어느 정도 자본을 모았다면, 조금씩 아이템을 사입해보는 것도 좋습니다. 필자는 구매대행업을 하면서 국내 어디에도 알려지지 않은 와인용품을 생산하는 미국 업체를 알게 되었고, 현재는 그 업체의 주력 제품을 사입하여 국내 중소기업에 판매하고 있습니다.

또 희소성은 떨어지지만 수요가 보장된 유명 브랜드 제품을 병행으로 수입하는 것도 좋습니다. 우리나라는 병행수입을 법적으로 보장하고 있으며, 개인사업자들도 필요하다면 얼마든지 병행수입을 할 수 있습니다. 구매대행에서 한발 더 나아가 실행할 수 있는 사업 비전을 알아봅시다.

1 병행수입

병행수입이란 독점적으로 해외 상품이 수입되는 경우 제3자가 다른 유통 경로를 통하여 독점 수입권자의 허락 없이 수입하는 것을 뜻합니다.

▲ 정식수입과 병행수입의 차이(출처: 한국병행수입업협회)

상표권을 가진 나이키코리아는 국내 독점 수입권자로 해외의 정식 수입 절차를 거쳐 나이키 상품을 들여오지만, 개인사업자는 상표권 없이 상표 고유 기능인 출처 표시와 품질 보증 기능을 해치지 않는 범위에서 병행수입 절차를 통해 판매할 수 있습니다. 한 업체에만 독점적으로 수입할 수 있는 권리를 준다면 경쟁 업체가 없어서 가격이 비싸질 것이고, 그 피해는 소비자들이 보게 될 것입니다. 하지만 국가에서는 이러한 구조적 문제로 인한 피해를 줄이기 위해 소비자들의 전략적 소비 활동을 지원하고, 더불어 병행수입도 적극적으로 지원하고 있습니다.

프로세스

병행수입은 주로 해외 현지 본사 및 직영점, 아울렛을 거쳐 물건을 대량으로 매입한 해외 도매업자가 합니다. 해외 도매업자는 현지에서 받는 물품가에 수수료 마진을 붙여서 한국 업체에 물품을 제공합니다. 수수료율은 도매업자마다 다르며, 공급량에 따라 달라지기도 합니다.

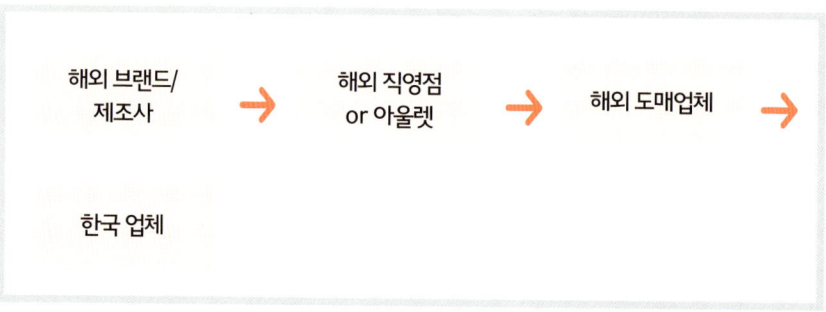

유명 브랜드 제품은 주로 해외에 거주하는 한국 도매업자를 통해 받는 경우가 많으며, 국내에 잘 알려지지 않은 제품은 구매대행업자들이 직접 해외 현지인이 운영하는 생산 및 도매업체와 접촉하여 다량으로 싼 가격에 들여오기도 합니다.

업체 선정 가이드 및 유의 사항

원하는 아이템을 보유한 도매업체를 찾았다면 거래하기 전에 몇 가지 유의할 것이 있습니다. 첫째, 도매업자들이 제시한 물품별 가격 목록을 품목별로 꼼꼼히 체크해야 합니다. 국내에서 가격 경쟁력이 있는지, 판매 수요를 충족할 수 있는 아이템인지 따져봐야 합니다. 한 도매업체가 다수의 국내 업체에 같은 물품을 다량 공급하거나, 같은 물품을 타 도매업체에 비해 비싼 가격으로 공급할 경우를 대비하여 사입할 품목 위주로 아이템별 온라인 가격을 비교해볼 필요가 있습니다. 얼핏 보면 인기 있는 브랜드 상품을 싼 가격으로 공급하는 것처럼 보이지만, 자세히 들여다보면 국내에서는 수요가 없는 희귀 사이즈이거나 비인기 색상의 물품이 대부분인 경우도 있습니다.

둘째, 현지에 오프라인 매장을 보유한 도매업체와 거래할 것을 권합니다. 매장 없이 목록만 그럴싸하게 만들어 병행수입을 유도하는 도매업자가 간혹 있기 때문입니다. 중간에서 수수료만 챙기고 물품 공급가를 소폭 올려서 받는 날치기 수법의 도매업자이거나 돈만 횡령하는 사기 업체일 가능성이 있습니다. 그러므로 거래하기 전에 도매업체가 근거한 주소지가 명확한지 알아보고 거래를 결정하는 것이 좋습니다.

한국병행수입업협회 k-pia.org 에 접속하면 병행수입과 관련된 최신 소식을 비롯하여 많은 정보를 얻을 수 있습니다.

2 국내 독점 라이선스

해외에서 갓 출시된 획기적인 아이템을 발견했다면 국내 독점 라이선스를 노리는 것도 좋습니다. 보통 기업의 규모가 크거나 이미 해외에서 유명해진 아이템은 국내 독점 판매권을 따내기 어렵습니다. 하지만 해외 중소기업의 신제품이라면 가능할 수도 있습니다. 부딪혀보기 전에는 아무도 모르는 일이므로, 자신 있는 아이템을 발견했다면 해당 기업 혹은 업체에 독점 라이선스를 요청하는 이메일을 보내는 것도 좋습니다. 이메일을 보낼 때는 사업자로서의 판매 경험과 실적을 최대한 어필하고, 귀사의 아이템에 남다른 관심이 있으며 한국에서 판매해보고 싶다고 자신 있게 이야기하는 것이 좋습니다. 라이선스를 따놓으면 온라인뿐 아니라 오프라인의 다양한 판매 채널을 통해 판매를 제안할 수 있으며, 독점권을 따낸 아이템이 국내에서 잘 팔리게 되어 병행수입업자와 경쟁하게 되더라도 가격 경쟁력 면에서 계속 우위를 점할 수 있기 때문에 사업적으로 큰 발판이 될 것입니다.

유튜브 동영상에서 획기적인 마늘 슬라이서 신제품을 발견했다고 가정해봅시다. 국내에 판매해도 경쟁력이 있는 아이템이라고 판단되면 우선 국내 온라인 검색을 통해 우리나라에서 판매하는 업체 혹은 셀러가 있는지 파악해봅니다.

동영상 혹은 업로더 정보를 통해 제품 공급자의 이메일 혹은 회사 홈페이지 주소를 찾습니다. 대개 신제품을 공개하는 동영상에는 제조사의 홈페이지가 적혀 있을 확률이 높습니다.

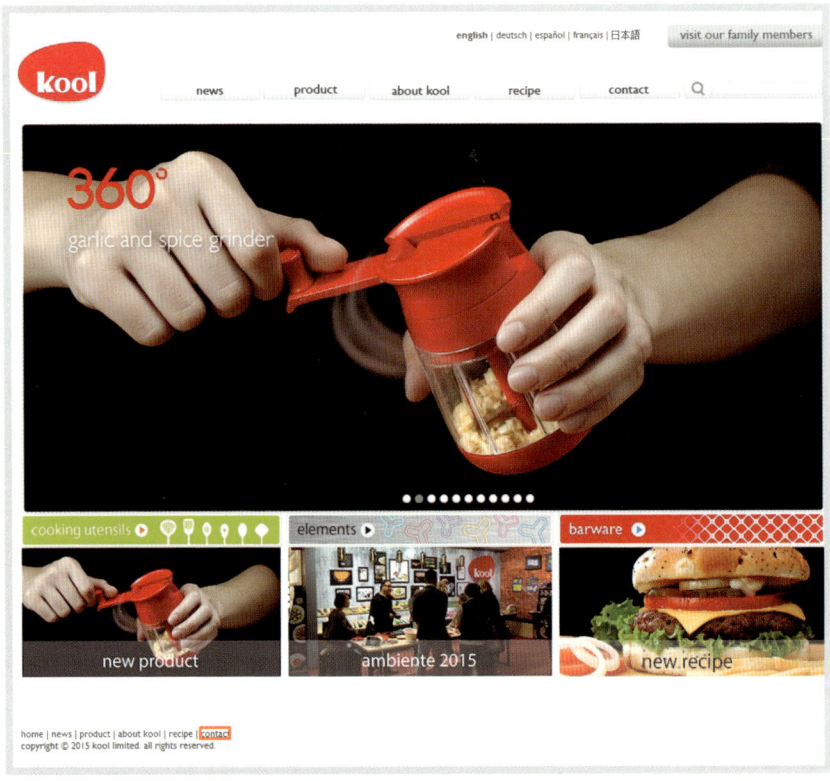

▲ 기업 홈페이지 접속 후 'Contact' 클릭

마늘 슬라이서를 제조, 판매하는 기업의 홈페이지를 찾아 들어가보았습니다. 홈페이지에 올라온 기업 정보와 주력 아이템을 파악해보고 독점 라이선스를 따내고 싶다면 하단의 'contact'를 클릭합니다.

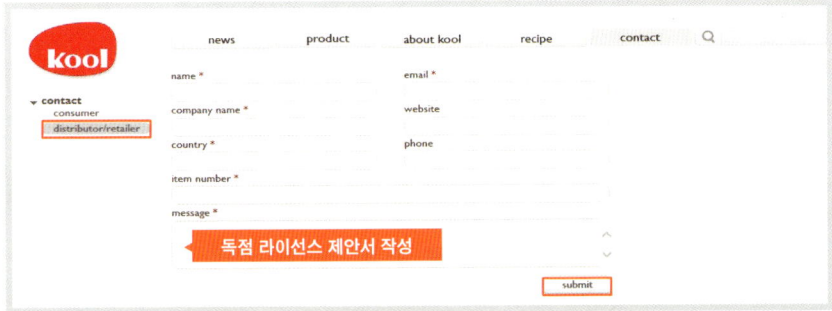

▲ 독점 라이선스 제안 내용 작성

문의란에 독점 개인사업자 정보 및 제안 메시지를 넣고 [submit]을 누르면 독점 라이선스를 제안한 것입니다. 정중히 제안했다면 대부분의 업체에서 답변을 얻을 수 있을 것입니다.

독점 라이선스 제안문 예시

Hello, My name is Lee from Kool Co., Ltd., a trading company in Seoul, Korea specializing in importation. I visited your website and would like to express our interest in your garlic slicer products. I would like to discuss with you the possibilities on importing your products to Korea and the establishing an exclusive sales agreement with our company. We have built and established abundant sales experiences through selling imported goods in the local market. We are confident that we will find make a good business of your item through our effective marketing in Korea.

Please kindly provide us the following information:

·Minimum order quantity of garlic slicer   ·Quotation for best price

Please kindly let us know if you are interested in our suggestion and if you have any questions or need additional information. Thank you for your consideration, I look forward to hearing from you soon.

Best Regards, Lee
Kool Co., Ltd.

3 역직구

역직구란 해외 고객이 한국의 온라인 쇼핑몰에서 우리나라 제품을 직구로 구매하는 해외 소비 트렌드입니다. 해외직구의 반대 개념으로, 해외 직접 판매라고 이해하면 됩니다. 최근 한류 열풍이 불면서 국산 제품에 대한 해외 선호도 및 인지도가 증가하고 있으며, 중국과 동남아, 미국, 유럽으로 향하는 국제특송이 늘어나고 있는 추세입니다. 해외에 판매되는 주요 품목은 화장품과 의류, 패션잡화류이며, 품목군은 더욱 다양해질 것으로 예상됩니다.

최근 관세청에서는 역직구를 활성화하기 위한 지원 대책으로 한국의 전자상거래업체의 국외 물품 발송을 간소화하도록 법령 개정을 추진하고 있습니다. 또한 국내 PG사들이 국경 간 거래를 대행할 수 있게 되면 곧 해외 소비자들도 국내 쇼핑몰에서 손쉽게 결제할 수 있는 시대가 올 것입니다.

이에 따라 해외판매를 목적으로 한 역직구 쇼핑몰 창업자가 꾸준히 늘어나고 있으며, 국내외 역직구의 시장은 계속 성장할 것으로 전망됩니다.

구매대행과 역직구는 타깃 고객이 다르고 수입과 수출이라는 차이가 있지만, 큰 그림에서 보면 온라인 국경을 넘어 아이템을 판매한다는 공통점이 있습니다. 해외 소비자들을 타깃으로 국내 상품을 구매대행해주는 사업은 어떨까요? 영문 쇼핑몰을 만들어서 경쟁력 있는 국내 아이템을 해외에 판매해도 좋을 듯합니다. 필자는 역직구도 구매대행만큼 매력적인 시장이라고 생각합니다.

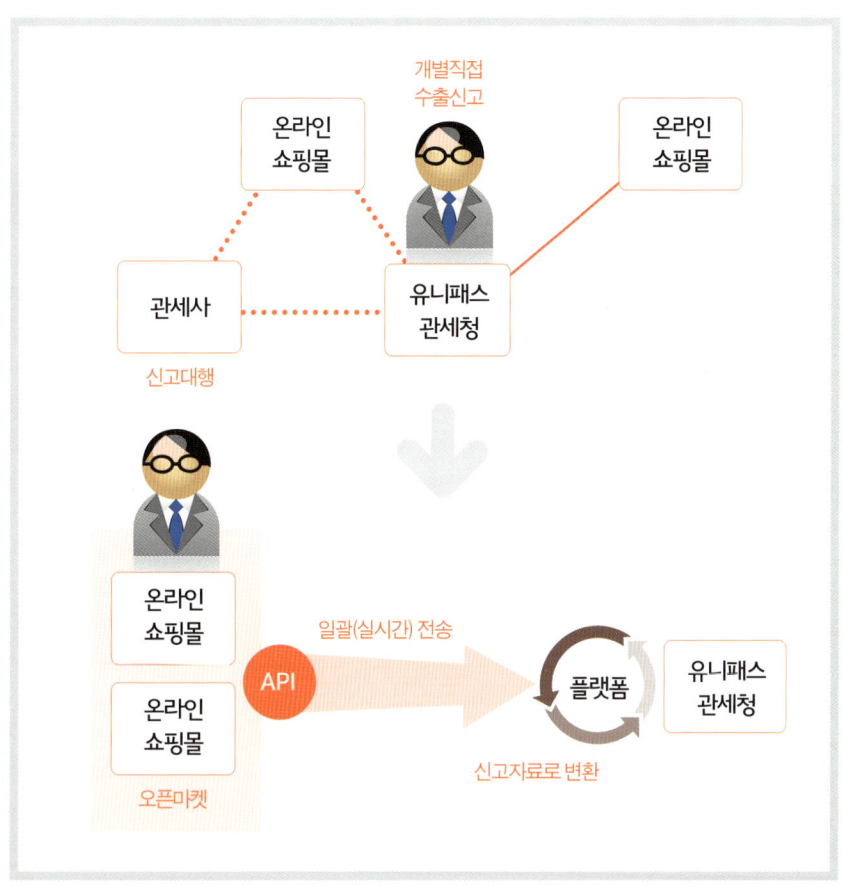
▲ 국외 물품 발송 간소화 추진. 관세청

08 더 큰 사업으로 비전을 꿈꿔라

생초보를 위한
해외 구매대행
가이드

생초보를 위한
해외 구매대행 가이드 개정판

초판 1쇄 발행 | 2016년 1월 29일
개정판 3쇄 발행 | 2020년 12월 30일

지은이 | 이준설
펴낸이 | 이은성
펴낸곳 | e비즈북스
교정 | 박민정
편집 | 황서린, 김지은

주소 | 서울시 동작구 상도동 206 가동 1층
전화 | (02) 883-3495
팩스 | (02) 883-3496
이메일 | ebizbooks@hanmail.net
등록번호 | 제 379-2006-000010호

ISBN 979-11-5783-099-2 13320

e비즈북스는 푸른커뮤니케이션의 출판브랜드입니다.

이 도서의 국립중앙도서관 출판시도서목록(CIP)은 서지정보유통지원시스템 홈페이지(seoji.nl.go.kr)와
국가자료공동목록시스템(www.nl.go.kr/kolisnet)에서 이용하실 수 있습니다.(CIP제어번호: CIP2017033645)